enVisionmath 2.0
en español

Volumen 1 Temas 1 a 7

Autores

Randall I. Charles
Professor Emeritus
Department of Mathematics
San Jose State University
San Jose, California

Jennifer Bay-Williams
Professor of Mathematics Education
College of Education and Human
Development
University of Louisville
Louisville, Kentucky

Robert Q. Berry, III
Associate Professor of
Mathematics Education
Department of Curriculum,
Instruction and Special Education
University of Virginia
Charlottesville, Virginia

Janet H. Caldwell
Professor of Mathematics
Rowan University
Glassboro, New Jersey

Zachary Champagne
Assistant in Research
Florida Center for Research in Science,
Technology, Engineering, and
Mathematics (FCR-STEM)
Jacksonville, Florida

Juanita Copley
Professor Emerita, College of Education
University of Houston
Houston, Texas

Warren Crown
Professor Emeritus of Mathematics
Education
Graduate School of Education
Rutgers University
New Brunswick, New Jersey

Francis (Skip) Fennell
L. Stanley Bowlsbey Professor
of Education and Graduate and
Professional Studies
McDaniel College
Westminster, Maryland

Karen Karp
Professor of Mathematics Education
Department of Early Childhood and
Elementary Education
University of Louisville
Louisville, Kentucky

Stuart J. Murphy
Visual Learning Specialist
Boston, Massachusetts

Jane F. Schielack
Professor of Mathematics
Associate Dean for Assessment and
Pre K-12 Education, College of Science
Texas A&M University
College Station, Texas

Jennifer M. Suh
Associate Professor for
Mathematics Education
George Mason University
Fairfax, Virginia

Jonathan A. Wray
Mathematics Instructional Facilitator
Howard County Public Schools
Ellicott City, Maryland

SAVVAS
LEARNING COMPANY

Matemáticos

Roger Howe
Professor of Mathematics
Yale University
New Haven, Connecticut

Gary Lippman
Professor of Mathematics and
Computer Science
California State University, East Bay
Hayward, California

Revisoras

Debbie Crisco
Math Coach
Beebe Public Schools
Beebe, Arkansas

Kathleen A. Cuff
Teacher
Kings Park Central School District
Kings Park, New York

Erika Doyle
Math and Science Coordinator
Richland School District
Richland, Washington

Susan Jarvis
Math and Science Curriculum Coordinator
Ocean Springs Schools
Ocean Springs, Mississippi

ISBN-13: 978-0-328-90920-9
ISBN-10: 0-328-90920-3
5 2021

¡Usarás estos recursos digitales a lo largo del año escolar!

Recursos digitales

Visita SavvasRealize.com

 PM
Animaciones de Prácticas matemáticas para jugar en cualquier momento

 Resuelve
Problemas de **Resuélvelo y coméntalo,** además de herramientas matemáticas

 Aprende
Más aprendizaje visual animado, con animación, interacción y herramientas matemáticas

 Glosario
Glosario animado en inglés y español

 Herramientas
Herramientas matemáticas que te ayudan a entender mejor

 Evaluación
Comprobación rápida para cada lección

 Ayuda
Video de tareas ¡Revisemos!, como apoyo adicional

 Juegos
Juegos de Matemáticas que te ayudan a aprender mejor

 eText
Las páginas de tu libro en línea

ACTIVe-book
Libro del estudiante en línea, para mostrar tu trabajo

 **SAVVAS realize™** Todo lo que necesitas para las matemáticas a toda hora y en cualquier lugar

Contenido

¡Y recuerda que tu *eText* está disponible en SavvasRealize.com!

SavvasRealize.com

TEMA 1
Resolver problemas de suma y resta hasta 10

Esto muestra cómo sumar las partes para hallar la suma o total.

4 + 2 =

TEMA 2
Sumar y restar con facilidad hasta 10

Puedes pensar en la suma para restar.

7

$7 - 3 = \boxed{?}$

$3 + \boxed{?} = 7$

SavvasRealize.com

TEMA 3
Operaciones de suma hasta 20: Usar estrategias

Puedes usar diferentes maneras para recordar las operaciones de suma.

Dobles   Casi dobles

Formar 10

TEMA 4
Operaciones de resta hasta 20: Usar estrategias

Puedes contar hacia atrás para resolver problemas de resta.

0 1 2 3 4 5 6 7 8 9 10

$10 - 3 = 7$

TEMA 5
Trabajar con ecuaciones de suma y resta

Puedes usar diferentes maneras para sumar 3 números.

$$3 \quad \boxed{8}$$
$$5$$
$$+ \, 4$$
$$\overline{12}$$

$$3$$
$$5 \quad \boxed{9}$$
$$+ \, 4$$
$$\overline{12}$$

Contenido

TEMA 6
Representar e interpretar datos

Puedes mostrar los datos en una tabla de conteo.

TEMA 7
Ampliar la sucesión de conteo

Contar más de 100 es igual que contar menos de 100.

100, 101

TEMA 8 en el volumen 2
Entender el valor de posición

TEMA 9 en el volumen 2
Comparar números de dos dígitos

TEMA 10 en el volumen 2
Usar modelos y estrategias para sumar decenas y unidades

TEMA 11 en el volumen 2
Usar modelos y estrategias para restar decenas

Contenido

TEMA 12 en el volumen 2
Medir longitudes

TEMA 13 en el volumen 2
La hora

SavvasRealize.com

TEMA 14 en el volumen 2
Razonar usando figuras y sus atributos

TEMA 15 en el volumen 2
Partes iguales de círculos y rectángulos

Contenido

Un paso adelante hacia el Grado 2 en el volumen 2

Estas lecciones te ayudan a prepararte para el Grado 2.

Manual de resolución de problemas

Prácticas matemáticas

1. **Entender problemas y perseverar en resolverlos.**

2. **Razonar de manera abstracta y cuantitativa.**

3. **Construir argumentos viables y evaluar el razonamiento de otros.**

4. **Representar con modelos matemáticos.**

5. **Usar las herramientas apropiadas de manera estratégica.**

6. **Prestar atención a la precisión.**

7. **Buscar y usar la estructura.**

8. **Buscar y expresar uniformidad en los razonamientos repetidos.**

Existen buenos Hábitos de razonamiento para cada una de estas prácticas matemáticas.

PM

1 Entender problemas y perseverar en resolverlos.

Mi plan era hallar todas las maneras en las que 9 fichas se pueden agrupar en 2 grupos.

Los que razonan correctamente saben de qué se trata el problema y tienen un plan para resolverlo. Continúan intentándolo aunque estén estancados.

¿Qué pares de números del 0 al 9 suman 9?

$$0 + 9 = 9$$
$$1 + 8 = 9$$
$$2 + 7 = 9$$

Hábitos de razonamiento

¿Qué necesito hallar?

¿Qué sé?

¿Cuál es mi plan para resolver el problema?

¿Qué más puedo intentar si no puedo seguir adelante?

¿Cómo puedo comprobar si mi solución tiene sentido?

PM

2

Razonar de manera abstracta y cuantitativa.

Primero, pensé en los números que podrían formar 8. Luego, usé una ecuación con esos números para representar el problema.

Los que razonan correctamente en matemáticas saben cómo pensar en los números y las palabras para resolver el problema.

Luis tiene 8 canicas azules.
Quiere dárselas a Tom y a Rosi.
¿Cómo puede Luis separar las 8 canicas?

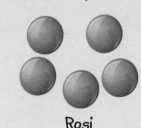

Tom   Rosi

$$8 = 3 + 5$$

Hábitos de razonamiento

¿Qué representan los números?

¿Cómo se relacionan los números del problema?

¿Cómo puedo mostrar un problema verbal con dibujos o números?

¿Cómo puedo usar un problema verbal para mostrar lo que significa una ecuación?

Manual de resolución de problemas

PM

3

Construir argumentos viables y evaluar el razonamiento de otros.

Los que razonan correctamente en matemáticas usan las matemáticas para explicar por qué tienen razón. También pueden opinar sobre los problemas de matemáticas que otros hacen.

Usé palabras y un dibujo para explicar mi razonamiento.

Julia tiene 7 lápices y Sam tiene 9.
¿Quién tiene más lápices? Muestra cómo lo sabes.

Dibujé los lápices de Julia y los de Sam. Luego, los emparejé.
Sam tiene más lápices que Julia.

Lápices de Julia

Lápices de Sam

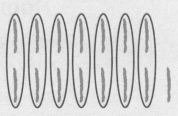

Hábitos de razonamiento

¿Cómo puedo usar las matemáticas para explicar mi trabajo?

¿Estoy usando los números y los signos o símbolos correctamente?

¿Es clara mi explicación?

¿Qué preguntas puedo hacer para entender el razonamiento de otros?

¿Hay errores en el razonamiento de otros?

¿Puedo mejorar el razonamiento de otros?

4 Representar con modelos matemáticos.

Los que razonan correctamente en matemáticas usan las matemáticas que saben para mostrar y resolver problemas.

Usé marcos de 10 para mostrar el problema.

Ali colecciona piedras. Puso 17 piedras en cajas. A cada caja le caben 10 piedras. Ali llenó una caja. ¿Cuántas piedras hay en la segunda caja?

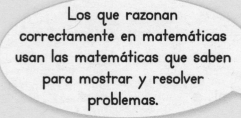

Hábitos de razonamiento

¿Cómo puedo usar lo que sé de matemáticas para resolver este problema?

¿Puedo usar dibujos, diagramas, tablas, gráficas u objetos para representar el problema?

¿Puedo escribir una ecuación para representar el problema?

5 Usar las herramientas apropiadas de manera estratégica.

Escogí usar cubos para resolver el problema.

Los que razonan correctamente en matemáticas saben escoger las herramientas adecuadas para resolver los problemas de matemáticas.

Ema encontró 5 nueces en el árbol y 4 más en el suelo. ¿Cuántas nueces encontró Ema?

Hábitos de razonamiento

¿Qué herramientas puedo usar?

¿Hay alguna otra herramienta que podría usar?

¿Estoy usando la herramienta correctamente?

6 Prestar atención a la precisión.

Usé correctamente las palabras de matemáticas para escribir lo que observé.

Los que razonan correctamente en matemáticas son cuidadosos con lo que escriben y dicen, para que su pensamiento matemático sea claro.

¿En qué se parecen estas figuras?

Tienen 4 lados.
Tienen 4 esquinas.
Tienen lados rectos.

Hábitos de razonamiento

¿Estoy usando los números, las unidades y los símbolos correctamente?

¿Estoy usando las definiciones correctas?

¿Es clara mi respuesta?

Manual de resolución de problemas

7 Buscar y usar la estructura.

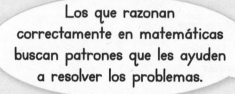

Los que razonan correctamente en matemáticas buscan patrones que les ayuden a resolver los problemas.

Encontré el patrón.

¿Cuáles son los dos números que siguen?
Escríbelos en los espacios en blanco.
Explica tu razonamiento.

15, 16, 17, 18, 19, _____, _____

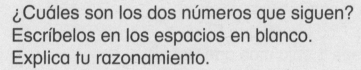

Hábitos de razonamiento

¿Hay un patrón?

¿Cómo puedo describir un patrón?

¿Puedo descomponer el problema en partes más simples?

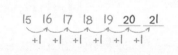

Buscar y expresar uniformidad en los razonamientos repetidos.

Cada persona nueva tiene 1 caja más. Usé lo que sabía sobre contar hacia adelante para resolver el problema.

Los que razonan correctamente en matemáticas buscan las cosas que se repiten en un problema. Usan lo que aprendieron de un problema para que les ayude a resolver otros problemas.

Elsa tiene 3 cajas.
Beto tiene 1 caja más que Elsa.
Cristina tiene 1 caja más que Beto.
¿Cuántas cajas tiene Beto?
¿Cuántas cajas tiene Cristina?
Explícalo.

1 más que 3 son 4.
Beto tiene 4 cajas.
1 más que 4 son 5.
Cristina tiene 5 cajas.

Hábitos de razonamiento

¿Hay algo que se repite en el problema?

¿Cómo puede la solución ayudarme a resolver otro problema?

Manual de resolución de problemas

Guía para la resolución de problemas

Estas preguntas pueden ayudarte a resolver problemas.

Entender problemas

Razonar
- ¿Qué necesito hallar?
- ¿Qué información puedo usar?
- ¿Cómo se relacionan las cantidades?

Pensar en problemas similares
- ¿He resuelto problemas como este antes?

Perseverar en resolver el problema

Representar con modelos matemáticos
- ¿Cómo puedo usar lo que sé de matemáticas?
- ¿Cómo puedo mostrar el problema?
- ¿Hay algún patrón que pueda usar?

Usar las herramientas apropiadas
- ¿Qué herramientas podría usar?
- ¿Cómo puedo usar las herramientas?

Comprobar la respuesta

Entender la respuesta
- ¿Es lógica mi respuesta?

Verificar la precisión
- ¿Verifiqué mi trabajo?
- ¿Es clara mi respuesta?
- ¿Es clara mi explicación?

Maneras de representar los problemas
- Haz un dibujo
- Dibuja una recta numérica
- Escribe una ecuación

Algunas herramientas matemáticas
- Objetos
- Tecnología
- Papel y lápiz

Resolución de problemas: Hoja de anotaciones

Esta hoja te ayuda a organizar tu trabajo.

Nombre _Ehrin_

Elemento didáctico
1

Resolución de problemas: Hoja de anotaciones

Problema
José tiene 8 canicas verdes y 4 canicas azules.
¿Cuántas canicas tiene en total?

Forma 10 para resolver.
Muestra tu trabajo.

ENTIENDE EL PROBLEMA

Necesito hallar
Necesito hallar cuántas canicas tiene José en total.

Puesto que...
José tiene 8 canicas verdes y 4 canicas azules.

PERSEVERA EN RESOLVER EL PROBLEMA

Algunas maneras de representar problemas
☐ Hacer un dibujo
☐ Dibujar una recta numérica
☐ Escribir una ecuación

Algunas herramientas matemáticas
☐ Objetos
☐ Tecnología
☐ Papel y lápiz

Solución y respuesta

10   2

$$8 + 2 = 10$$
$$10 + 2 = 12$$
José tiene 12 canicas.

COMPRUEBA LA RESPUESTA

Conté las fichas que dibujé.
Hay 12 fichas.
Mi respuesta es correcta.

ED1

F30

Nombre _____

Escribir números del 0 al 4

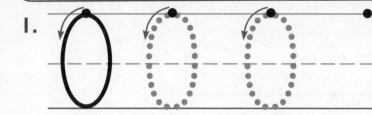

GRADO 1 | Preparación

Practica la escritura de los números del 0 al 4.

1.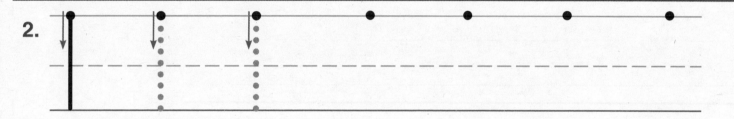

2.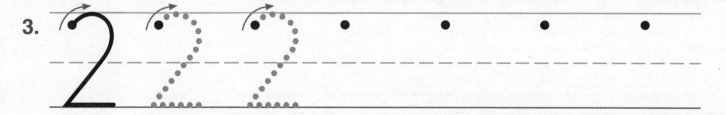

3.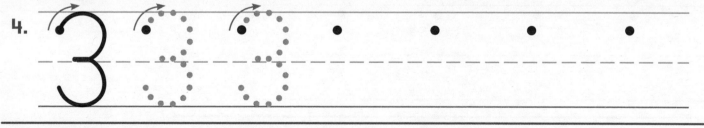

4.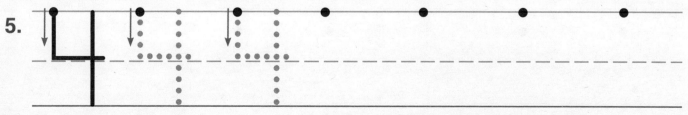

5.

Escribir los números del 5 al 9

Practica la escritura de los números del 5 al 9.

1.

2.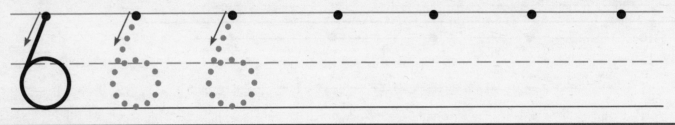

3.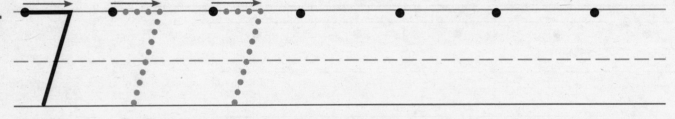

4.

5.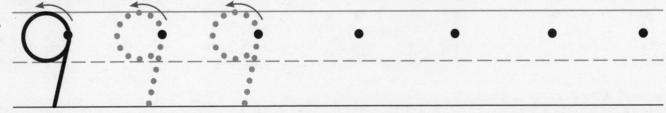

Grado 1 | Preparación

Contar y escribir hasta 9

> Cuenta y escribe el número de puntos.

I.  _____

2. _____

3.  _____

4.  _____

5.  _____

6. _____

7.  _____

8.  _____

9.  _____

Comparar los números hasta el 5

Escribe el número que indica cuántos hay.
Luego, encierra en un círculo el número que es menor.

1.

2

3

2.

_____

_____

3.

_____

_____

4.

_____

_____

Grado 1 | Preparación

Nombre _____

Comparar los números hasta el 10

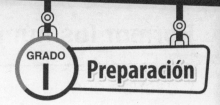

> Escribe el número que indica cuántos hay.
> Luego, encierra en un círculo el número que es mayor.

1.

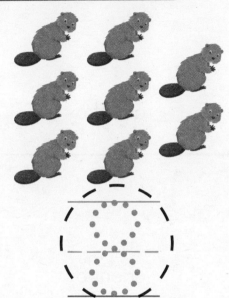

7   9

2.

_____   _____

- - - - -   - - - - -

_____   _____

Formar los números 6 a 9

Escribe cuántos hay adentro y afuera.
Luego, escribe el total.

1.

_____ adentro   _____ afuera   _____ en total

2.

_____ adentro   _____ afuera   _____ en total

Escribe cuántos hay para mostrar las partes.

3.

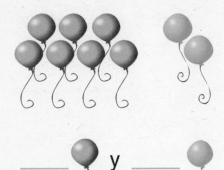

_____ y _____

4.

_____ y _____

Grado I | Preparación

Nombre _____

Hallar las partes que faltan de los números 6 a 9

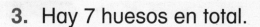

Halla las partes que faltan. Luego, escribe los números.

1. Hay 6 huesos en total.

_____   _____
parte que sé   parte que falta

2. Hay 6 huesos en total.

_____   _____
parte que sé   parte que falta

3. Hay 7 huesos en total.

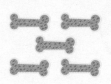 

_____   _____
parte que sé   parte que falta

4. | 8 |

_____   _____
parte que sé   parte que falta

5. | 9 |

_____   _____
parte que sé   parte que falta

6. | 8 |

_____   _____
parte que sé   parte que falta

Halla la parte que falta. Luego, completa la ecuación de suma.

7. Marco tiene 9 panes. Tuesta 4 de los panes.
    ¿Cuántos panes **NO** están tostados?

    $4 + \underline{\quad} = 9$

8. Una gallina puso 7 huevos. 5 pollitos
    rompieron el cascarón. ¿Cuántos pollitos
    NO han roto el cascarón?

    $5 + \underline{\quad} = 7$

Figuras

Colorea cada una de las siguientes figuras.

Grado I | Preparación

Resolver problemas de suma y resta hasta 10

Pregunta esencial: ¿De qué maneras se puede pensar acerca de la suma y la resta?

Recursos digitales

Resuelve · Aprende · Glosario

Herramientas · Evaluación · Ayuda · Juegos

Miren la jirafa mamá y su bebé.

¿En qué se parecen? ¿En qué se diferencian?

¡Hagamos este proyecto para aprender más!

Proyecto de Matemáticas y Ciencias: Los animales y sus crías

Investigar Habla con tu familia o tus amigos acerca de los diferentes animales y sus crías o bebés. Pregúntales en qué se parecen y en qué se diferencian.

Diario: Hacer un libro Muestra lo que encontraste. En tu libro, también:

• dibuja algunos animales adultos con sus bebés.

• inventa y resuelve problemas de suma y resta sobre algunos animales y sus crías.

Nombre _____

Repasa lo que sabes

A-Z Vocabulario

1. **Cuenta** los peces. Escribe el número que muestra cuántos hay.

____

2. **Une** los dos grupos de frutas y escribe cuántas hay.

____

____

3. Escribe cuántas pelotas de futbol hay **en total.**

____

Contar

4. Tania tiene 4 pelotas. Haz un dibujo de sus pelotas.

5. Escribe el número que muestra cuántos gatos hay.

____

Sumar

6. Encierra en un círculo el número que muestra cuántos cangrejos ves.

2   3   4   5

Mis tarjetas de palabras

Estudia las palabras de las tarjetas.
Completa la actividad que está al reverso.

A-Z
Glosario

sumar

$$5 + 3 = 8$$

suma o total

$$2 + 3 = 5$$

↑

suma o total

más

$$5 + 4$$

5 **más** 4

Esto significa que 4
se suma a 5.

ecuación

$$6 + 4 = 10 \quad 6 - 2 = 4$$

$$10 = 6 + 4 \quad 4 = 6 - 2$$

$$6 + 4 = 8 + 2$$

Estas son **ecuaciones.**

igual a

$$5 = 4 + 1$$

5 es **igual a** 4 más 1.

$$5 + 2 = 7$$

5 más 2 es **igual a** 7.

parte

2 y 3 son
partes de 5.

Mis tarjetas de palabras

Usa lo que sabes para completar las oraciones. Para ampliar lo que aprendiste, escribe tu propia oración usando cada palabra.

2 _____

2 es igual a 4.

La respuesta de una ecuación de suma se llama

_____.

Uso un signo más para

_____.

Una _____

es un pedazo de un todo.

---

4 más 4 es

_____ 8.

Puedo resolver un problema verbal escribiendo una

_____.

Mis tarjetas de palabras

Estudia las palabras de las tarjetas.
Completa la actividad que está al reverso.

A-Z Glosario

todo

5

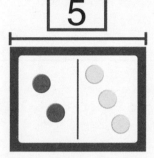

El **todo** es 5.

diferencia

$4 - 1 = 3$

↑

diferencia

restar

$5 - 3 = 2$

menos

$5 \quad - \quad 3$

5 **menos** 3

Esto significa que a 5 se le quitan 3.

más

La fila roja tiene **más.**

menos

La fila amarilla tiene **menos.**

Usa lo que sabes para completar las oraciones. Para ampliar lo que aprendiste, escribe tu propia oración usando cada palabra.

Uso un signo menos para

_____.

La respuesta de una ecuación de resta se llama

_____.

Cuando sumo todas las partes, hago un

_____.

El grupo con el menor número de objetos tiene

_____.

El grupo con el mayor número de objetos tiene

_____.

5 _____

3 es igual a 2.

Mis tarjetas de palabras

Estudia las palabras de las tarjetas.
Completa la actividad que está al reverso.

A-Z
Glosario

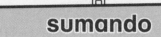

sumando

$$6 + 3 = 9$$

sumandos

Mis tarjetas de palabras

Usa lo que sabes para completar las oraciones. Para ampliar lo que aprendiste, escribe tu propia oración usando cada palabra.

En la ecuación de suma $6 + 3 = 9$, el 6 y el 3 son

_____.

Resuélvelo y coméntalo

Resuelve

Jada tiene 2 . Añade 1 más. ¿Cuántos tiene ahora?

¿Cómo puedes mostrar este cuento con cubos y una ecuación de suma?

Lección 1-1

Resolver problemas: Añadir

Puedo...
resolver problemas verbales de suma.

También puedo
representar con modelos matemáticos.

___ + ___ = ___

Pablo tiene 5 📷. Conecta 2 📷 más. ¿Cuántos 📷 tiene ahora?

Puedes mostrar el problema en un tablero de partes.

Añade para hallar cuántos hay en total.

Puedes escribir una **ecuación** de suma para representar el problema.

$$\underline{5} + \underline{2} = \underline{7}$$

> Puedo añadir al número para hallar la suma o total.

> 5 más 2 es igual a 7. Ahora, Pablo tiene 7 📷.

¿Lo entiendes?

¡Demuéstralo! Tienes 4 📷. Conectas 3 📷 más. ¿Cómo puedes hallar cuántos 📷 tienes ahora?

☆ Práctica guiada ☆

Escribe una ecuación de suma que represente cada problema. Usa los dibujos para ayudarte.

1. Carlos tiene 3 📷. Conecta 3 📷 más. ¿Cuántos 📷 tiene Carlos ahora?

$$\underline{3} + \underline{3} = \underline{6}$$

2. Ana tiene 2 🍑. Compra 6 🍑 más. ¿Cuántas 🍑 tiene Ana ahora?

$$\underline{} + \underline{} = \underline{}$$

Escribe una ecuación de suma que represente cada problema.
Usa los dibujos para ayudarte.

3. 4 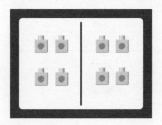 están en el jardín.

Otros 4 🐝 más se les unen.

Ahora, ¿cuántos 🐝 hay en el jardín?

_____ + _____ = _____

4. 3  están en la hoja.

Otras 6 🐞 más se les unen.

Ahora, ¿cuántas 🐞 hay en la hoja?

_____ + _____ = _____

Haz un dibujo para resolver el problema-cuento.
Luego, escribe una ecuación de suma.

5. **Razonamiento de orden superior**

6 🦆 están en el estanque. 2 🦆
se les unen. 4 🐞 están en el pasto.
¿Cuántos 🦆 están en el estanque
ahora?

_____ + _____ = _____

Resolución de problemas

Resuelve cada problema.

6. **🔤 Vocabulario** Hay 3 .

4 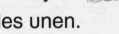 más se les unen.

¿Cuántos 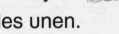 hay ahora?

Escribe una **ecuación** de suma.

_____ + _____ = _____

7. **Representar** 8 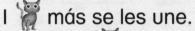 están jugando.

1 🐱 más se les une.

¿Cuántos 🐱 están jugando ahora?

Escribe una ecuación de suma.

_____ + _____ = _____

8. **Razonamiento de orden superior**

Escribe un cuento de suma sobre los pájaros.

Usa dibujos, números o palabras.

9. **✓ Evaluación** Lisa tiene 5 .

Encuentra 3 🥎 más.

¿Cuántas 🥎 tiene Lisa ahora?

¿Qué ecuación de suma representa el cuento?

Ⓐ $5 + 1 = 6$

Ⓑ $5 + 2 = 7$

Ⓒ $5 + 3 = 8$

Ⓓ $5 + 4 = 9$

Nombre _____

¡Revisemos! Puedes usar la suma para resolver algunos problemas verbales.

5 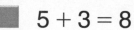 juegan en el pasto.

Otros 3 🐰 más se les unen.

Ahora, ¿cuántos 🐰 hay en el pasto?

$5 + 3 = 8$

7 🐞 están en una hoja.

Otras 2 🐞 más se les unen.

Ahora, ¿cuántas 🐞 hay en la hoja?

$\underline{7} + \underline{2} = \underline{9}$

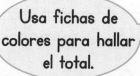
Usa fichas de colores para hallar el total.

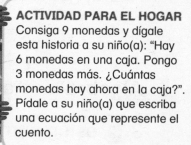

Escribe una ecuación de suma que represente cada problema. Usa los dibujos para ayudarte.

1. 3 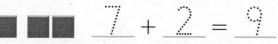 están en el estanque.

   Otras 3 🐸 más se les unen.

   Ahora, ¿cuántas 🐸 hay en el estanque?

    ___ + ___ = ___

2. 2 🐞 están en la piedra.

   Otras 3 🐞 más se les unen.

   Ahora, ¿cuántas 🐞 hay en la piedra?

    ___ + ___ = ___

Escribe una ecuación de suma para resolver cada problema.

3. Representar

2  están durmiendo.

Otros 4 🐭 más se les unen.

Ahora, ¿cuántos 🐭 están durmiendo?

_____ + _____ = _____

4. Representar

5 ⚽ están en la cancha.

Otras 5 ⚽ más ruedan a la cancha.

Ahora, ¿cuántas ⚽ hay en la cancha?

_____ + _____ = _____

5. Álgebra Lee el cuento y escribe los números que faltan en la ecuación.

3 🐰 están durmiendo. Otros 2 🐰 más se les unen.

Ahora, ¿cuántos 🐰 están durmiendo?

_____ + 2 = _____

6. Razonamiento de orden superior

Di un cuento de suma sobre las ranas. Luego, escribe una ecuación para mostrar cuántas hay.

_____ + _____ = _____

7. ✓Evaluación ¿Qué ecuación describe el dibujo?

Ⓐ $3 + 0 = 3$

Ⓑ $2 + 2 = 4$

Ⓒ $3 + 1 = 4$

Ⓓ $3 + 2 = 5$

Nombre _____

Cada una de tus 2 bolsas tiene cubos de un color diferente. Toma un puño de cubos de cada bolsa.

¿Cómo puedes usar números para mostrar cuántos cubos tomaste en total? Muestra tu trabajo.

Resuelve

Lección 1-2

Resolver problemas: Juntar

Puedo...
resolver problemas verbales sobre juntar.

También puedo
entender bien los problemas.

Sonia toma 4 y 2 🔲.

Las **partes** son 4 y 2.

4   2

Suma las partes para hallar el **todo.**

___4_ + _2_ = ___

Junté las partes para sumar.

Escribe una ecuación de suma para mostrar las partes y el todo.

_4_ + _2_ = _6_

Sonia tomó 6 cubos en total.

¿Lo entiendes?

¡Demuéstralo! Tienes 2 🔲 y 3 🔲. ¿Cómo puedes hallar cuántos cubos tienes en total?

Práctica guiada

Escribe las partes. Luego, escribe una ecuación de suma que represente cada problema.

1. Charo tiene 3 🔲 y 5 🔲. ¿Cuántos cubos tiene en total?

_3_ + _5_
_3_ + _5_ = _8_

2. Lalo ve 1 🐞 y 6 🐝. ¿Cuántos insectos vio Lalo en total?

___ + ___
___ = ___ + ___

Tema 1 | Lección 2

☆ **Práctica** ☆
independiente
☆

Escribe las partes. Luego, escribe una ecuación de suma que represente cada problema.

---

3. La tienda de mascotas tiene 3 🐰 y 4 🐱.
¿Cuántas mascotas tiene en total?

____ + ____

____ + ____ = ____

4. En la caja caben 3 ⚾ y 3 ⚽. ¿Cuántas pelotas caben en la caja?

____ + ____

____ + ____ = ____

---

5. Razonamiento de orden superior

Marco se encontró 2 🥚 cafés, 7 🥚 rojas y 3 🐚. ¿Cuántas 🥚 se encontró Marco en total?

Haz un dibujo para resolver el problema. Luego, escribe una ecuación de suma.

____ + ____ = ____

6. **Entender** Pati encuentra 2 .
Luego, encuentra 5 más.
¿Cuántas encontró Pati?

Haz un dibujo para mostrar que
entendiste el cuento. Luego, escribe
una ecuación de suma.

____ + ____ = ____

7. **Razonamiento de orden superior** Haz
un dibujo para mostrar un cuento de
suma sobre unos gusanos cafés y otros
gusanos rojos. Escribe una ecuación para
decir cuántos gusanos hay en total.

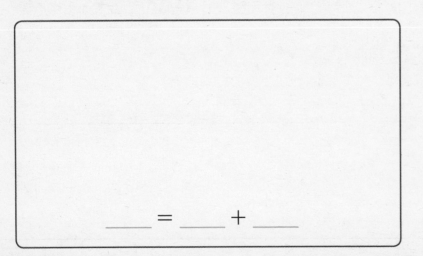

____ = ____ + ____

8. ✔**Evaluación** Tim recoge 4 🍎 y 5 🍎.
¿Cuántas manzanas recogió?

¿Qué ecuación de suma representa este
cuento?

Ⓐ $9 + 4 = 13$

Ⓑ $4 + 5 = 9$

Ⓒ $3 + 6 = 9$

Ⓓ $4 + 4 = 8$

Nombre _____

¡Revisemos! Usa las partes para escribir una ecuación de suma.

Tengo 2 fichas rojas y 3 amarillas. Esas son las partes. Tengo 5 fichas en total.

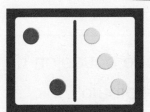

2 + 3
2 + 3 = 5

Greg tiene 3 ● y 5 ○.
¿Cuántas fichas tiene en total?

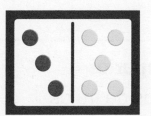

3 + 5
3 + 5 = 8

Escribe las partes. Luego, escribe una ecuación de suma que represente cada problema.

1. Estela tiene 4 ● y 2 ○.
¿Cuántas fichas tiene en total?

___ + ___
___ + ___ = ___

2. Glen tiene 4 ● y 4 ○.
¿Cuántas fichas tiene en total?

___ + ___
___ + ___ = ___

Escribe una ecuación de suma para cada cuento.

3. **Representar** Ian recoge 3 🍎. Luego,
recoge 5 🍎 más.
¿Cuántas 🍎 recoge Ian en total?

____ + ____ = ____

4. **Representar** Sara tiene 2 🥔.
Jonás tiene 4 🥔.
¿Cuántas 🥔 tienen en total?

____ + ____ = ____

5. **Razonamiento de orden superior**
Encierra en un círculo 2 grupos de frutas.
Escribe una ecuación de suma para
representar cuántas frutas hay en total en
los 2 grupos.

____ + ____ = ____

6. ✅**Evaluación** ¿Qué ecuación de
suma representa el dibujo?

Ⓐ 4 + 4 = 8

Ⓑ 4 + 5 = 9

Ⓒ 2 + 7 = 9

Ⓓ 4 + 6 = 10

Resuélvelo y coméntalo

6 patos nadan en un estanque. 2 patos se van volando. ¿Cómo puedes usar los cubos conectables para mostrar cuántos patos quedan? ¿Qué ecuación de resta puedes escribir?

Puedo...
quitar de un grupo para resolver problemas verbales.

También puedo representar con modelos matemáticos.

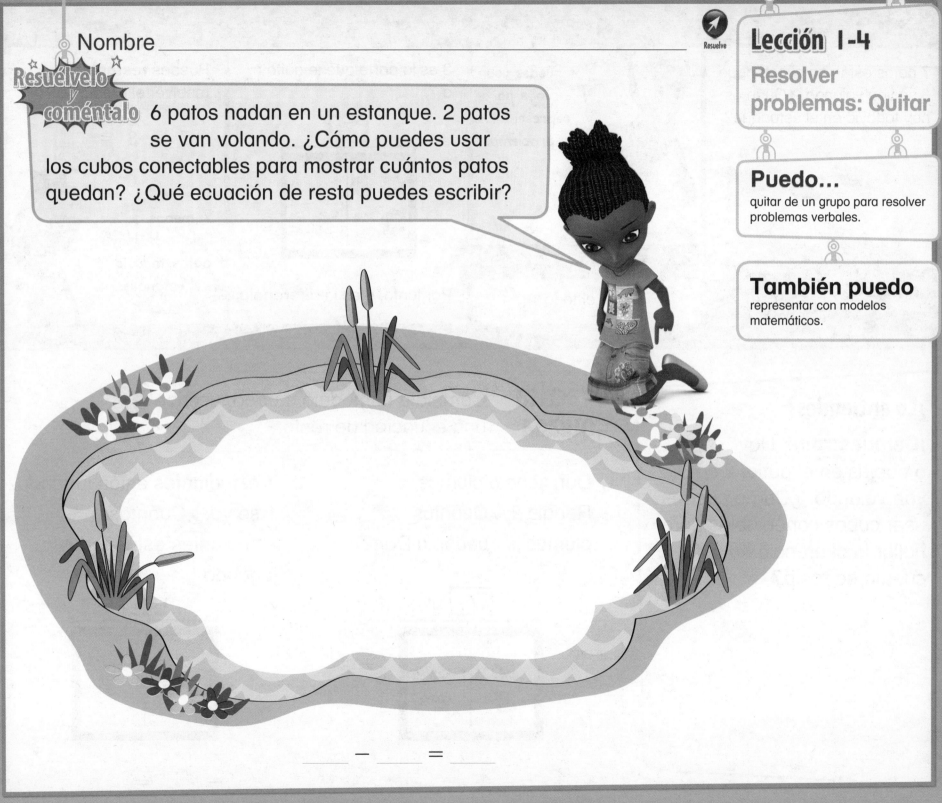

_____ − _____ = _____

7 patos están en el estanque. 3 se van volando. ¿Cuántos hay todavía en el estanque?

Puedes usar cubos para representar el problema.

7 es el todo.

3 es la parte que le quitas a 7.

7

Por tanto, 4 es la **diferencia**.

Puedes **restar** para resolver el problema.

$7 - 3 = 4$

7 menos 3 es igual a 4. Hay 4 patos todavía en el estanque.

¿Lo entiendes?

¡Demuéstralo! Hay 6 abejas en el patio. 2 se van volando. ¿Cómo puedes usar cubos conectables para hallar la diferencia en este cuento de resta?

✩ Práctica guiada ✩

Completa el modelo. Luego, escribe una ecuación de resta.

1. Dan tiene 6 plumas. Regala 2. ¿Cuántas plumas le quedan a Dan?

6

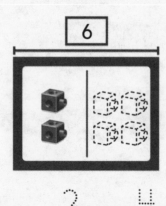

$6 - 2 = 4$

2. 7 estudiantes están jugando. 1 se va. ¿Cuántos estudiantes están todavía jugando?

7

___ − ___ = ___

---

28 veintiocho

Tema 1 | Lección 4

Nombre _____

☆ Práctica independiente

Completa cada modelo. Luego, escribe una ecuación de resta.

3. 8 ranas están sentadas en un tronco. 4 se van saltando. ¿Cuántas ranas están todavía en el tronco?

8

___ − ___ = ___

4. 9 gatos están jugando. 6 se van corriendo. ¿Cuántos gatos están todavía jugando?

9

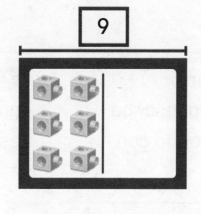

___ − ___ = ___

5. 7 insectos están en una hoja. 2 se van trepando. ¿Cuántos insectos están todavía en la hoja?

7

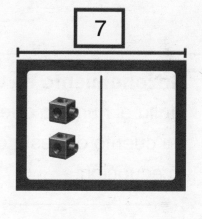

___ − ___ = ___

6. Razonamiento de orden superior 8 estudiantes están en un grupo de lectura. Algunos estudiantes se van. ¿Cuántos estudiantes están todavía en el grupo? ¿Tienes suficiente información para resolver el problema? Explícalo.

_____

_____

_____

_____

Resolución de problemas

Escribe una ecuación que represente cada problema.
Usa cubos o tableros de parte-parte-todo para resolverlo.

7. **Usar herramientas** Lin tiene 9 estampas. Le da 4 a Tom. ¿Cuántas estampas tiene Lin ahora?

____ – ____ = ____

8. **Usar herramientas** Gloria tiene 8 flores. Le da 5 a su mamá. ¿Cuántas flores tiene Gloria ahora?

____ – ____ = ____

9. **Razonamiento de orden superior**
Halla el número que falta. Luego, escribe un cuento de resta que corresponda con la ecuación.

$$7 - 2 = \underline{\quad}$$

_____

_____

_____

10. ✓**Evaluación** 8 pájaros están en un árbol. 6 se van volando. ¿Cuántos pájaros están todavía en el árbol?

¿Qué ecuación de resta representa el cuento?

Ⓐ $8 - 2 = 6$ Ⓑ $8 - 7 = 1$

Ⓒ $7 - 2 = 5$ Ⓓ $8 - 6 = 2$

Nombre _____

Ayuda   Herramientas   Juegos

¡Revisemos! Puedes escribir una ecuación de resta que represente el cuento numérico.

6 gatos están en la barda.
3 gatos saltan al piso. ¿Cuantos gatos hay todavía en la barda?

5 gatos están en la barda.
2 gatos saltan al piso. ¿Cuántos gatos hay todavía en la barda?

ACTIVIDAD PARA EL HOGAR
Ponga 8 objetos pequeños, como botones, en la mesa. Quite algunos botones y pídale a su niño(a) que le diga un cuento de resta. Luego, haga que su niño(a) escriba una ecuación de resta para representar el cuento, como $8 - 2 = 6$. Pida a su niño(a) que cuente los botones que quedaron para comprobar si su respuesta es correcta.

$$6 - 3 = 3$$

$$5 - 2 = 3$$

Escribe una ecuación de resta que represente cada problema.

1. 9 manzanas están sobre la mesa.
7 manzanas se ruedan al piso.
¿Cuántas manzanas están todavía en la mesa?

2. 10 crayones están en una caja.
7 crayones se caen de la caja.
¿Cuántos crayones están todavía en la caja?

___ − ___ = ___

___ − ___ = ___

3. **Razonar** 6 abejas están en una flor. 4 se van volando. ¿Cuántas abejas hay todavía en la flor?

_____ – _____ = _____

4. **Razonar** 8 patos están en un estanque. 4 patos se salen del agua. ¿Cuántos patos están todavía en el estanque?

_____ – _____ = _____

5. **Razonamiento de orden superior**
Halla el número que falta. Luego, escribe un cuento de resta que represente la ecuación.

$7 - 3 =$ _____

_____

_____

_____

6. ✓**Evaluación** Jonás tiene 10 piedritas. Le da 2 a su hermana. ¿Cuántas piedritas tiene Jonás ahora?

¿Qué ecuación de resta representa el cuento?

Ⓐ $9 - 4 = 5$

Ⓑ $10 - 3 = 7$

Ⓒ $8 - 1 = 7$

Ⓓ $10 - 2 = 8$

Nombre _____

Resuélvelo y **coméntalo** Lori ve 5 carros rojos y 3 azules. ¿Ve más carros rojos o más carros azules? ¿Cuántos más? ¿Cómo lo sabes?

Puedo...
resolver problemas verbales en los que hay que comparar.

También puedo usar herramientas matemáticas correctamente.

5 gatos tienen sombreros azules.
2 gatos tienen sombreros anaranjados.
¿Cuántos sombreros azules más que
sombreros anaranjados hay?

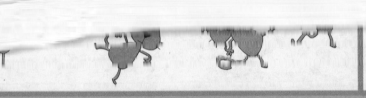

Puedes usar cubos para
comparar.

Puedes escribir una ecuación
de resta para comparar.

$$5 - 2 = 3$$

más que sombreros
anaranjados.

¿Lo entiendes?

¡Demuéstralo! Si tienes
2 grupos de objetos, ¿cómo
puedes saber qué grupo
tiene más?

☆**Práctica guiada**☆ Usa cubos para escribir una ecuación de resta.
Luego, escribe cuántos más hay.

1. Paula dibuja 6 ranas. Miguel dibuja 3 ranas. ¿Cuántas ranas
más dibuja Paula que Miguel?

$$6 - 3 = 3$$ _____ ranas más

Nombre _____

☆ **Práctica** ☆ **independiente**

Dibuja cubos para mostrar la resta. Luego, escribe una ecuación que represente el cuento. Di cuántos hay.

2. Susi tiene 3 perros. Julio tiene 1 perro.
¿Cuántos perros más tiene Susi?

____ – ____ = ____

____ perros más

3. Toni contó 7 ratones. Contó 5 ratones más que Marta.
¿Cuántos ratones contó Marta?

____ – ____ = ____

____ ratones

Razonamiento de orden superior ¿Cuántos pájaros azules más que pájaros amarillos hay? Usa el dibujo para hallar el número que falta en cada problema.

4.

____ – 3 = 1

5.

6 – ____ = 1

6. **Sentido numérico** Hay 4 peces en una pecera. 2 peces se vendieron. ¿Cuántos ~~Luego, di cuánto hay.~~

   ___ – ___ = ___

   ___ peces

7. **Representar** Luis ve 5 ranas verdes y ~~1 rana azul. ¿Cuántas ranas~~ ~~Di cuántas más ve.~~

   ___ – ___ = ___

   ___ ranas verdes más

8. **Razonamiento de orden superior** Dibuja algunas flores amarillas. Dibuja más flores rojas que amarillas. Escribe una ecuación de resta para decir cuántas flores rojas más que amarillas hay.

   ___ – ___ = ___

9. ✔**Evaluación** Ben contó 6 gatos grises y 4 blancos.

   ¿Cuántos gatos grises más que blancos contó Ben?

   Ⓐ 2

   Ⓑ 4

   Ⓒ 6

   Ⓓ 10

Puedes hacer un dibujo para ayudarte.

Tema 1 | Lección 5

Nombre _____

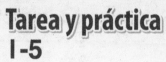
Ayuda   Herramientas   Juegos

¡Revisemos! Empareja los cubos rojos con los azules.
Luego, cuenta cuántos más hay.

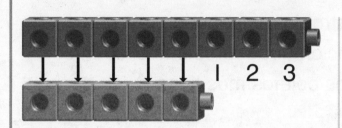

1   2   3

¿Cuántos cubos rojos hay? ___8___

¿Cuántos cubos azules hay? ___5___

¿Cuántos cubos rojos más hay? ___3___

8 - 5 = 3

ACTIVIDAD PARA EL HOGAR
Dele a su niño(a) 5 botones
azules y 2 verdes. Pregúntele:
"¿De qué color hay más
botones?". Pídale que le diga
cuántos botones azules más que
verdes hay. Repita la actividad
con hasta 10 botones azules y
10 verdes.

Escribe cuántos cubos rojos y cubos azules hay. Luego, di cuántos
más hay. Escribe la ecuación de resta que corresponda.

1.

_____ cubos rojos

_____ cubos azules

¿De qué color hay más cubos? _____

¿Cuántos más? _____

_____ - _____ = _____

2.

_____ cubos azules

_____ cubo rojo

¿De qué color hay más cubos? _____

¿Cuántos más? _____

_____ - _____ = _____

Resuelve cada problema.

3. Sentido numérico ... David tiene ... boletos

... jugar ... con Sam. más tiene David que Mimí? Dibuja cubos

Escribe una ecuación que represente el para mostrar la resta. Luego, escribe
cuento. Luego, di cuántos perros. una ecuación que represente el cuento.
Di cuántos boletos más tiene.

_____ – _____ = _____

_____ perros

_____ – _____ = _____

_____ boletos más

---

5. **Razonamiento de orden superior**
Dibuja algunos cubos rojos. Luego, dibuja
más cubos azules que rojos. Escribe una
ecuación de resta que muestre cuántos
cubos azules más que rojos dibujaste.

_____ – _____ = _____

6. ✓**Evaluación** Lucy tiene 6 manzanas.
Julia tiene 7 manzanas. ¿Cuántas
manzanas más tiene Julia que Lucy?

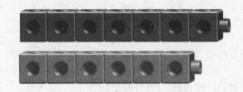

0 | 6   7
Ⓐ   Ⓑ   Ⓒ   Ⓓ

Nombre _____

Resuélvelo y coméntalo

Amy tiene 7 calcomanías. Sergio tiene 5 calcomanías. ¿Cuántas calcomanías menos que Amy tiene Sergio?

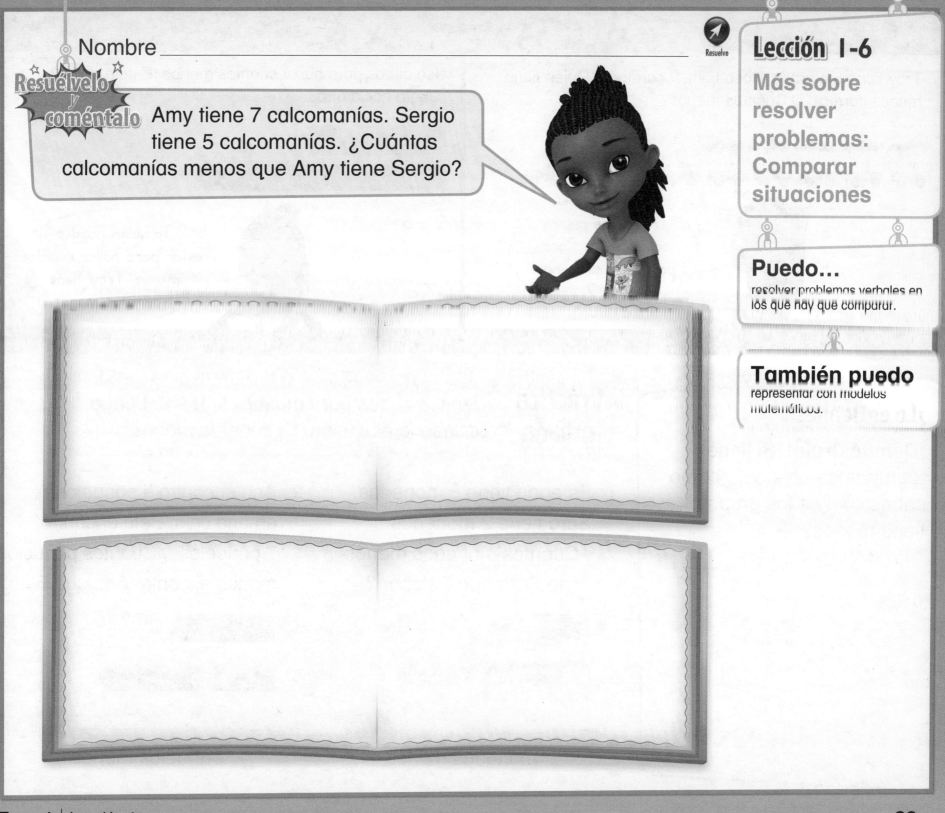

Resuelve

Lección 1-6

Más sobre resolver problemas: Comparar situaciones

Puedo...
resolver problemas verbales en los que hay que comparar.

También puedo
representar con modelos matemáticos.

Aprende Glosario

$9 - 5 = \underline{4}$

Troy tiene menos carritos que Rosa porque 5 es menos que 9.

También puedes restar para hallar cuántos menos. Troy tiene 4 carritos menos.

¿Lo entiendes?

¡Demuéstralo! Si tienes 2 grupos de objetos, ¿cómo sabes cuál de los grupos tiene menos?

☆Práctica guiada☆

Usa los cubos para mostrar la resta. Luego, escribe la ecuación. Di cuántos menos.

1. Esteban tiene 8 monedas. Sara tiene 2 monedas. ¿Cuántas monedas menos tiene Sara que Esteban?

_____ − _____ = _____

_____ monedas menos

2. Ana encontró 4 pañuelos en una caja. Beto encontró 7 pañuelos. ¿Cuántos pañuelos menos encontró Ana que Beto?

_____ − _____ = _____

_____ pañuelos menos

Nombre _____

¡Revisemos! ¿Cuántos cubos anaranjados menos que morados hay?

Empareja los cubos morados con los cubos anaranjados. Luego, cuenta cuántos menos hay. Escribe la ecuación de resta que corresponda.

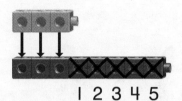

1 2 3 4 5

¿Cuántos cubos morados hay? _8_

¿Cuántos cubos anaranjados hay? _3_

¿Cuántos cubos anaranjados menos hay? _5_

$8 - 3 = 5$

ACTIVIDAD PARA EL HOGAR
Dele a su niño(a) 3 botones y 5 clips. Pregúntele: "¿Hay menos botones o menos clips?". Pídale que le diga cuántos botones menos que clips hay. Su niño(a) puede acomodarlos en una fila para comparar. Repita la actividad usando hasta 10 botones y 10 clips.

Escribe cuántos cubos anaranjados y morados hay. Luego, di cuántos menos hay. Escribe la ecuación de resta que corresponda.

1.

____ cubos morados

____ cubos anaranjados

¿Qué color tiene menos cubos? _____

¿Cuántos menos? ____

____ − ____ = ____

2.

____ cubos morados

____ cubos anaranjados

¿Qué color tiene menos cubos? _____

¿Cuántos menos? ____

____ − ____ = ____

Resuelve los siguientes problemas.

3. **Razonar** Ema vendió 5 donas para recaudar fondos. Luego, vendió 2 más. ¿Cuántas donas vendió Ema en total? Escribe una ecuación. Di cuántas donas.

_____ + _____ = _____

_____ donas

4. **Razonar** 6 mariposas están en un árbol. 3 mariposas se van volando. ¿Cuántas mariposas quedan en el árbol? Escribe una ecuación. Di cuántas mariposas.

_____ − _____ = _____

_____ mariposas

5. **Razonamiento de orden superior** Dibuja unos cubos rojos. Dibuja menos cubos verdes. Escribe una ecuación que represente tu dibujo.

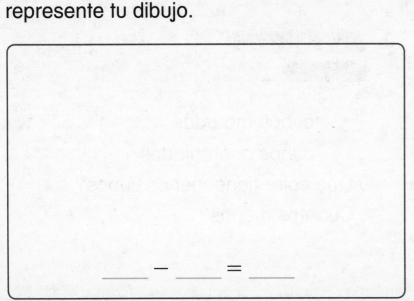

_____ − _____ = _____

6. ✓ **Evaluación** Hay 10 gatos y 6 perros en un refugio de animales. ¿Cuáles de las siguientes opciones responden correctamente a cuántos más o cuántos menos? Selecciona todas las que apliquen.

☐ 4 gatos más

☐ 4 perros más

☐ 4 gatos menos

☐ 4 perros menos

Nombre _____

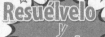
Resuélvelo y coméntalo 5 vagones de tren están sobre las vías. Otros vagones se les unen. Ahora hay 9 vagones. ¿Cuántos vagones de tren se unieron a los 5 vagones? Usa cubos conectables para representar este cuento. Escribe una ecuación de suma.

Puedo...
usar la suma o la resta para
ayudarme a hallar el sumando
que falta.

También puedo
representar con modelos
matemáticos.

_____ + _____ = _____

_____ vagones de tren que se unieron.

Hay 7 vagones de tren en la estación. Algunos vagones más llegan a la estación. Ahora hay 9 vagones. ¿Cuántos vagones llegaron?

¿7 más qué es igual a 9?

Usa cubos y un modelo para ayudarte a hallar el **sumando** que falta.

9

Puedes escribir una ecuación de suma para representar el cuento.

$7 + 2 = 9$

sumandos   suma o total

Llegaron 2 vagones más.

¿Lo entiendes?

¡Demuéstralo! ¿Cómo resuelves un problema de suma si solamente conoces una parte y el total?

Práctica guiada

Completa el modelo y la ecuación. Luego, di cuántos.

1. Bob tiene 4 peces. Compra algunos peces más. Ahora tiene 7 peces. ¿Cuántos peces compró Bob?

7

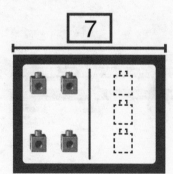

$4 + \underline{3} = 7$

_____ peces

Herramientas Evaluación

☆ **Práctica** ☆
independiente
☆

Completa el modelo. Luego, escribe la ecuación que corresponda. Di cuántos.

2. Mary tiene 4 calcamonías. Pat le da algunas más. Ahora Mary tiene 8 calcamonías. ¿Cuántas calcamonías le dio Pat a Mary?

8

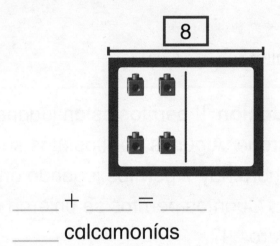

____ + ____ = ____

____ calcamonías

3. Memo lee 4 páginas el lunes. Lee unas páginas más el martes. Lee 10 páginas en total. ¿Cuántas páginas leyó Memo el martes?

10

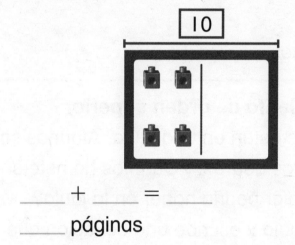

____ + ____ = ____

____ páginas

4. Razonamiento de orden superior

Megan tiene 6 zapatos en total. Algunos zapatos están en el tapete. 2 zapatos están en una caja. ¿Cuántos zapatos están en el tapete?

Haz un dibujo para resolver. Luego, escribe una ecuación que corresponda. Di cuántos.

____ + ____ = ____

____ zapatos en el tapete

5. **Representar** El perro de Gabriel enterró 4 huesos el lunes. Enterró algunos huesos el viernes. En total enterró 10 huesos. ¿Cuántos huesos enterró el perro de Gabriel el viernes? Escribe una ecuación que represente el cuento. Luego, di cuántos huesos.

_____ + _____ = _____

_____ huesos

6. **Representar** Natalia tiene 3 galletas de animalitos y 7 galletas saladas. ¿Cuántas galletas tiene en total? Escribe una ecuación que represente el cuento. Luego, di cuántas galletas.

_____ + _____ = _____

_____ galletas

7. **Razonamiento de orden superior**
5 hámsters están en una jaula. Algunos son cafés y otros negros. ¿Cuántos hámsters de cada color podría haber en la jaula? Haz un dibujo y escribe una ecuación que represente el cuento.

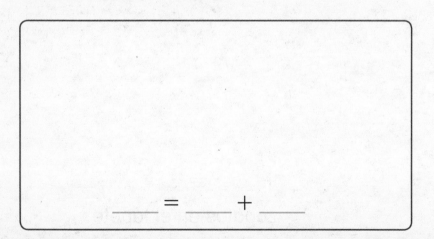

_____ = _____ + _____

8. ✓**Evaluación** 4 perritos están jugando en el parque. Algunos perritos más se les unen. Ahora hay 7 perritos jugando en el parque. ¿Cuántos perritos se unieron a los primeros 4?

¿Qué ecuación representa el cuento?

☐ $9 = 4 + 5$

☐ $7 = 6 + 1$

☐ $7 = 4 + 3$

☐ $10 = 7 + 3$

Ayuda Herramientas Juegos

¡Revisemos! Puedes usar un modelo para resolver un cuento de suma y escribir una ecuación.

Diego tiene 4 pelotas de golf. Se encuentra algunas pelotas de golf más en su bolsa. Ahora tiene 7. ¿Cuántas pelotas de golf se encontró Diego en su bolsa?

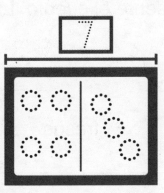

$$4 + 3 = 7$$

_____ pelotas de golf

ACTIVIDAD PARA EL HOGAR
Dele a su niño(a) un grupo de objetos pequeños para que los use como fichas. Dígale esta historia: "4 hormigas están en el piso. Llegan algunas hormigas más. Ahora hay 8 hormigas en el piso. ¿Cuántas hormigas se unieron a las primeras 4 hormigas?". Pida a su niño(a) que use los objetos pequeños para resolver el cuento de suma. Luego, pídale que escriba una ecuación que represente el cuento.

Completa el modelo. Luego, escribe la ecuación que corresponda. Di cuántos.

1. 2 gatos están jugando. Algunos gatos más se acercan a jugar. Ahora hay 7 gatos. ¿Cuántos gatos se acercaron a jugar con los primeros 2 gatos?

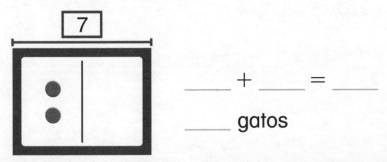

_____ + _____ = _____

_____ gatos

2. 8 amigos están almorzando. Algunos amigos más se les unen. Ahora hay 10 amigos almorzando. ¿Cuántos amigos más se unieron a almorzar?

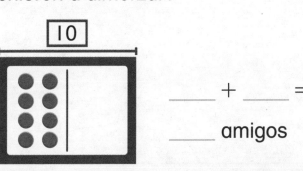

_____ + _____ = _____

_____ amigos

Resuelve cada problema.

3. **Representar** Linda tiene 4 limones. Compra 4 limones más. ¿Cuántos limones tiene ahora? Escribe una ecuación que represente el cuento. Luego, di cuántos limones.

_____ + _____ = _____

_____ limones

4. **Representar** Tere pone 5 fresas en una canasta. Beto pone más fresas en la canasta. Ahora hay 9 fresas en la canasta. ¿Cuántas fresas puso Beto? Escribe una ecuación que represente el cuento. Luego, di cuántas fresas.

_____ + _____ = _____

_____ fresas

5. **Razonamiento de orden superior** Completa la ecuación. Luego, escribe un cuento de suma que represente la ecuación.

$8 + \underline{\hspace{1cm}} = 10$

6. ✓**Evaluación** Mirna tiene 7 monedas. Gaby le da algunas más. Ahora Mirna tiene 10 monedas. ¿Cuántas monedas le dio Gaby a Mirna?

Ⓐ 2

Ⓑ 3

Ⓒ 4

Ⓓ 5

Nombre _____

Resuélvelo y coméntalo

Sofía ve 5 piedras pequeñas en el lago. También ve algunas piedras grandes. Ve en total 7 piedras. ¿Cuántas piedras grandes vio Sofía? Muestra cómo lo sabes.

Puedo...
resolver problemas verbales en los que se junta o se separa.

También puedo usar herramientas matemáticas correctamente.

8 gatos y perros están en la pista de baile. 5 perros están bailando. ¿Cuántos gatos están bailando?

Piensa en el todo y la parte que ya conoces del cuento.

8

?

Hay 5 perros bailando.

Resta para hallar la parte que falta.

8

$8 - 5 = 3$

Puedes también sumar para hallar la parte que falta.

$5 + 3 = 8$

6   7   8

3 gatos están bailando.

¿Lo entiendes?

¡Demuéstralo! Si conoces el todo y una de las partes, ¿cómo puedes hallar la parte que falta?

☆ Práctica guiada ☆

Completa el modelo. Luego, escribe una ecuación de suma o de resta.

1. Nico y Amauri tienen 9 robots en total. Nico tiene 3 robots. ¿Cuántos robots tiene Amauri?

9

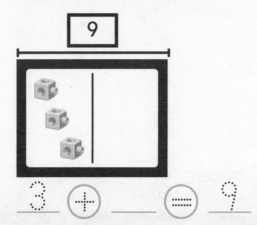

3 ⊕ ___ ⊜ 9

2. Gael tiene 6 cometas. Algunas son rojas y otras son azules. Si 2 cometas son rojas, ¿cuántas son azules?

6

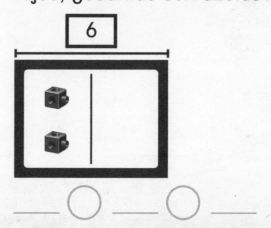

___ ◯ ___ ◯ ___

Herramientas Evaluación

☆ **Práctica**
independiente ☆ Completa el modelo. Luego, escribe una
ecuación. Di cuántos.

3. Julia camina 9 cuadras. 5 de las cuadras
las camina con una amiga. ¿Cuántas
cuadras camina sola Julia?

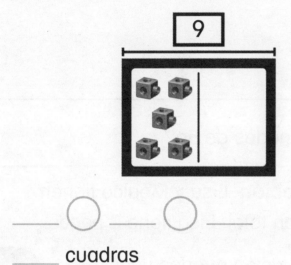

___ ◯ ___ ◯ ___

___ cuadras

4. Rita tiene 3 globos amarillos. El resto de sus
globos son rosas. Ella tiene 7 globos en total.
¿Cuántos globos rosas tiene Rita?

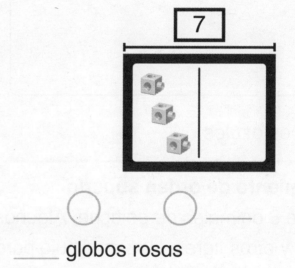

___ ◯ ___ ◯ ___

___ globos rosas

5. Razonamiento de orden superior
Lalo tiene 8 caracoles en total. 3 son
caracoles grandes. El resto son pequeños.
¿Cuántos caracoles pequeños tiene Lalo?

Haz un dibujo para resolver el problema.
Luego, escribe una ecuación. Di cuántos.

___ ◯ ___ ◯ ___

___ caracoles pequeños

Resolución de problemas

Resuelve cada problema. Haz un dibujo para ayudarte.

6. Entender Javier compró 2 peces rojos y algunos azules. Compró 9 peces en total. ¿Cuántos peces azules compró Javier?

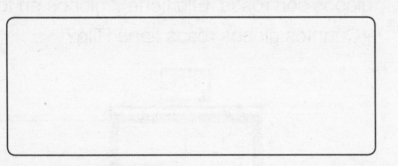

_____ peces azules

7. Entender Raquel tiene 8 monedas de 5¢. Regala 4 monedas de 5¢. ¿Cuántas monedas de 5¢ le quedan a Raquel?

_____ monedas de 5¢

8. Razonamiento de orden superior
Nina tiene 8 animales de peluche. Algunos son osos y otros tigres. Haz un dibujo para mostrar cuántos de cada animal de peluche podría tener Nina. Luego, escribe los números.

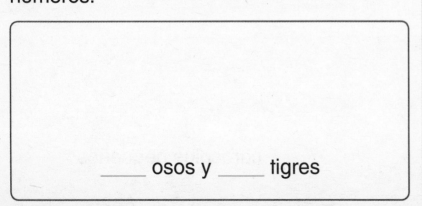

_____ osos y _____ tigres

9. ✓ Evaluación Lisa y Mónica tienen 7 peces en total. Lisa tiene 2 peces.

¿Qué ecuación puedes usar para hallar cuántos peces más tiene Mónica?

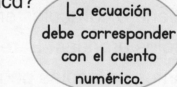

La ecuación debe corresponder con el cuento numérico.

Ⓐ $9 - 2 = 7$

Ⓑ $6 - 1 = 5$

Ⓒ $7 - 2 = 5$

Ⓓ $8 - 7 = 1$

Ayuda Herramientas Juegos

Tarea y práctica
1-8
Resolver
problemas:
Juntar y separar

¡Revisemos! El perro tiene 8 manchas en el lomo.
6 manchas son cafés. El resto son negras.
¿Cuántas manchas son negras?

Tiene 8 manchas en total. Resta o cuenta hacia adelante a partir del 6 para hallar el número de manchas negras.

$$8 - 6 = 2$$

manchas   manchas   manchas
en total   cafés   negras

$$6 + 2 = 8$$

manchas   manchas   manchas
cafés   negras   en total

ACTIVIDAD PARA EL HOGAR
Ponga de 6 a 9 objetos pequeños en un vaso. Pida a su niño(a) que vacíe algunos de los objetos en la mesa. Pregúntele: "¿Cuántos hay todavía en el vaso?" Pídale que reste el número de objetos que están sobre la mesa del número total de objetos con los que empezaron. Luego, pídale que cuente los objetos que quedaron en el vaso, para comprobar si su respuesta fue correcta.

Cada perro tiene manchas negras y cafés. Dibuja las manchas cafés que faltan. Escribe una ecuación para representar el problema.

1. 6 manchas en total

____ ◯ ____ ◯ ____

2. 9 manchas en total

____ ◯ ____ ◯ ____

3. 7 manchas en total

____ ◯ ____ ◯ ____

4. Representar Juan tiene 9 camisas. 6 de sus camisas son blancas. El resto **NO** son blancas.

Haz un dibujo y escribe una ecuación para mostrar cuántas de las camisas de Juan **NO** son blancas.

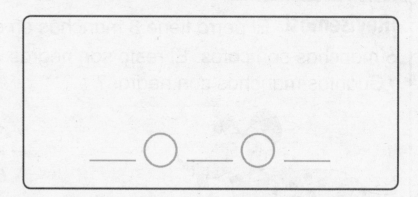

___ ◯ ___ ◯ ___

5. Razonamiento de orden superior Haz dibujos para mostrar cuántas hay de cada fruta. Luego, escribe los números para completar la tabla.

	Dibujos	🍌 Plátanos	🍊 Naranjas
Amy tiene 8 en total.		4	
José tiene 6 en total.			2

6. ✔Evaluación Pedro y Pilar tienen 9 tarjetas de beisbol en total. Pilar tiene 1 tarjeta. ¿Cuántas tarjetas tiene Pedro?

¿Que ecuación representa el cuento?

Ⓐ $9 - 1 = 8$ Ⓑ $8 - 1 = 7$ Ⓒ $8 - 7 = 1$ Ⓓ $7 - 1 = 6$

Nombre _____

Resuélvelo y coméntalo

Ema necesita 8 boletos para el cine. Tiene 5 boletos. Compra 3 más. ¿Tiene suficientes boletos ahora? Usa dibujos, números o palabras para explicar cómo lo sabes.

Lección 1-9
Construir argumentos

Puedo...
construir argumentos matemáticos usando la suma y la resta.

También puedo
sumar y restar hasta 10.

Hábitos de razonamiento

¿Cómo puedo usar las matemáticas para explicar mi trabajo?

¿Es clara mi explicación?

¿Tienen 6 − 2 el mismo valor que 1 + 3?

Crea un argumento matemático usando dibujos, números o palabras.

¿Cómo puedo usar las matemáticas para mostrar mi razonamiento?

Puedo usar dibujos y números para crear un argumento.

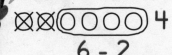

⊠⊠◯◯◯◯ 4   ▭ ▭▭▭ 4
6 − 2   1 + 3

Puedo usar palabras y números para crear un argumento.

6−2 es igual a 4 y 1+3 es igual a 4.

6−2 es igual a 1+3.

Por tanto, tienen el mismo valor.

¿Lo entiendes?

¡Demuéstralo! ¿De qué manera los dos argumentos matemáticos son iguales o diferentes?

Práctica guiada

Usa dibujos, números o palabras para crear un argumento.

1. Melisa dibuja 6 cuadrados. 4 son rojos y el resto son verdes. ¿Cuántos cuadrados verdes dibujó Melisa? Explica cómo lo sabes.

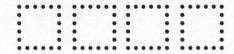   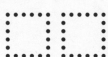

☆ Práctica independiente ☆

Usa dibujos, números o palabras para crear un argumento.

2. Alicia tiene 7 monedas de 1¢. Quiere comprar un carrito de 3¢ y un avioncito de 5¢. ¿Cuántas monedas más de 1¢ necesita Alicia? Explícalo.

3. Lidia tiene 7 lápices. Pablo tiene 2 lápices. ¿Quién tiene menos lápices? ¿Cuántos menos? Explícalo.

4. **Razonamiento de orden superior** Max tiene 3 manzanas. Compra 2 manzanas más. Quiere quedarse con 1 manzana y darle 1 manzana a cada uno de sus 5 amigos.

¿Tendrá Max suficientes manzanas? Explícalo.

Resolución de problemas

Puesto de limonada Alex abrió un puesto de limonada.

La tabla muestra cuántos vasos de limonada vendió en varios días. Usa la información para resolver los siguientes problemas.

Vasos de limonada vendidos			
Viernes	Sábado	Domingo	Lunes
3	5	2	

5. **Explicar** ¿Cuántos vasos menos vendió Alex el viernes que el sábado? Usa dibujos, palabras o números para desarrollar un argumento.

6. **Entender** El lunes Alex vendió 4 vasos más que el domingo. ¿Cuántos vasos vendió Alex el lunes? Completa la tabla. Explica cómo sabes que tienes razón.

Nombre _____

Tarea y práctica 1-9

Construir argumentos

¡Revisemos! Guille tiene 3 plátanos. Compra 3 más. Quiere quedarse con 1 plátano y darle 1 plátano a cada uno de sus 5 amigos. ¿Tendrá Guille suficientes plátanos? Explícalo.

El dibujo y las ecuaciones muestran que Guille sí tiene suficientes plátanos.

$3 + 3 = \underline{6}$ plátanos $1 + 5 = \underline{6}$ personas

Usa dibujos, números o palabras para crear un argumento.

1. Tim tiene 7 carritos. Compra 2 más. Quiere quedarse con 1 carrito y darle 1 a cada uno de sus 8 amigos. ¿Tendrá Tim suficientes carritos? Explícalo.

Caminata de fin de semana Jada quiere caminar un total de 8 millas en 3 días.

La tabla muestra cuántas millas caminó Jada el viernes y el sábado. ¿Cuántas millas más necesita caminar Jada el domingo para alcanzar su objetivo?

Millas caminadas		
Viernes	Sábado	Domingo
3	2	

2. **Razonar** ¿Qué significan los números en la tabla? ¿Cómo te ayudan a resolver el problema?

3. **Explicar** ¿Cuántas millas necesita caminar Jada el domingo para alcanzar su objetivo? Completa la tabla de arriba. Explica cómo encontraste la respuesta. Usa dibujos, palabras o números en tu argumento.

Tema 1 | Lección 9

Nombre _____

Sigue la ruta

Colorea las casillas que tengan estas sumas y diferencias. Deja el resto en blanco.

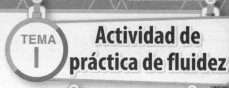

TEMA 1 — **Actividad de práctica de fluidez**

Puedo...
sumar y restar hasta 5.

| 4 | 3 | 5 |

8 – 3	0 + 1	0 + 5	5 – 2	3 + 0	5 – 2	5 – 1	0 + 1	3 + 1
2 + 3	0 + 2	7 – 2	1 + 2	0 + 2	4 – 1	3 + 1	4 – 0	0 + 4
10 – 5	5 + 0	3 + 2	3 + 0	4 – 3	3 – 0	2 + 0	1 + 3	5 – 4
4 + 1	5 – 4	5 – 0	4 – 1	4 – 4	2 + 1	2 + 0	4 + 0	0 + 1
9 – 4	1 + 1	1 + 4	3 – 0	5 – 2	0 + 3	3 – 2	0 + 4	3 – 1

La palabra es

_____   _____   _____

TEMA 1 | Repaso del vocabulario

Glosario

Lista de palabras

- diferencia
- signo más
- ecuación
- suma o total
- igual a
- más
- sumandos
- menos
- sumar
- parte
- todo
- restar

Comprender el vocabulario

1. Escribe una ecuación de suma.

____ ◯ ____ ◯ ____

2. Escribe una ecuación de resta.

____ ◯ ____ ◯ ____

3. Encierra en un círculo la diferencia.

$$8 - 2 = 6$$

4. Encierra en un círculo la parte.

$$5 + 3 = 8$$

5. Encierra en un círculo el signo más.

$$3 + 4 = 7$$

Usar el vocabulario al escribir

6. Di cómo hallar $8 - 4$. Usa al menos un término de la Lista de palabras.

Nombre _____

Grupo A _____

TEMA 1

Puedes resolver problemas sobre añadir.

Cindy tiene 3 caracoles. Se encuentra 1 más. ¿Cuántos caracoles tiene Cindy en total?

3 más **1** más es igual a **4**.

$$3 + 1 = 4$$

Refuerzo

Escribe una ecuación de suma para resolver el problema.

1. Rubén planta 5 flores. Luego, planta 2 más. ¿Cuántas flores plantó Rubén en total?

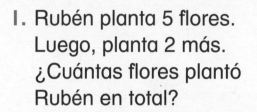

___ + ___ = ___

Grupo B _____

Puedes resolver problemas sobre juntar.

Tom tiene 3 ▪ y 2 ▪. ¿Cuántos cubos tiene en total? Las partes son 3 y 2.

$$3 + 2$$
$$3 + 2 = 5$$

Tom tiene 5 cubos en total.

Escribe las partes. Luego, escribe una ecuación de suma que represente el problema.

2. Brandon tiene 4 ▪ y 2 ▪. ¿Cuántos cubos tiene en total?

___ + ___

___ + ___ = ___

Puedes resolver problemas con dos sumandos desconocidos.

Hay 7  en total. ¿Cuántos están dentro y fuera de la cueva?

7 es el todo.
Si 5 es una parte,
2 es la otra parte.

7 = 5 + 2

Haz un dibujo y escribe una ecuación para resolver el problema.

3. Hay 6  en total. ¿De qué manera pueden estar dentro y fuera de la cueva?

____ + ____ = ____

4. Hay 9  en total. ¿De qué manera pueden estar dentro y fuera de la cueva?

____ = ____ + ____

Puedes usar cubos para representar problemas sobre quitar.

Rob tiene 8 peras. Le da 3 a Sara. ¿Cuántas peras le quedan a Rob?

8

?

8 – 3 = 5

Usa cubos para ayudarte a completar el modelo. Luego, escribe la ecuación que corresponda.

5. Hay 7 zanahorias en el patio. Carlos recoge 3 zanahorias. ¿Cuántas zanahorias hay todavía en el patio?

7

____ – ____ = ____

Nombre _____

Grupo E

Puedes usar cubos para resolver problemas sobre comparar.

Carla tiene 4 lápices azules y 3 amarillos. ¿Cuántos lápices azules más que amarillos tiene Carla?

 $4 - 3 = 1$

Escribe la ecuación que represente cada problema.

6. Mosi tiene 4 bolígrafos. Ana tiene 1. ¿Cuántos bolígrafos más tiene Mosi que Ana?

   ____ − ____ = ____

7. Martín tiene 7 pelotas de beisbol y 3 de futbol. ¿Cuántas pelotas de beisbol más que de futbol tiene Martín?

   ____ − ____ = ____

Grupo F

Puedes usar modelos para resolver problemas sobre sumar.

Tomás tiene 4 uvas. Toma unas uvas más del plato. Ahora tiene 9 uvas. ¿Cuántas uvas tomó Tomás?

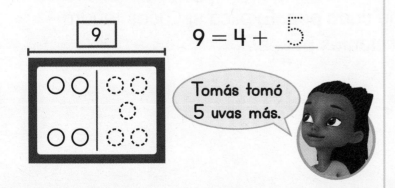 $9 = 4 + 5$

 Tomás tomó 5 uvas más.

Completa el modelo para resolver el cuento de suma.

8. Iván tiene 2 peces en una pecera. Pone algunos peces más. Ahora tiene 5 peces en la pecera. ¿Cuántos peces añadió a la pecera?

   $2 + \_\_\_ = 5$

Puedes escribir una ecuación para hallar la parte que falta en un problema de juntar o de quitar.

Tom tiene 9 camisas. Algunas son azules y otras son rojas. Si Tom tiene 4 camisas rojas, ¿cuántas camisas azules tiene?

9

$\underline{9} - \underline{4} = \underline{5}$

Completa el modelo. Luego, escribe una ecuación para resolver el problema.

9. Juan y Rosa tienen 8 pares de zapatos en total. Rosa tiene 4 pares. ¿Cuántos pares de zapatos tiene Juan?

8

____ ◯ ____ ◯ ____

Hábitos de razonamiento

Construir argumentos

¿Cómo puedo usar las matemáticas para explicar mi trabajo?

¿Es clara mi explicación?

Usa dibujos, números o palabras para crear un argumento. Explícalo.

10. Lucas tiene 4 peces dorados y 2 azules. Compra 2 peces azules más. Quiere darle 2 de cada pez a su amigo y quedarse con 2 de cada pez. Explica si Lucas tendrá suficientes peces.

Nombre _____

1. Hay 8 pingüinos. Algunos se van adentro y otros se quedan afuera.

   Empareja el número de pingüinos adentro de la cueva con el número de pingüinos afuera.

Adentro:	5 pingüinos	4 pingüinos	7 pingüinos
Afuera:	1 pingüino	3 pingüinos	4 pingüinos

2. Silvia tiene 8 pimientos. Cocina 3. ¿Cuántos pimientos le quedan a Silvia?

   Escribe una ecuación que represente el cuento.

   _____ – _____ = _____

3. Usa el modelo para escribir las partes. Luego, escribe y resuelve la ecuación.

   _____ + _____

   _____ + _____ = _____

4. Dina tiene 4 marcadores. Su mamá le regala 5 más.

¿Qué ecuación de suma muestra cuántos marcadores tiene Dina en total?

(A) $5 + 2 = 7$

(B) $4 + 3 = 7$

(C) $4 + 4 = 8$

(D) $4 + 5 = 9$

5. Jorge tiene 7 postales. Luego, recibe algunas más. Ahora tiene 9 postales.

¿Cuántas postales nuevas recibió Jorge?

(A) 1

(B) 2

(C) 3

(D) 4

6. Dante tiene 5 libros. Quiere tener 7 en su colección. ¿Cuántos libros más necesita comprar Dante para tener 7 libros en total?

7	5	4	2
(A)	(B)	(C)	(D)

7. Lucía y Elena tienen 6 cubos en total. Elena tiene 5 cubos. ¿Cuántos cubos tiene Lucía?

¿Qué ecuaciones representan el cuento?
Selecciona todas las que apliquen.

$6 - 4 = 2$ $6 - 5 = 1$ $5 + 1 = 6$ $3 + 3 = 6$

☐   ☐   ☐   ☐

---

8. Rita tiene 6 listones. Jacinta tiene 2 listones.

¿Qué ecuación de suma muestra cuántos listones tienen en total?

Ⓐ $7 = 5 + 2$

Ⓑ $8 = 5 + 3$

Ⓒ $8 = 6 + 2$

Ⓓ $9 = 6 + 3$

---

9. Dibuja los cubos que faltan. Luego, escribe una ecuación que represente el cuento.

Óscar tiene 5 bloques. Le da 1 a Tony.
¿Cuántos bloques le quedan a Óscar?

____ – ____ = ____

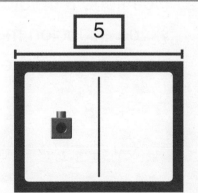

5

10. Nora ve 7 flores. Carolina ve 6.
¿Qué ecuación muestra cuántas flores menos
ve Carolina que Nora?

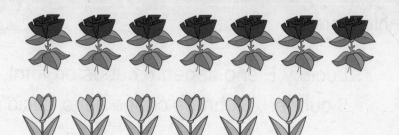

$7 - 7 = 0$ $7 - 6 = 1$ $7 + 1 = 8$ $7 + 2 = 9$

   Ⓐ   Ⓑ   Ⓒ   Ⓓ

---

11. Laura tiene 4 peras. Compra 3 peras más.
Quiere quedarse con 2 peras y darle una a
cada uno de sus 6 amigos.

Usa dibujos y palabras para explicar si
Laura tendrá suficientes peras.

---

12. Nati tiene 8 pelotas de tenis. Tomás tiene 6.
¿Qué ecuación muestra cuántas pelotas
de tenis más tiene Nati que Tomás?

$4 + 4 = 8$ $8 - 3 = 5$ $2 - 0 = 2$ $8 - 6 = 2$

   Ⓐ   Ⓑ   Ⓒ   Ⓓ

Nombre _____

Premios de patinaje

Marta es una patinadora de hielo que ha ganado premios.

1. Marta ganó 2 cintas azules y 4 cintas rojas.

   ¿Cuántas cintas azules y rojas ha ganado en total?

   _____ cintas

2. Marta tiene 4 cintas rojas.
   Ganó algunas cintas rojas más.
   Ahora tiene 7 cintas rojas.

   ¿Cuántas cintas rojas más ganó Marta?

   _____ más

   Escribe una ecuación para mostrar por qué tu respuesta es correcta.

3. Marta tiene 8 cintas amarillas. Quiere colgar unas en la puerta y otras en la pared. ¿Cuáles son dos maneras en las que puede colgar las cintas en la puerta y la pared?

Escribe dos ecuaciones de suma diferentes para mostrar cómo puede colgar las cintas en la puerta y la pared.

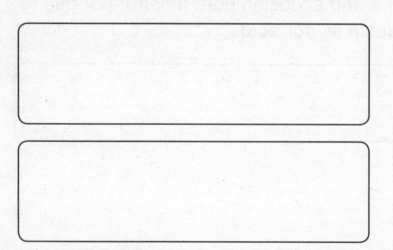

4. Marta tiene 8 cintas amarillas y 2 azules. ¿Cuántas cintas amarillas más que azules tiene?

_____ más

5. Explica por qué tu respuesta a la pregunta 4 es correcta. Usa números, dibujos o palabras.

74 setenta y cuatro

Tema 1 | Evaluación del rendimiento

Recursos digitales

Resuelve Aprende Glosario

Herramientas Evaluación Ayuda Juegos

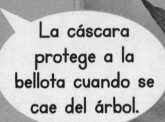

TEMA 2

Sumar y restar con facilidad hasta 10

Pregunta esencial: ¿Qué estrategias puedes usar cuando sumas y restas?

La cáscara protege a la bellota cuando se cae del árbol.

¿Qué podría usar la gente para protegerse del frío?

¡Increíble! Hagamos este proyecto para aprender más.

Proyecto de Matemáticas y Ciencias: Protégete a ti mismo

Investigar Piensa en otras cosas que ayudan a las plantas y los animales a sobrevivir. ¿Qué ayuda a los humanos a sobrevivir? ¿Hacemos cosas que nos ayudan a protegernos?

Diario: Hacer un libro Muestra lo que encontraste. En tu libro, también:

• haz una lista de algunas de las cosas que los humanos hacemos para protegernos.

• inventa y resuelve problemas de suma y resta sobre esas cosas.

Nombre _____

Repasa lo que sabes

A-Z Vocabulario

1. Encierra en un círculo los números que son las **partes**.

$$3 + 5 = 8$$

2. Encierra en un círculo el número que es el **todo**.

$$3 + 5 = 8$$

3. Encierra en un círculo el signo **igual**.

$$+ \quad - \quad =$$

Entender la suma

4. Escribe una suma que represente el dibujo.

___ + ___ = ___

5. Bob ve 5 abejas. Ema ve algunas abejas. En total, ven 9 abejas. ¿Cuántas abejas vio Ema?

Escribe una suma para resolver el problema.

___ + ___ = ___

Formar números

6. Dibuja fichas para mostrar una manera de formar 8.

Mis tarjetas de palabras

Estudia las palabras de las tarjetas.
Completa la actividad que está al reverso.

A-Z
Glosario

recta numérica

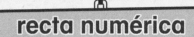

Esta **recta numérica** muestra los números del 1 al 10.

suma de dobles

$4 + 4 = 8$

Esta es una **suma de dobles.**

suma de casi dobles

$4 + 5 = 9$

Esta es una **suma de casi dobles.**

Mis tarjetas de palabras

Usa lo que sabes para completar las oraciones. Para ampliar lo que aprendiste, escribe tu propia oración usando cada palabra.

Una operación de suma donde un sumando es 1 o 2 más que el otro es una

____

____________________.

Una operación de suma donde un sumando es igual al otro sumando es una

____________________.

Una ________________

____

muestra los números en orden de izquierda a derecha.

Nombre _____

Resuélvelo y coméntalo

El conejo puso 5 zanahorias en una olla. Necesita añadir 1 más. ¿Puedes saber cuántas zanahorias habrá en total sin contarlas todas?

Puedo...

sumar contando hacia adelante desde un número.

También puedo razonar sobre las matemáticas.

_____ + _____ = _____

Hay 4 tomates en la olla. Si añade 2 más, ¿cuántos tomates habrá en total?

Puedes sumar para unir los dos grupos.

$$\underline{4} + \underline{2} = \underline{6}$$

2 más 4 es 6. Hay 6 tomates en total.

Puedes usar también una **recta numérica** para contar hacia adelante y hallar el total.

Empieza en el 4 y cuenta 2 más.

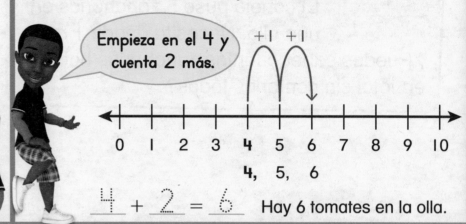

4, 5, 6

$$\underline{4} + \underline{2} = \underline{6}$$ Hay 6 tomates en la olla.

¿Lo entiendes?

¡Demuéstralo! ¿Cómo le sumas 1 a un número? ¿Cómo le sumas 2 a un número?

Práctica guiada   Cuenta hacia adelante para hallar la suma o total.

1.

$$\underline{3} + \underline{2} = \underline{5}$$

2.

$$\underline{} + \underline{} = \underline{}$$

3.

$$\underline{} + \underline{} = \underline{}$$

4.

$$\underline{} + \underline{} = \underline{}$$

Herramientas Evaluación

Cuenta hacia adelante para sumar. Usa la recta numérica para ayudarte.

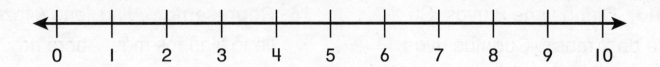

0 1 2 3 4 5 6 7 8 9 10

5. $3 + 2 =$ _____

6. $8 + 1 =$ _____

7. $7 + 1 =$ _____

8. $9 + 1 =$ _____

9. $4 + 3 =$ _____

10. $9 = 6 +$ _____

11. $2 + 6 =$ _____

12. $6 = 5 +$ _____

13. $5 + 3 =$ _____

14. **Sentido numérico** Encierra en un círculo **Falso** o **Verdadero.**

Cuenta hacia adelante para ayudarte.

$8 + 0 = 8$ Verdadero   Falso $3 + 1 = 5$ Verdadero   Falso

$7 + 1 = 7$ Verdadero   Falso $6 = 4 + 0$ Verdadero   Falso

$8 = 6 + 2$ Verdadero   Falso $5 + 2 = 7$ Verdadero   Falso

Haz un dibujo y escribe una ecuación para resolver cada problema.
Decide cuántos números necesitas contar hacia adelante para resolverlo.

15. Representar Diana tiene 8 uvas. Su hermana le da 2 más. ¿Cuántas uvas tiene Diana ahora?

_____ + _____ = _____

Diana tiene _____ uvas.

16. Representar Alina llenó 6 tazones. Julio llenó algunos más. Ahora hay 9 tazones llenos. ¿Cuántos tazones llenó Julio?

_____ + _____ = _____

Julio llenó _____ tazones.

17. Razonamiento de orden superior

Max tiene 1 zanahoria más que Teresa. Teresa tiene 3 zanahorias más que Susi. Susi tiene 4 zanahorias.

Escribe cuántas zanahorias tiene cada uno.

_____   _____   _____
Max   Teresa   Susi

18. ✓**Evaluación** María es 2 años mayor que Tim. María tiene 7 años.

¿Qué ecuación de suma te ayuda a hallar la edad de Tim?

Ⓐ $2 + 7 = 9$

Ⓑ $5 + 1 = 6$

Ⓒ $5 - 2 = 3$

Ⓓ $5 + 2 = 7$

Nombre _____

Tarea y práctica 2-1

Contar hacia adelante para sumar

¡Revisemos! Cuenta hacia adelante para hallar la suma o total.

Si añades 1, la suma es 1 más.

3, 4

$3 + 1 = 4$

Si añades 2, la suma es 2 más.

3, 4, 5

$3 + 2 = 5$

Si añades 3, la suma es 3 más.

3, 4, 5, 6

$3 + 3 = 6$

ACTIVIDAD PARA EL HOGAR
Ponga entre 1 y 7 objetos pequeños sobre la mesa. Pídale a su niño(a) que cuente los objetos. Luego, añada 0, 1 o 2 más. Pídale a su niño(a) que sume los objetos. Pídale que escriba una ecuación de suma que represente los objetos que hay en la mesa. Repita la actvidad con un número diferente de objetos.

 Cuenta hacia adelante para completar las sumas.

1.

6, _____

$6 + 1 = $ _____

2.

5, _____, _____, _____

$5 + 3 = $ _____

3.

7, _____, _____

$7 + 2 = $ _____

4. Max ganó 5 dólares lavando platos. Luego, ganó más dólares paseando al perro. En total, Max ganó 7 dólares. ¿Cuántos dólares ganó por pasear al perro?

Haz un dibujo. Escribe el número.

_____ dólares

5. Ema leyó 7 libros en una semana. Luego, leyó 3 libros más. ¿Cuántos libros leyó Ema en total?

Haz un dibujo. Escribe el número.

_____ libros

6. Razonamiento de orden superior
Escribe el número que falta.

$3 + 2 = 2 +$ _____

Usa el dibujo como ayuda.

7. ✓**Evaluación** Hay 6 abejas en una colmena. 3 abejas más llegan volando. Cuenta hacia adelante para hallar cuántas abejas hay en la colmena ahora.

¿Qué operación de suma representa el cuento?

Ⓐ $6 + 2 = 8$

Ⓑ $6 + 3 = 9$

Ⓒ $6 + 0 = 6$

Ⓓ $8 + 0 = 8$

Resuélvelo y coméntalo

Emily y yo tenemos 3 juguetes cada uno.
¿Cuántos juguetes tenemos en total?
Usa cubos para hallar la respuesta. Luego, escribe
una ecuación que represente el cuento.

Resuelve

Puedo...
usar dobles para resolver problemas.

También puedo
buscar cosas que se repiten.

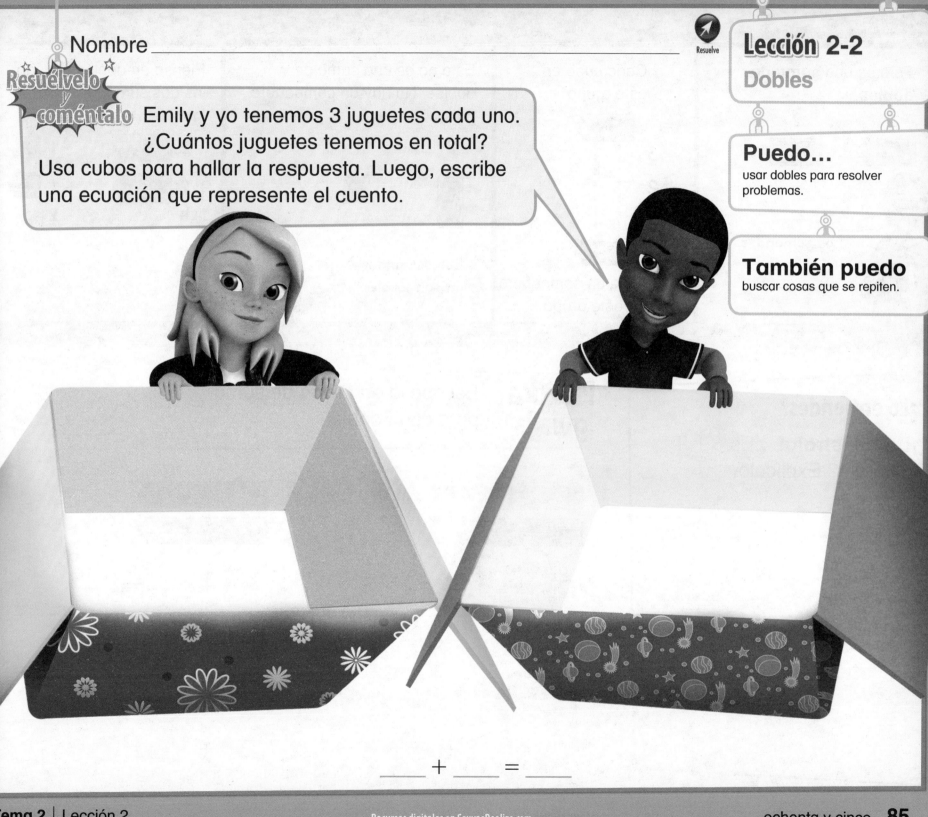

____ + ____ = ____

Tema 2 | Lección 2
Recursos digitales en SavvasRealize.com
ochenta y cinco **85**

Esto es una **suma de dobles.**

$$2 + 2 = 4$$

Los sumandos son iguales.

Cada cubo en este grupo

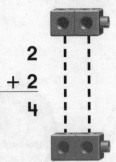

$$\begin{array}{r} 2 \\ + 2 \\ \hline 4 \end{array}$$

tiene un compañero en este grupo.

Esta no es una suma de dobles. No hay un compañero para cada cubo.

$$2 + 1 = 3$$

Los sumandos no son iguales.

Piensa en dobles cuando los dos sumandos son iguales.

$$\begin{array}{r} 2 \\ + 2 \\ \hline 4 \end{array} \qquad \begin{array}{r} 1 \\ + 1 \\ \hline 2 \end{array}$$

¿Lo entiendes?

¡Demuéstralo! ¿Es $6 + 4$ un doble? Explícalo.

☆ **Práctica guiada** ☆ Escribe la ecuación de suma para cada doble.

1.

$$\underline{4} + \underline{4} = \underline{8}$$

2.

$$\underline{} + \underline{} = \underline{}$$

3.

$$\underline{} = \underline{} + \underline{}$$

4.

$$\underline{} + \underline{} = \underline{}$$

Práctica independiente

Escribe la ecuación o el total para cada suma de dobles.

5.

_____ + _____ = _____

6.

_____ + _____ = _____

7.

_____ + _____ = _____

8.   2
     + 2
     ▢

9.   4
     + 4
     ▢

10.   0
      + 0
      ▢

11. **A-Z** **Vocabulario** Haz un dibujo para mostrar una **suma de dobles**.

Escribe una ecuación de suma que represente el dibujo.

_____ + _____ = _____

Resolución de problemas

Haz un dibujo para resolver cada problema.

12. Entender Nadia hace 4 pasteles. Juan hace el mismo número de pasteles.

¿Cuántos pasteles hacen Nadia y Juan en total?

_____ pasteles

13. Entender Irma tiene 2 bolsillos. En cada bolsillo tiene 5 monedas de 1¢.

¿Cuántas monedas de 1¢ tiene Irma en total?

_____ monedas de 1¢

14. Razonamiento de orden superior

¿Hay alguna suma de dobles que tenga un total de 9?
Haz un dibujo para hallar la respuesta.
Encierra en un círculo **Sí** o **No.**

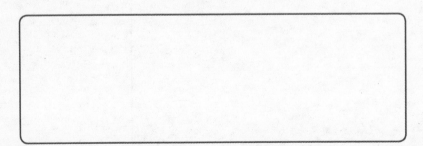

Sí   No

15. ✓Evaluación Daniel tiene 2 canastas. Tiene el mismo número de lápices en cada canasta. Tiene 6 lápices en total.

¿Cuántos lápices tiene Daniel en cada canasta?

3   4   5   6
Ⓐ   Ⓑ   Ⓒ   Ⓓ

Nombre _____

¡Revisemos! Cuando los sumandos son iguales, es una suma de dobles. Estas son algunas sumas de dobles.

ACTIVIDAD PARA EL HOGAR
Pídale a su niño(a) que use objetos pequeños para mostrar 2 grupos de 4. Luego, pídale que escriba una ecuación de suma para mostrar el doble $(4 + 4 = 8)$. Repita la actividad con los dobles de $1 + 1$ a $5 + 5$.

$$\begin{array}{r} 2 \\ + 2 \\ \hline 4 \end{array}$$

$$2 + 2 = 4$$

sumando sumando suma o total

$$\begin{array}{r} 3 \\ + 3 \\ \hline \boxed{6} \end{array}$$

$$3 + 3 = \underline{6}$$

sumando sumando suma o total

Escribe el total para cada suma de dobles.

1.

$$\begin{array}{r} 1 \\ + 1 \\ \hline \square \end{array}$$

2.
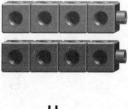

$$\begin{array}{r} 4 \\ + 4 \\ \hline \square \end{array}$$

3.
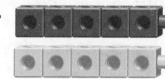

$$\begin{array}{r} 5 \\ + 5 \\ \hline \square \end{array}$$

Escribe una ecuación de suma para resolver cada problema.

4. Razonar Óscar hizo 5 dibujos. Luis también hizo 5 dibujos. ¿Cuántos dibujos hicieron Óscar y Luis en total?

_____ + _____ = _____

5. Razonar Tami y Maya sembraron 6 flores en total. Tami sembró 3 flores. ¿Cuántas flores sembró Maya?

_____ = _____ + _____

Escribe el número que falta en cada problema.

6. Álgebra

$4 = 2 +$ _____

7. Álgebra

_____ $+ 4 = 8$

8. Álgebra

$0 +$ _____ $= 0$

9. Razonamiento de orden superior Hay 6 canicas en total. ¿Cuántas canicas hay dentro del vaso?

_____ canicas están dentro del vaso.

10. ✓ Evaluación Hay 10 canicas en total. Hay 5 canicas fuera del vaso. ¿Cuántas canicas hay dentro del vaso?

 Ⓐ 2

 Ⓑ 4

Ⓒ 5

 Ⓓ 10

Nombre ______________________________

Resuelve

Lección 2-3

Casi dobles

Puedo...
resolver problemas usando sumas de casi dobles.

También puedo
representar con modelos matemáticos.

Resuélvelo y coméntalo Emily tiene 4 conchas de mar y yo tengo 5. ¿Cómo puedes usar fichas para mostrar cuántas conchas de mar tenemos en total? Escribe una ecuación.

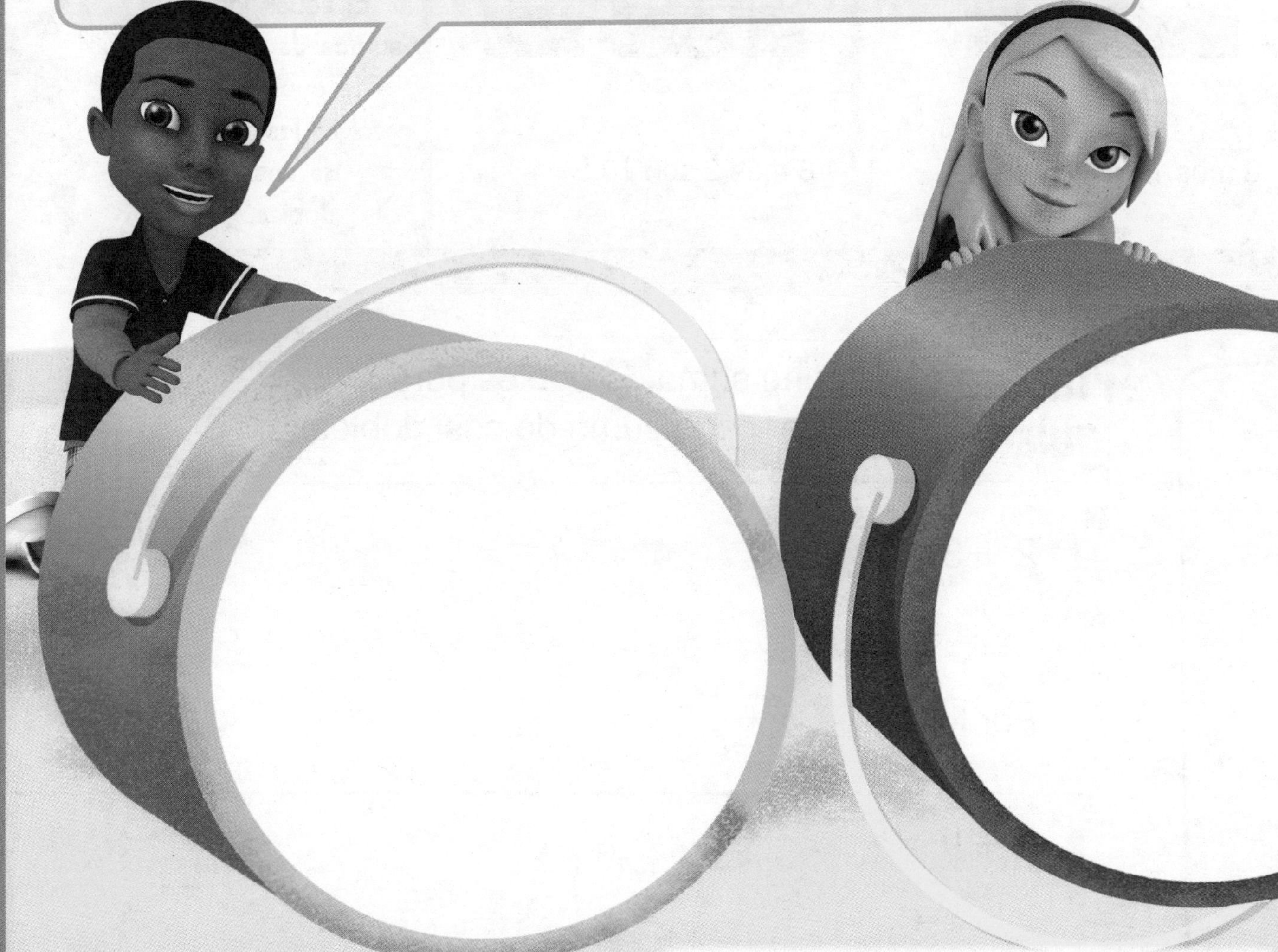

____ + ____ = ____

Aprende Glosario

Puedes usar una suma de dobles para resolver una **suma de casi dobles.**

$4 + 5 = ?$
$4 + 6 = ?$

Puedo usar la suma de dobles $4 + 4$ para hallar $4 + 5$ y $4 + 6$.

$4 + 5$ es $4 + 4$ y 1 más.

8 más 1 son 9.

$4 + 6$ es $4 + 4$ y 2 más.

8 más 2 son 10.

$$\begin{array}{cc} 4 & 4 \\ +5 & +6 \\ \hline 9 & 10 \end{array}$$

El saber las sumas de dobles te ayuda a resolver las sumas de casi dobles.

¿Lo entiendes?

¡Demuéstralo! ¿De qué manera el saber la suma de $3 + 3$ te ayuda a hallar la suma de $3 + 4$?

☆ Práctica guiada ☆

Usa una suma de dobles para resolver cada suma de casi dobles.

1. $2 + 3 = ?$

$\underline{2} + \underline{2} = \underline{4}$

Por tanto, $\underline{2} + \underline{3} = \underline{5}$

---

2. $2 + 4 = ?$

$\underline{} + \underline{} = \underline{}$

Por tanto, $\underline{} + \underline{} = \underline{}$

Tema 2 | Lección 3

Práctica independiente

Usa una suma de dobles para resolver cada suma de casi dobles.

3. $3 + 4 = ?$

_____ + _____ = _____

Por tanto, _____ + _____ = _____

4. $3 + 5 = ?$

_____ + _____ = _____

Por tanto, _____ + _____ = _____

5.
$$\begin{array}{r} 4 \\ + 5 \\ \hline \end{array}$$
□

6.
$$\begin{array}{r} 2 \\ + 4 \\ \hline \end{array}$$
□

7.
$$\begin{array}{r} 2 \\ + 1 \\ \hline \end{array}$$
□

---

8. $3 + 2 =$ _____

9. $1 + 3 =$ _____

Piensa en una suma de dobles y súmale 1 o 2 más.

Sentido numérico Escribe los números que faltan.

10. Si $2 +$ _____ $= 4$, entonces $2 +$ _____ $= 5$.

11. Si $4 +$ _____ $= 8$, entonces $4 +$ _____ $= 9$.

Resolución de problemas

Usa una suma de dobles para resolver cada suma de casi dobles. Escribe una ecuación que represente cada problema.

12. Razonar Omar se come 2 peras. Gilda se come 2 peras y luego 1 más. ¿Cuántas peras se comieron Omar y Gilda en total?

____ + ____ = ____

Omar y Gilda se comieron ____ peras.

13. Razonar Sam encuentra 3 caracoles y Beto encuentra 4 caracoles. ¿Cuántos caracoles encontraron en total?

____ + ____ = ____

Sam y Beto encontraron ____ caracoles.

14. Razonamiento de orden superior Escribe un problema-cuento sobre un casi doble. Luego, haz un dibujo para mostrar el cuento.

_____

_____

_____

15. ✓Evaluación Pati saltó la cuerda 4 veces. Malena saltó la cuerda 4 veces y luego 1 vez más.

¿Cuántas veces saltaron la cuerda Pati y Malena en total?

Ⓐ 10

Ⓑ 9

Ⓒ 8

Ⓓ 7

Puedes usar una suma de casi dobles para ayudarte a resolver el problema.

Nombre _____

¡Revisemos! Puedes usar dobles para sumar casi dobles.

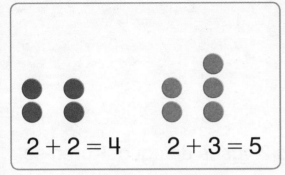

$2 + 2 = 4$ $2 + 3 = 5$

$3 + 3 = 6$ $3 + 4 = 7$

Si $2 + 2 = 4$, entonces
$2 + 3$ es 1 más
$2 + 3 = 5$

Si $3 + 3 = 6$, entonces $3 + 4$ es 1 más.

$3 + 4 = 7$

ACTIVIDAD PARA EL HOGAR
Juegue con su niño(a) con objetos pequeños como monedas de 1¢. Primero, use las monedas para representar los números que sean dobles. Pídale a su niño(a) que sume el grupo de dobles. Luego, añada otra moneda y pídale que sume el grupo de casi dobles.

Suma los dobles. Luego, suma los casi dobles.

1.

___ + ___ = ___   ___ + ___ = ___

2.

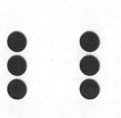   

___ + ___ = ___   ___ + ___ = ___

3. Álgebra

$3 + \underline{} = 7$

4. Álgebra

$9 = 4 + \underline{}$

5. Álgebra

$1 + \underline{} = 4$

Escribe una ecuación de suma para resolver cada problema.

6. Sandy juega 3 juegos. Bob juega 3 juegos y luego 1 más. ¿Cuántos juegos jugaron Sandy y Bob en total?

$\underline{} = \underline{} + \underline{}$

Sandy y Bob jugaron $\underline{}$ juegos.

7. Nina se tomó 2 vasos de agua. Karen se tomó 4 vasos de agua. ¿Cuántos vasos se tomaron en total?

$\underline{} + \underline{} = \underline{}$

Nina y Karen se tomaron $\underline{}$ vasos.

8. Razonamiento de orden superior
Usa cada tarjeta una vez para escribir ecuaciones de suma con dobles y casi dobles.

$\boxed{2}\ \boxed{3}\ \boxed{2}\ \boxed{5}\ \boxed{2}\ \boxed{4}$

$\underline{} + \underline{} = \underline{}$

$\underline{} + \underline{} = \underline{}$

9. ✓ **Evaluación** ¿Qué operación de dobles te puede ayudar a resolver $4 + 5 = \,?$

Ⓐ $1 + 1 = 2$

Ⓑ $2 + 2 = 4$

Ⓒ $3 + 3 = 6$

Ⓓ $4 + 4 = 8$

Resuélvelo y coméntalo

Pon algunas fichas en la fila de abajo del marco de 10.
¿Qué ecuación de suma puedes escribir para representar las fichas?

Puedo...
usar un marco de 10 para ayudarme a resolver sumas con 5 y 10.

También puedo
representar con modelos matemáticos.

_____ + _____ = _____

Puedes usar un marco de 10 para mostrar una operación de suma con 5.

$5 + 3 = ?$

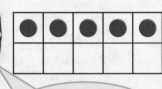

Empieza con 5 y suma 3 más.

5 más 3 son 8.

Hay 8 fichas en el marco de 10.

$5 + 3 = 8$

Puedes mostrar otra operación de suma en el marco de 10. Hay 8. Forma 10.

2 casillas están vacías. Añade 2 fichas.

8 más 2 son 10.

$8 + 2 = 10$

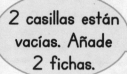

¿Lo entiendes?

¡Demuéstralo! ¿De qué manera un marco de 10 te ayuda a sumar $5 + 4$?

☆ Práctica guiada ☆

Mira los marcos de 10.
Escribe una operación de suma con 5.
Luego, escribe una operación que sume 10.

1.

$5 + \underline{2} = 7$

$7 + \underline{3} = 10$

2.
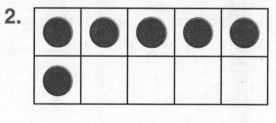

$5 + \underline{} = \underline{}$

$\underline{} + \underline{} = 10$

Herramientas Evaluación

Mira cada marco de 10. Escribe una operación de suma con 5. Luego, escribe una operación de suma que sume 10.

3.

$5 +$ _____ $=$ _____

_____ $+$ _____ $= 10$

4.
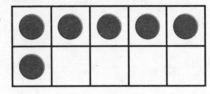

$5 +$ _____ $=$ _____

_____ $+$ _____ $= 10$

5.

$5 +$ _____ $=$ _____

_____ $+$ _____ $= 10$

6. **Razonamiento de orden superior** Usa 2 colores para dibujar fichas en los marcos de 10 que representen las ecuaciones de suma. Luego, escribe los números que faltan.

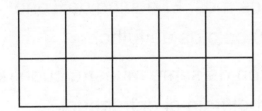

$8 +$ _____ $= 10$

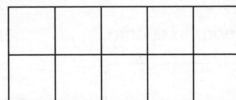

$7 +$ _____ $= 10$

¿Qué número falta para formar 10?

7. Representar Un equipo tiene 5 pelotas. El entrenador trae 3 más. ¿Cuántas pelotas tiene el equipo ahora?

Dibuja fichas en el marco de 10. Luego, escribe una operación de suma.

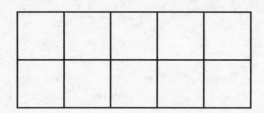

_____ + _____ = _____   _____ pelotas

8. Representar Cami lee 5 libros. Susana lee 4 libros. ¿Cuántos libros leyeron las niñas en total?

Dibuja fichas en el marco de 10. Luego, escribe una operación de suma.

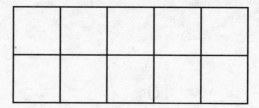

_____ + _____ = _____   _____ libros

9. Razonamiento de orden superior
Escribe otro cuento sobre sumar hasta 10, usando el marco de 10 del Ejercicio 7. Luego, escribe una ecuación para tu cuento.

_____ + _____ = _____

10. ✔**Evaluación** El equipo de Toño tiene 5 pelotas de futbol. El entrenador trae algunas pelotas más. El equipo de Toño tiene ahora 10 pelotas de futbol.

¿Qué operación de suma muestra cuántas pelotas de futbol trajo el entrenador?

Ⓐ $5 + 5 = 10$

Ⓑ $10 + 3 = 13$

Ⓒ $7 + 3 = 10$

Ⓓ $10 + 7 = 17$

Nombre _____

Ayuda   Herramientas   Juegos

Tarea y práctica 2-4

Operaciones con 5 en un marco de 10

¡Revisemos! Puedes escribir una operación de suma con 5 usando un marco de 10. También puedes escribir una operación que sume 10 usando un marco de 10.

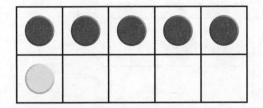

$$5 + 1 = 6$$

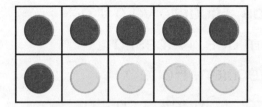

$$6 + 4 = \underline{10}$$

ACTIVIDAD PARA EL HOGAR
Juegue con su niño(a). Dibujen marcos de 10 en una hoja y dibujen círculos en cada marco. Luego, pídale a su niño(a) que escriba una ecuación que acompañe al marco, usando 5 o 10 abajo de cada marco de 10.

Mira los marcos de 10.
Escribe una operación de suma con 5.
Luego, escribe una operación que sume 10.

1.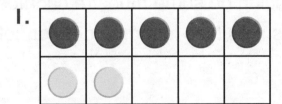

$$5 + 2 = \underline{\hspace{1cm}}$$

$$\underline{\hspace{1cm}} + \underline{\hspace{1cm}} = 10$$

2.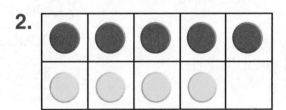

$$5 + 4 = \underline{\hspace{1cm}}$$

$$\underline{\hspace{1cm}} + \underline{\hspace{1cm}} = 10$$

3.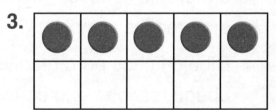

$$5 + 0 = \underline{\hspace{1cm}}$$

$$\underline{\hspace{1cm}} + \underline{\hspace{1cm}} = 10$$

Buscar patrones Escribe una operación de suma con 5.
Luego, escribe una operación que sume 10.

4. $5 + \underline{\quad} = \underline{\quad}$

   $6 + \underline{\quad} = 10$

5. $5 + \underline{\quad} = \underline{\quad}$

   $9 + \underline{\quad} = 10$

6. $5 + \underline{\quad} = \underline{\quad}$

   $8 + \underline{\quad} = 10$

---

7. **Matemáticas y Ciencias** Ricardo va a ir a
   escalar rocas con sus amigos. Necesita
   llevar 10 cascos de protección. Pone
   4 cascos en la camioneta. ¿Cuántos cascos
   más necesita llevar Ricardo?

   Dibuja fichas para resolver el problema.
   Luego, escribe una ecuación.

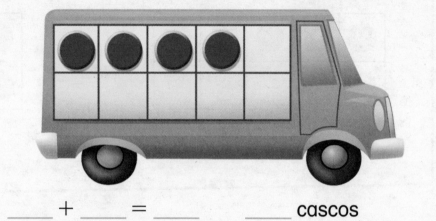

$\underline{\quad} + \underline{\quad} = \underline{\quad}$ $\underline{\quad}$ cascos

---

8. **Razonamiento de orden superior**
   Hay 7 tiendas de campaña en total en un
   campamento. Primero, los campistas
   armaron 5 tiendas. ¿Cuántas tiendas más
   armaron los campistas?

   Dibuja fichas para resolver el problema.
   Luego, escribe una ecuación.

   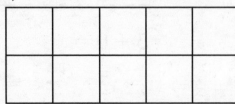

   $\underline{\quad} = \underline{\quad} + \underline{\quad}$ $\underline{\quad}$ tiendas

9. ✓**Evaluación** La mamá de Manuel hizo
   10 panqueques en total. Primero hizo 6 y
   luego hizo algunos más.

   ¿Qué operación de suma muestra cuántos
   panqueques más hizo la mamá de Manuel?

   Ⓐ $6 + 1 = 7$

   Ⓑ $6 + 4 = 10$

   Ⓒ $10 + 4 = 14$

   Ⓓ $6 + 6 = 12$

Nombre _____

Resuélvelo y coméntalo Escribe una ecuación de suma que represente los cubos verdes y amarillos en cada torre. ¿En qué se parecen las ecuaciones de suma? ¿En que se diferencian?

Puedo...
usar los mismos sumandos para escribir dos ecuaciones diferentes con la misma suma o total.

También puedo
construir argumentos matemáticos.

___ + ___ = ___   ___ + ___ = ___

4 y 2 son 6.

2 y 4 son 6.

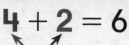

$$4 + 2 = 6$$
$$2 + 4 = 6$$

4 más 2 es igual a 6.

2 más 4 es igual a 6.

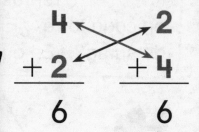

Puedes cambiar el orden de los sumandos. La suma o total será la misma.

Puedes escribir 2 ecuaciones de suma.

¿Lo entiendes?

¡Demuéstralo! ¿De qué manera puedes usar cubos para mostrar que 5 + 3 es igual a 3 + 5?

Práctica guiada

Colorea para cambiar el orden de los sumandos. Luego, escribe las ecuaciones de suma.

1.

$$\underline{3} + \underline{4} = \underline{7}$$

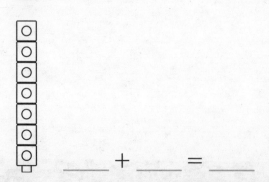

____ + ____ = ____

2.

____ + ____ = ____

____ + ____ = ____

Herramientas Evaluación

Escribe la suma o total. Luego, cambia el orden de los sumandos y escribe la nueva ecuación de suma.

3.　2 + 3 = ___

　　___ + ___ = ___

4.　1 + 6 = ___

　　___ + ___ = ___

5.　___ = 3 + 6

　　___ = ___ + ___

6.　5 + 2 = ___

　　___ + ___ = ___

7.　4 + 5 = ___

　　___ + ___ = ___

8.　6 + 2 = ___

　　___ + ___ = ___

Sentido numérico Usa los números en las tarjetas para escribir dos ecuaciones de suma.

9.

 3 　 8 　 5

___ + ___ = ___

___ + ___ = ___

10.

4 　 6 　 2

___ = ___ + ___

___ = ___ + ___

11. **Representar** Lisa y Ana recogieron 6 latas el lunes y 4 latas el martes. ¿Cuántas latas recogieron en total?

Haz un dibujo. Luego, escribe dos ecuaciones diferentes de suma.

_____ + _____ = _____

_____ + _____ = _____

12. **Razonamiento de orden superior**
Haz un dibujo de 5 pájaros. Dibuja algunos pájaros azules y otros rojos.

Escribe dos ecuaciones de suma que representen el dibujo.

_____ + _____ = _____

_____ + _____ = _____

13. ✓ **Evaluación** Mira las dos ecuaciones de suma. ¿Cuál es el sumando que falta?

9 = _?_ + 2

9 = 2 + _?_

Ⓐ 6

Ⓑ 7

Ⓒ 8

Ⓓ 9

Las dos ecuaciones tienen un 2 y un 9.

Ayuda Herramientas Juegos

¡Revisemos! Cuando cambias el orden los sumandos, la suma es la misma.

$$4 + 2 = 6$$

$$2 + 4 = 6$$

$$5 + 2 = 7$$

$$2 + 5 = 7$$

Suma. Escribe ecuaciones de suma con los sumandos en un orden diferente.

1.

___ + ___ = ___   ___ + ___ = ___

Buscar patrones Escribe dos ecuaciones para cada tren de cubos.

2.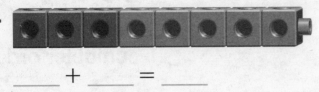

_____ + _____ = _____

_____ + _____ = _____

3.

_____ + _____ = _____

_____ + _____ = _____

4. **Razonamiento de orden superior** Usa estos cubos.

Escoge dos colores de cubos y escribe un cuento de suma.

Luego, escribe dos ecuaciones de suma para tu cuento.

_____ + _____ = _____

_____ + _____ = _____

5. ✓**Evaluación** ¿Qué opción muestra dos maneras de sumar los cubos en el tren de cubos?

Ⓐ $4 + 3, 3 + 4$

Ⓑ $2 + 6, 6 + 2$

Ⓒ $2 + 7, 7 + 2$

Ⓓ $5 + 2, 2 + 5$

6. ✓**Evaluación** ¿Qué suma tiene el mismo valor que $5 + 1$?

Ⓐ $1 + 2$

Ⓑ $5 + 3$

Ⓒ $2 + 6$

Ⓓ $1 + 5$

Resuélvelo y coméntalo

Hay 5 personas en un autobús. 2 personas se bajan. Usa la recta numérica para mostrar cuántas personas están todavía en el autobús. Escribe el número.

Puedo...
contar hacia atrás para resolver problemas de resta.

También puedo
representar con modelos matemáticos.

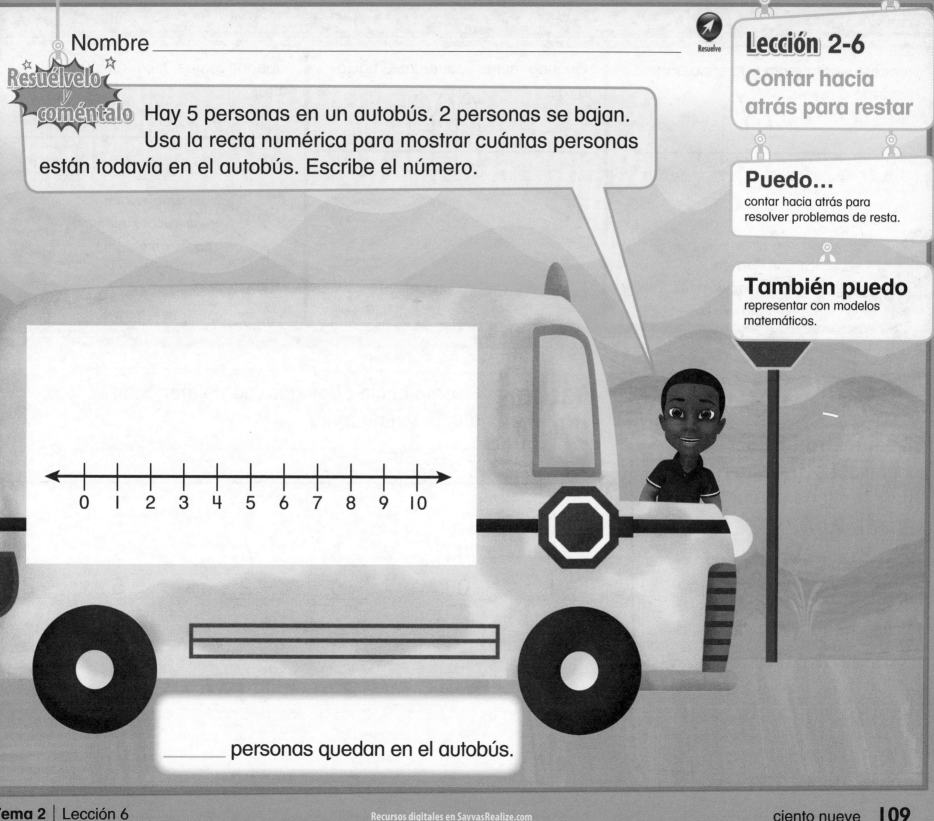

0 1 2 3 4 5 6 7 8 9 10

_____ personas quedan en el autobús.

Aprende   Glosario

Puedes usar la recta numérica para ayudarte a restar.

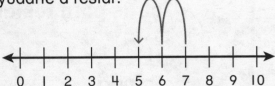

7, 6, 5   7 − 2 = 5

Si empiezo en 7 y cuento 2 hacia atrás, termino en 5.

Cuando restas 3, cuentas 3 hacia atrás.

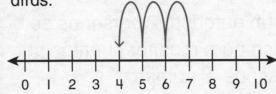

7, 6 , 5 , 4

$$\begin{array}{r} 7 \\ -\ 3 \\ \hline 4 \end{array}$$

Cuando restas 0, cuentas 0 hacia atrás.

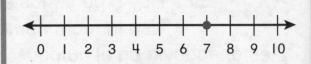

$$\begin{array}{r} 7 \\ -\ 0 \\ \hline 7 \end{array}$$

Si empiezo en 7 y no cuento ninguno hacia atrás, ¡me quedo en 7!

¿Lo entiendes?

¡Demuéstralo! Escribe ecuaciones de resta que muestren que contaste hacia atrás 1, 2 o 3.

Práctica guiada

Cuenta hacia atrás para completar cada operación de resta.

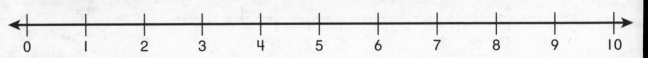

1.
$$\begin{array}{r} 4 \\ -\ 1 \\ \hline 3 \end{array} \qquad \begin{array}{r} 4 \\ -\ 0 \\ \hline 4 \end{array}$$

2.
$$\begin{array}{r} 6 \\ -\ 0 \\ \hline \ \end{array} \qquad \begin{array}{r} 6 \\ -\ 2 \\ \hline \ \end{array}$$

3.
$$\begin{array}{r} 9 \\ -\ 5 \\ \hline \ \end{array} \qquad \begin{array}{r} 9 \\ -\ 3 \\ \hline \ \end{array}$$

110 ciento diez

Tema 2 | Lección 6

Nombre _____

Herramientas Evaluación

☆ **Práctica** ☆
independiente ☆

Completa cada operación de resta. Cuenta hacia
atrás o usa la recta numérica para ayudarte.

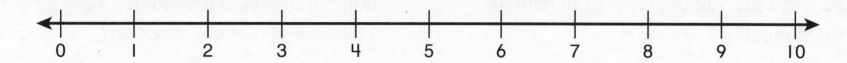

0   1   2   3   4   5   6   7   8   9   10

4.   6
       − 5
       ☐

5.   8
       − 0
       ☐

6.   10
       − 8
       ☐

7.   7
       − 3
       ☐

8.   9
       − 4
       ☐

Haz un dibujo para resolver el problema.
Escribe una ecuación de resta.

9. Razonamiento de orden superior Ale y Raúl compran lápices en la tienda.
Ale compra 10 lápices. Raúl compra 8. ¿Cuántos lápices menos compró Raúl?

_____ − _____ = _____ lápices menos

Resolución de problemas

Resuelve cada problema. Escribe una ecuación de resta que represente el problema.

10. **Razonar** Manuel escoge un número que es 4 menos que 8. ¿Cuál es el número de Manuel?

____ − ____ = ____

El número de Manuel es ____.

11. **Razonar** Berta está pensando en un número que es 0 menos que 10. ¿Cuál es el número de Berta?

____ − ____ = ____

El número de Berta es ____.

12. **Razonamiento de orden superior** Completa la ecuación de resta. Luego, escribe un cuento que represente la ecuación.

$5 - 1 = $ ____

_____

_____

_____

13. **Evaluación** Laura tiene 10 boletos. Les da 2 a sus amigas. ¿Cuántos boletos le quedan a Laura?

Ⓐ 8

Ⓑ 6

Ⓒ 4

Ⓓ 2

> Puedes escribir una ecuación para ayudarte a resolver el problema.

112 ciento doce

Nombre _____

Ayuda Herramientas Juegos

¡Revisemos! Puedes contar hacia atrás para resolver problemas de resta.

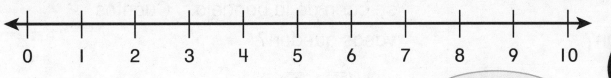

0 1 2 3 4 5 6 7 8 9 10

$4 - 2 = ?$

Empieza en 4.

Cuenta hacia atrás 2.

4, 3, 2

Resuelve el problema.

$4 - 2 = 2$

$6 - 1 = ?$

Empieza en 6.

Cuenta hacia atrás 1.

6, 5

Resuelve el problema.

$6 - 1 = 5$

Cuenta hacia atrás para restar.

ACTIVIDAD PARA EL HOGAR
Usen fichas u otros objetos para contar hasta 6. Pídale a su niño(a) que le diga a qué es igual 6 menos 2. Pregúntele: "¿Qué ecuación de resta hiciste?". Repita la actividad pidiéndole que reste 0, 1 o 2.

Cuenta hacia atrás o usa una recta numérica para ayudarte a restar.

1.

9

Cuenta hacia atrás 1.   Resuelve el problema.

_____ $9 - 1 = $ _____

2.

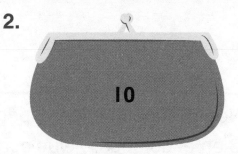

10

Cuenta hacia atrás 0.   Resuelve el problema.

_____ $10 - 0 = $ _____

Escribe una ecuación de resta para cada cuento.

3. Hay 9 manzanas en la canasta de Vero. Vero se come 1. ¿Cuántas manzanas quedan?

_____ − _____ = _____

4. Hay 6 vasos en la bandeja. 4 vasos se caen de la bandeja. ¿Cuántos vasos quedan?

_____ − _____ = _____

5. Razonamiento de orden superior Escribe una ecuación de resta. Luego, escribe un cuento que represente tu ecuación.

_____ = _____ − _____

_____

_____

_____

_____

6. ✓**Evaluación** Noemí tiene que leer 8 páginas de su libro. Lee 3 en el autobús. ¿Qué ecuación muestra cuántas páginas le falta leer a Noemí?

Ⓐ $10 − 5 = 5$

Ⓑ $10 − 2 = 8$

Ⓒ $8 − 2 = 6$

Ⓓ $8 − 3 = 5$

Nombre ______________________________

Resuelve

Lección 2-7
Pensar en la suma para restar

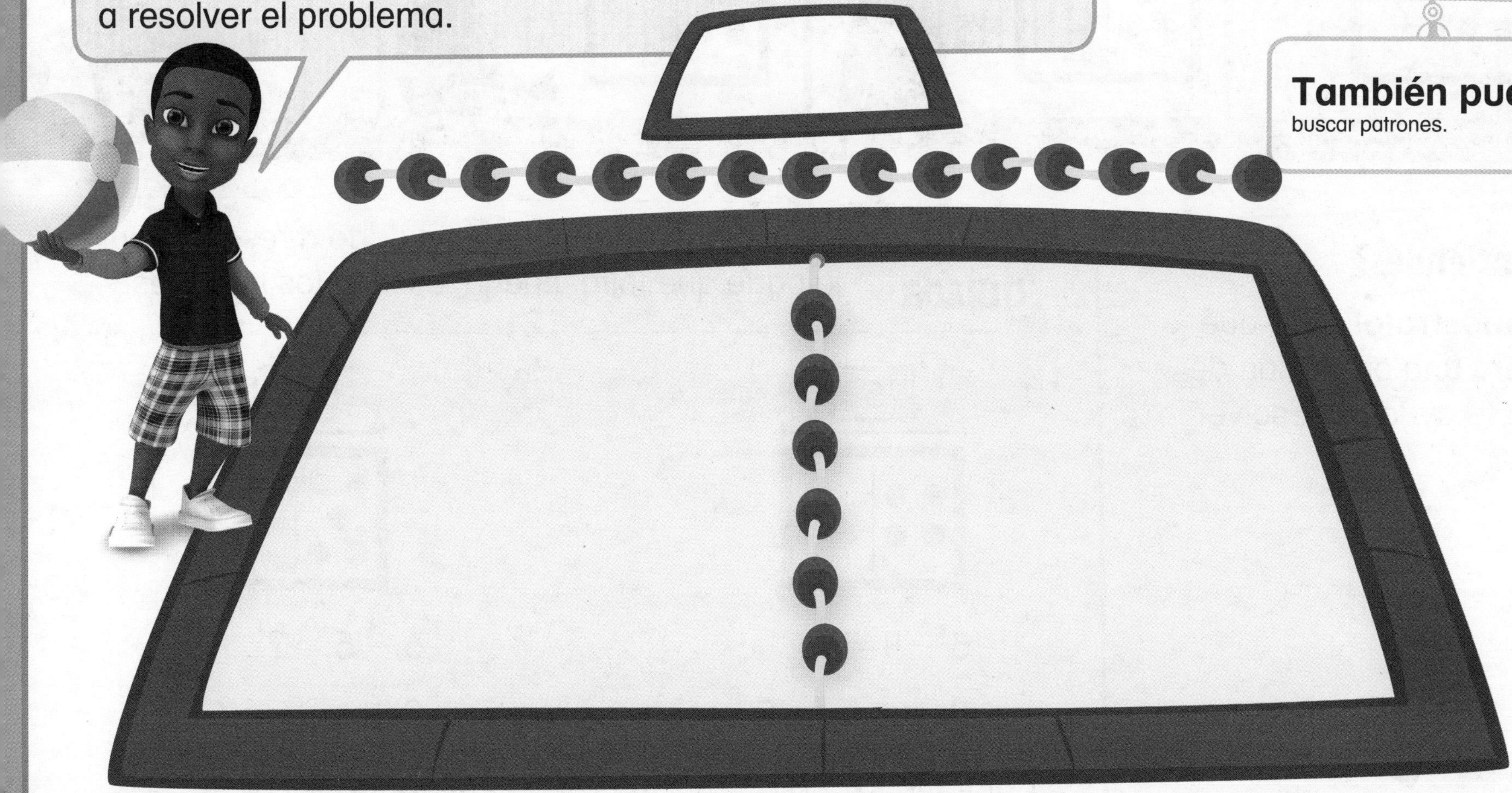

Puedo...
usar operaciones de suma que ya conozco para ayudarme a resolver problemas de resta.

También puedo
buscar patrones.

Resuélvelo y coméntalo Elena está jugando en la piscina con 6 pelotas de playa. 4 se le fueron al otro lado de la piscina. ¿Cuántas le quedan?

¿De qué manera puedes usar una operación de suma para hallar la respuesta de $6 - 4 =$ ____? Usa fichas para ayudarte a resolver el problema.

____ + ____ = ____ Por tanto, ____ − ____ = ____.

Puedes usar la suma para ayudarte a restar.

$7 - 3 = \boxed{?}$

7

$3 + \boxed{?} = 7$

¿Qué le puedo sumar a 3 para formar 7?

7

$3 + \boxed{4} = 7$

La parte que falta es 4.

7

Piensa en la operación de suma para resolver una ecuación de resta.

$7 - 3 = \boxed{4}$

$3 + 4 = 7$

¿Lo entiendes?

¡Demuéstralo! ¿De qué manera una operación de suma te ayuda a resolver $7 - 6$?

☆ **Práctica guiada** ☆ Piensa en la suma para ayudarte a restar. Dibuja la parte que falta. Luego, escribe los números.

1.

5

$5 - 4 = ?$

$4 + \underline{} = 5$

Por tanto, $5 - 4 = \underline{}$.

2.

6

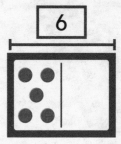

$6 - 5 = ?$

$5 + \underline{} = 6$

Por tanto, $6 - 5 = \underline{}$.

---

116 ciento dieciséis

Copyright © Savvas Learning Company LLC. All Rights Reserved.

Tema 2 | Lección 7

Práctica independiente   Piensa en la suma para ayudarte a restar. Dibuja la parte que falta. Luego, escribe los números.

3.

8

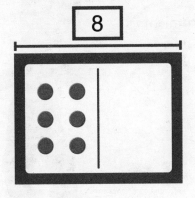

$6 + \underline{\hspace{1cm}} = 8$

Por tanto, $8 - 6 = \underline{\hspace{1cm}}$.

4.

7

$4 + \underline{\hspace{1cm}} = 7$

Por tanto, $7 - 4 = \underline{\hspace{1cm}}$.

5.

4

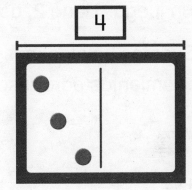

$3 + \underline{\hspace{1cm}} = 4$

Por tanto, $4 - 3 = \underline{\hspace{1cm}}$.

---

6. Razonamiento de orden superior Dibuja la figura para completar la ecuación.

Si ⬤ + ▲ = ⬛ ,

entonces ⬛ − ⬤ = _____ .

Resolución de problemas

Escribe una ecuación de suma y una de resta para resolver el problema.

7. **Usar herramientas** Pamela necesita 8 boletos para subirse a un juego. Tiene 2, así que necesita más boletos.

¿Cuantos boletos más necesita Pamela? Puedes usar herramientas para resolver el problema.

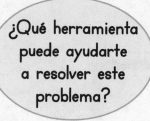

¿Qué herramienta puede ayudarte a resolver este problema?

_____ + _____ = _____

_____ − _____ = _____

_____ boletos

8. **Razonamiento de orden superior**
Celia tiene una caja de 6 crayones.
4 crayones están dentro de la caja.
Celia usó esta suma para saber cuántos crayones faltaban en la caja.
¿Hizo lo correcto? Explícalo.

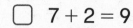

$6 + 4 = 10$

Faltan 10 crayones.

9. ✔ **Evaluación** ¿Qué operaciones de suma pueden ayudarte a resolver el problema? Selecciona todas las que apliquen.

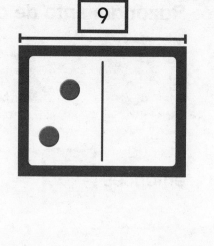

9

$9 - 2 = ?$

☐ $7 + 2 = 9$

☐ $5 + 4 = 9$

☐ $2 + 7 = 9$

☐ $8 + 1 = 9$

Nombre _____

Tarea y práctica
2-7
Pensar en la
suma para restar

¡Revisemos! Usa la suma para ayudarte a restar.

Sé que
2 + 6 = 8.
Por tanto,
8 – 6 = 2.

$$\underline{3} + \underline{6} = \underline{9}$$

Por tanto, $\underline{9} - \underline{6} = \underline{3}$.

ACTIVIDAD PARA EL HOGAR
Doble una hoja de papel por la mitad para tener dos secciones iguales. Ponga de 1 a 8 monedas de 1¢ en la sección izquierda. Diga un número mayor que el número de monedas en esa sección, pero no mayor que 9. Pregúntele a su niño(a): "¿Qué ecuación de resta puedes escribir? ¿Qué ecuación de suma está relacionada?". Repita la actividad con diferentes combinaciones de números.

Escribe una operación de suma que te ayude a escribir y resolver la operación de resta.

I.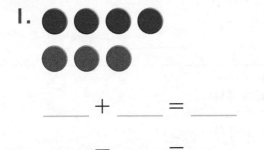

___ + ___ = ___

___ – ___ = ___

2.

___ + ___ = ___

___ – ___ = ___

3.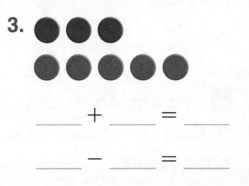

___ + ___ = ___

___ – ___ = ___

Escribe una ecuación de resta y una de suma para resolver el problema.

4. Buscar patrones Dibuja fichas.

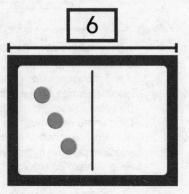

_____ – _____ = _____

_____ + _____ = _____

5. Razonar Rosi compra 10 cuentas para hacer una pulsera. Compra 3 cuentas azules y algunas blancas.

¿Cuántas cuentas blancas compra Rosi?

_____ cuentas blancas

_____ + _____ = _____

_____ – _____ = _____

Razonamiento de orden superior Dibuja las figuras para completar cada ecuación.

6. Si △ + ◯ = ▢,

entonces _____ – _____ = _____ .

7. Si ▯ = ▭ + ▭,

entonces _____ = _____ – _____ .

8. ✔**Evaluación** Tami y Sonia hacen 8 canastas. Si Sonia hace 2 canastas, ¿cuántas canastas hace Tami?

¿Qué operaciones de suma pueden ayudarte a restar? Selecciona todas las que apliquen.

☐ $8 + 6 = 14$

☐ $2 + 8 = 10$

☐ $6 + 2 = 8$

☐ $2 + 6 = 8$

Nombre _____

¿Cómo puedes usar una operación de suma para hallar la respuesta de $8 - 5 =$ ____? Usa fichas para ayudarte a resolver el problema.

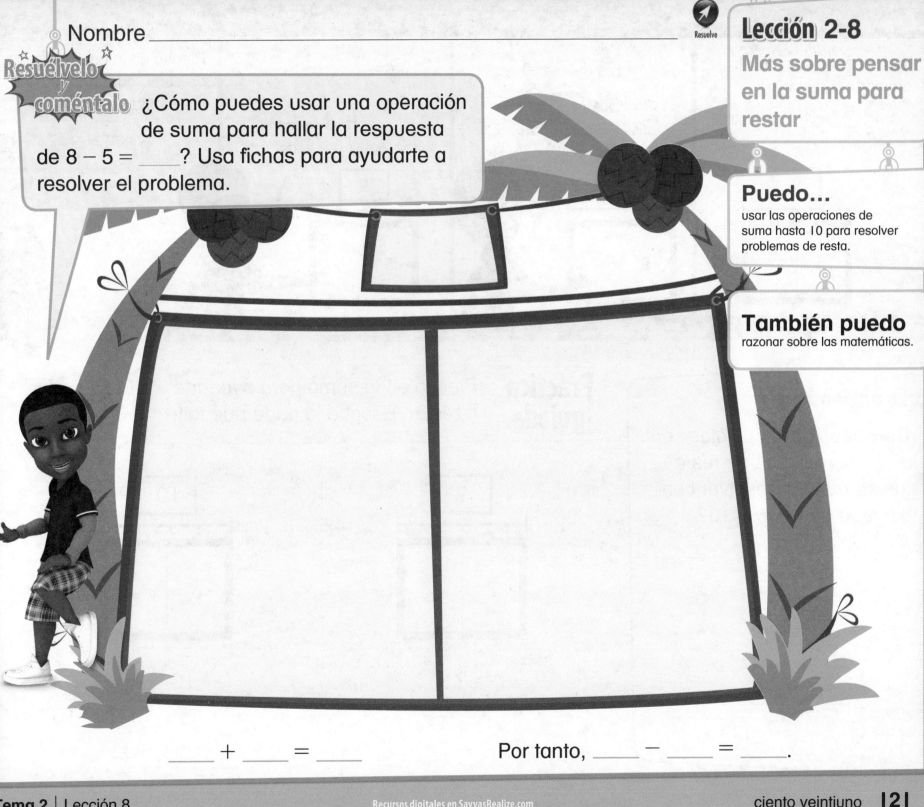

Puedo...
usar las operaciones de suma hasta 10 para resolver problemas de resta.

También puedo
razonar sobre las matemáticas.

____ + ____ = ____   Por tanto, ____ − ____ = ____.

Piensa en la suma para ayudarte a restar.

$9 - 5 = \boxed{?}$

9

5	?

$5 + \boxed{?} = 9$

¿Qué número le puedo sumar a 5 para formar 9?

9

5	?

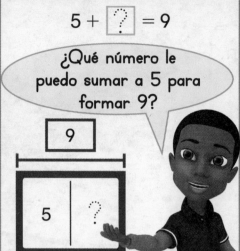

$5 + \boxed{4} = 9$

4 es la parte que falta.

9

5	4

Piensa en la operación de suma para resolver la operación de resta.

$5 + 4 = 9$; por tanto, $9 - 5 = 4$.

¿Lo entiendes?

¡Demuéstralo! ¿Cuáles son las 2 operaciones de resta que se pueden resolver con la ayuda de $4 + 6 = 10$?

☆ Práctica guiada ☆

Piensa en la suma para ayudarte a restar. Escribe la parte que falta.

1.

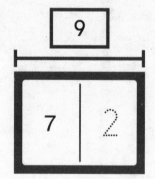

9

7	2

$9 - 7 = ?$

$7 + \underline{2} = 9$

Por tanto, $9 - 7 = \underline{2}$.

2.

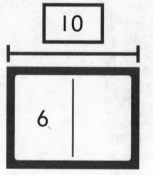

10

6	

$10 - 6 = ?$

$6 + \underline{} = 10$

Por tanto, $10 - 6 = \underline{}$.

Herramientas Evaluación

★ Práctica independiente ★

Piensa en la suma para ayudarte a restar. Escribe la parte que falta.

3.

┌─────┐
│ 8 │
└─────┘

┌─────────┐
│ 2 │   │
└─────────┘

2 + ____ = 8

Por tanto, 8 − 2 = ____ .

4.

┌─────┐
│ 6 │
└─────┘

┌─────────┐
│ 3 │   │
└─────────┘

3 + ____ = 6

Por tanto, 6 − 3 = ____ .

5.

┌─────┐
│ 9 │
└─────┘

┌─────────┐
│ 2 │   │
└─────────┘

2 + ____ = 9

Por tanto, 9 − 2 = ____ .

---

6. Matemáticas y Ciencias Las tortugas tienen caparazones para protegerse de los peligros en el mar. Había 10 tortugas en la playa, pero algunas se fueron nadando. Ahora hay 7 tortugas en la playa. ¿Cuántas se fueron nadando?

Escribe una ecuación de suma y una de resta que representen el cuento.

¡Puedes pensar en la suma para ayudarte a restar!

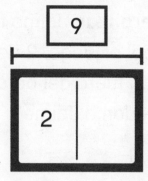

____ + ____ = ____

____ − ____ = ____   ____ tortugas

Resolución de problemas

Resuelve cada cuento de resta. Escribe una operación de suma relacionada para ayudarte a restar.

7. Generalizar Jaime trae 7 pelotas de beisbol al juego. 2 de las pelotas las batean fuera del parque. ¿Cuántas pelotas le quedan a Jaime?

_____ + _____ = _____

_____ − _____ = _____

_____ pelotas de beisbol

8. Generalizar El equipo de los Morados anota 5 puntos. El equipo de los Verdes anota 9 puntos. ¿Cuántos puntos más que el equipo de los Morados anotó el equipo de los Verdes?

_____ + _____ = _____

_____ − _____ = _____

_____ puntos

9. Razonamiento de orden superior
Escribe un cuento de resta sobre los peces.

_____

_____

_____

_____ ◯ _____ = _____

_____ ◯ _____ = _____

10. ✔Evaluación La maestra Márquez tiene 9 estudiantes. Algunos están dibujando. 6 están leyendo. ¿Cuántos estudiantes están dibujando?

¿Qué operaciones de suma puedes usar para hallar la respuesta? Selecciona todas las que apliquen.

- ☐ 3 + 5 = 8
- ☐ 3 + 6 = 9
- ☐ 6 + 3 = 9
- ☐ 4 + 6 = 10

Nombre _____

Ayuda Herramientas Juegos

¡Revisemos! Puedes usar operaciones de suma para ayudarte a restar. Mira la operación de resta. Luego, mira la operación de suma que te puede ayudar.

$9 - 1 = 8$

$8 + 1 = 9$

$8 - 2 = 6$

$6 + 2 = 8$

ACTIVIDAD PARA EL HOGAR Dele a su niño(a) una operación de resta para resolver. Pídale que use monedas o fichas para resolver el problema. Luego, pídale que le diga la operación de suma relacionada. Repita la actividad con varias operaciones de resta.

Resta. Luego, escribe la operación de suma que te ayudó a restar.

1.
$10 - \underline{\quad} = 8$
$8 + \underline{\quad} = 10$

2.
$9 - \underline{\quad} = 5$
$5 + \underline{\quad} = 9$

3.
$8 - \underline{\quad} = 1$
$1 + \underline{\quad} = 8$

Piensa en la suma para ayudarte a restar. Escribe la parte que falta.

4.

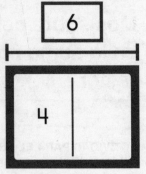

$4 + \underline{} = 6$

Por tanto, $6 - 4 = \underline{}$.

5.

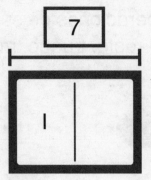

$1 + \underline{} = 7$

Por tanto, $7 - 1 = \underline{}$.

6. Razonamiento de orden superior

Escribe un cuento numérico para $10 - 3$. Luego, escribe la operación de suma que te ayudó a restar.

7. ✓Evaluación Miguel y Andy recogen manzanas. Miguel recoge 9. Andy recoge 4. ¿Cuántas manzanas menos recogió Andy que Miguel?

¿Qué operaciones de suma te pueden ayudar a resolver este cuento numérico? Selecciona todas las que apliquen.

☐ $5 + 4 = 9$

☐ $4 + 4 = 8$

☐ $6 + 3 = 9$

☐ $4 + 5 = 9$

Nombre ____________________

Resuelve

Lección 2-9

Resolver problemas verbales con operaciones hasta 10

Resuélvelo y coméntalo 6 peces están nadando. Algunos peces más se acercan. Ahora hay 10 peces. ¿Cuántos peces se acercaron?

Haz un dibujo para resolver el problema. Luego, escribe una ecuación.

Puedo...
hacer dibujos y escribir ecuaciones para ayudarme a resolver problemas verbales.

También puedo
entender bien los problemas.

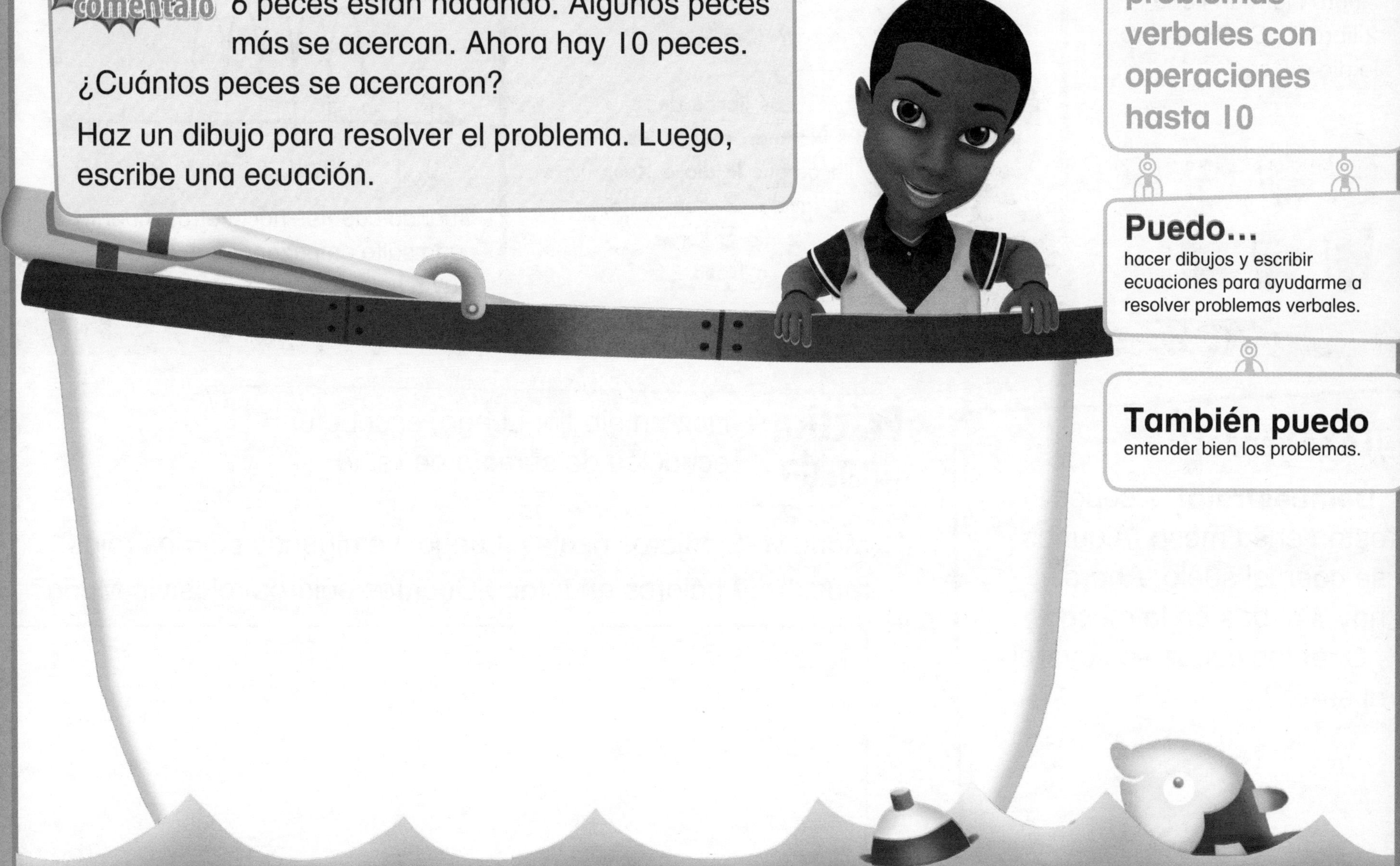

___ + ___ = ___

Norman tiene 7 libros. Le da algunos a Rosa. Ahora Norman tiene 2 libros. ¿Cuántos libros le dio a Rosa?

Puedes escribir una ecuación para representar el problema.

$$7 - \underline{\quad?\quad} = 2$$

Los libros de Norman menos los libros que le dio a Rosa es igual a 2. Por tanto, le dio 5 libros a Rosa.

También puedes contar hacia atrás desde 7 hasta 2.

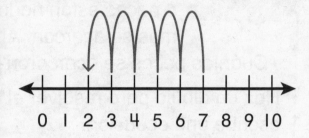

Cuando cuentes hacia atrás, cuenta cada salto empezando en 7. Hay 5 saltos.

¿Lo entiendes?

¡Demuéstralo! 7 cubos están en la mesa. Algunos se caen al suelo. Ahora hay 3 cubos en la mesa. ¿Cuántos cubos se cayeron al suelo?

Práctica guiada Haz un dibujo. Luego, escribe una ecuación de suma o de resta.

1. María ve 3 pájaros azules. Luego, ve algunos pájaros rojos más. Ve 9 pájaros en total. ¿Cuántos pájaros rojos vio María?

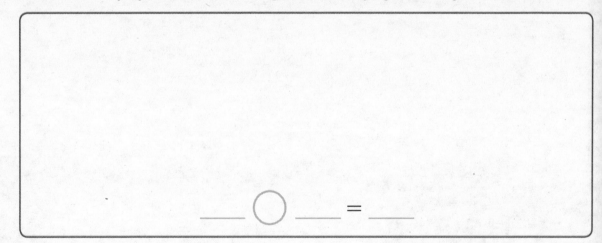

Nombre _____

☆ Práctica independiente ☆

Haz un dibujo. Luego, escribe una ecuación de suma o de resta.

2. Neto recoge 9 fresas. Luego, Edy recoge más fresas. Neto y Edy recogieron 12 fresas en total. ¿Cuántas fresas recogió Edy?

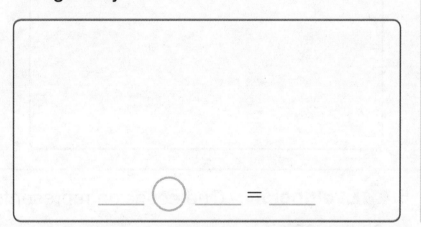

___ ◯ ___ = ___

3. Hay 8 flores en el jardín. Verónica corta algunas flores. Ahora hay 4 flores en el jardín. ¿Cuántas flores cortó Verónica?

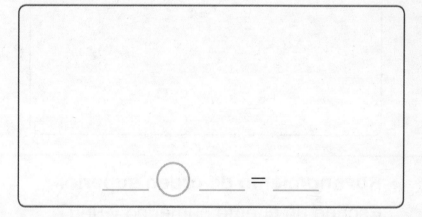

___ ◯ ___ = ___

4. Razonamiento de orden superior Escribe un cuento numérico que represente el dibujo. Luego, escribe una ecuación.

_____

_____

_____

___ = ___ ◯ ___

Resolución de problemas

Haz un dibujo para ayudarte a entender el problema.
Luego, escribe una ecuación de suma o de resta.

5. **Entender** Carlos dibujó 7 estrellas. Nora dibujó 4. ¿Cuántas estrellas menos dibujó Nora que Carlos?

_____ = _____ ◯ _____

6. **Entender** Ben encontró 3 piedras el lunes y 7 el viernes. ¿Cuántas piedras más encontró Ben el viernes que el lunes?

_____ = _____ ◯ _____

7. **Razonamiento de orden superior**
Escribe un cuento numérico y una ecuación que represente el dibujo.

_____

_____

_____

_____

_____

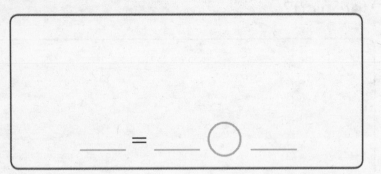

8. ✓**Evaluación** ¿Qué ecuación representa este cuento?

5 patitos van en una fila.
Más patitos se les unen.
Ahora hay 8 patitos.
¿Cuántos patitos se les unieron?

Ⓐ $5 - 3 = 2$

Ⓑ $5 + 5 = 10$

Ⓒ $6 - 3 = 3$

Ⓓ $5 + 3 = 8$

Nombre _____

Ayuda Herramientas Juegos

Tarea y práctica
2-9

Resolver
problemas
verbales con
operaciones
hasta 10

¡Revisemos! Puedes usar dibujos para resolver un
cuento numérico.

Linda tiene 4 botones.
Compra algunos más.
Ahora Linda tiene 7 botones.

?

¿Cuántos botones más
compró Linda?

$4 \oplus 3 = 7$

3 botones

ACTIVIDAD PARA EL HOGAR
Dígale a su niño(a) un cuento
sobre sumar o restar. Diga. "Haz
un dibujo y escribe una ecuación
para este cuento." Asegúrese
de que el dibujo y la ecuación
correspondan con el cuento.
Repitan la actividad con 1 o
2 cuentos diferentes.

Haz un dibujo para resolver el problema. Luego, escribe
una ecuación que corresponda.

1. Ariel tiene 6 manzanas. Juan
tiene 9.

   ¿Cuántas manzanas más tiene
   Juan que Ariel?

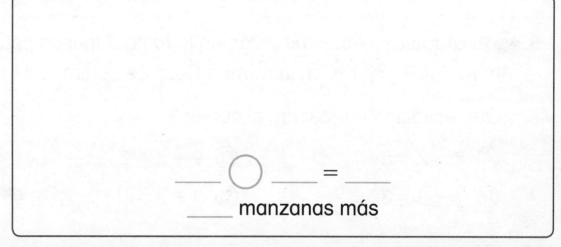

_____ ◯ _____ = _____

_____ manzanas más

Escribe una ecuación para resolver cada problema.

2. Tim tiene 9 peras.

3 peras son amarillas.

El resto son verdes.

¿Cuántas peras son verdes?

____ ◯ ____ = ____

3. Ian tiene 5 globos rojos.

Max tiene 6 globos azules.

¿Cuántos globos tienen los

amigos en total?

____ ◯ ____ = ____

4. Razonamiento de orden superior Usa la tabla. Escribe un cuento numérico. Luego, escribe una ecuación de suma o de resta que represente el cuento.

Fruta	¿Cuántos?
Arándanos	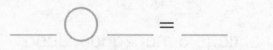
Frambuesas	

_____

_____

_____

_____

____ ◯ ____ = ____

5. ✔**Evaluación** 7 pájaros están en la rama. Algunos pájaros se van volando.

Ahora hay 4 pájaros en la rama. ¿Cuántos pájaros se fueron volando?

¿Qué ecuación representa el cuento?

Ⓐ $7 - 2 = 5$

Ⓒ $9 - 7 = 2$

Ⓑ $7 - 4 = 3$

Ⓓ $4 - 3 = 1$

Nombre _____

Resuélvelo y coméntalo

Usa fichas y un tablero de parte-parte-todo para mostrar diferentes maneras de formar 10. Escribe las diferentes maneras en la tabla.

10

Puedo...
buscar patrones y usar la estructura para resolver problemas.

También puedo
formar 10 de diferentes maneras.

Hábitos de razonamiento

¿Hay un patrón?

¿Cómo puedo describir el patrón?

10 = [ ] + [ ]

10 = [ ] + [ ]

10 = [ ] + [ ]

10 = [ ] + [ ]

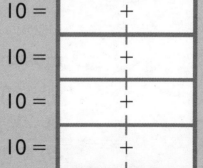

Aprende Glosario

Los osos y los leones quieren cruzar el mar. Solamente 10 animales caben en el bote. Muestra todas las maneras en que pueden ir en el bote.

¿Cómo puedo usar la estructura para resolver el problema?

Osos	Leones
0	10
1	9

Puedo buscar patrones para ayudarme a hallar cuántos osos y cuántos leones hay.

Hay un patrón en la tabla. Las partes en cada fila suman 10. Al aumentar el número de osos, el número de leones disminuye.

Osos	Leones
0	10
1	9
2	8
3	7
4	6
5	5
6	4
7	3
8	2
9	1
10	0

La tabla muestra todas las formas en que los osos y los leones pueden ir en el bote.

¿Lo entiendes?

¡Demuéstralo! ¿Cuál es el patrón de la tabla que muestra cuántos osos y leones hay?

☆ Práctica guiada ☆   Usa un patrón para ayudarte a resolver el problema.

1. Pati tiene 4 calcomanías de perros y 4 de gatos. Pega 6 calcomanías en una página de su libro.

   Usa la estructura para mostrar 3 maneras diferentes en las que Pati puede poner las calcomanías en la página de su libro.

4	2

134 ciento treinta y cuatro

Copyright © Savvas Learning Company LLC. All Rights Reserved.

Tema 2 | Lección 10

Herramientas Evaluación

✫ Práctica ✫ independiente

Usa un patrón para ayudarte a resolver cada problema.

2. Max tiene 5 marcadores. Puede guardar algunos marcadores en su escritorio y otros en su mochila.

Completa la tabla para mostrar todas las maneras en las que Max puede guardar los marcadores.

Escritorio	Mochila
0	___
___	4
2	3
3	___
___	1
___	___

3. La señora Davis quiere llenar una caja con 10 premios. Tiene 7 pelotas y 7 globos.

Completa la tabla para mostrar todas las maneras en las que la señora Davis puede llenar la caja.

7	3
6	4
5	___
4	___
___	___

Usa un patrón para ayudarte a resolver el problema.

4. Razonamiento de orden superior Julia quiere plantar 10 flores. Las quiere plantar cerca de un árbol o en una maceta. Usa la estructura para ayudarte a hallar 3 maneras diferentes en las que Julia puede plantar las flores.

___ cerca del árbol y ___ en la maceta

___ cerca del árbol y ___ en la maceta

___ cerca del árbol y ___ en la maceta

✓ **Evaluación del rendimiento**

Frutas

Pedro quiere comer 7 frutas. Puede comer fresas o uvas. Completa la tabla para mostrar las diferentes maneras en las que Pedro puede escoger las frutas que quiere comer.

El Estudiante A y el Estudiante B resolvieron el cuento numérico. A la derecha se muestra la tabla de cada estudiante.

5. **Representar** Completa cada tabla con los números que faltan. Usa cubos para ayudarte.

Estudiante A

🍓	🍇
0	
1	
2	
3	
4	
5	
6	
7	

Estudiante B

🍓	🍇
	6
	1
	4
	3
	2
	5
	0
	7

6. **Buscar patrones** Describe un patrón que se haya usado en cada tabla.

_____

_____

_____

_____

Nombre _____

¡Revisemos! Carmen tiene 5 canicas moradas y 4 amarillas. Solo caben 5 canicas en su bolsillo. ¿De qué maneras diferentes puede combinar canicas moradas y amarillas para ponerlas en su bolsillo? Usa un patrón para ayudarte a resolver el problema. Luego, completa la tabla para mostrar las combinaciones de canicas que Carmen puede poner en su bolsillo.

La suma de los números en cada fila es ___5___.

5	0
4	1
3	2
2	3
1	4

ACTIVIDAD PARA EL HOGAR
Junte 5 de cada uno de dos objetos pequeños como botones o clips. Ponga 5 botones en una fila. Pregúntele a su niño(a): "¿Cuántos botones y cuántos clips hay?". Luego, reemplace 1 botón por 1 clip y hágale la misma pregunta. Continúe remplazando los botones, uno a la vez, y hágale la misma pregunta. Luego, pregúntele: "¿Cuál es el total cada vez que cambiamos algo?".

Usa la estructura para encontrar patrones que te ayuden a resolver los problemas de abajo.

1. Tom tiene 5 carritos. Los puede guardar en su caja de juguetes o ponerlos en el estante. Completa la tabla para mostrar todas las maneras en las que Tom puede guardar sus carritos.

Caja	Estante
5	
	1
2	
	4

2. Sofía tiene 5 tulipanes y 5 rosas. Quiere plantar 5 flores en el jardín. Completa la tabla para mostrar todas las maneras en las que Sofía puede plantar las flores en el jardín.

0	
	3
3	
	1
5	

El platón de frutas

Luis tiene 5 manzanas y 5 plátanos.

Solo puede poner 5 frutas en un platón.

¿Cómo puede Luis hacer una tabla para mostrar las diferentes maneras en las que puede combinar las frutas en el platón?

🍎	🍌
0	
1	
2	
3	
4	
5	

3. Generalizar ¿Qué es igual en cada fila de la tabla?

_____

_____

4. Razonar ¿Es más pequeño o más grande el número de plátanos en la parte de abajo de la tabla? ¿Cómo lo sabes?

_____

_____

_____

5. Buscar patrones Escribe los números que faltan en la tabla. ¿Cómo sabes que tus respuestas son correctas?

_____

_____

_____

_____

_____

_____

 Tema 2 | Lección 10

Nombre _____

Puedo... sumar y restar hasta 10.

Trabaja con un compañero. Señala una pista y léela. Mira la tabla de la parte de abajo de la página y busca la pareja de esa pista. Escribe la letra de la pista en la casilla al lado de su pareja. Halla una pareja para cada pista.

Empáréjalo

Pistas

A 3 + 1

B 8 + 2

C 4 + 3

D 2 + 3

E 1 + 2

F 5 − 3

G 9 − 1

H 5 + 4

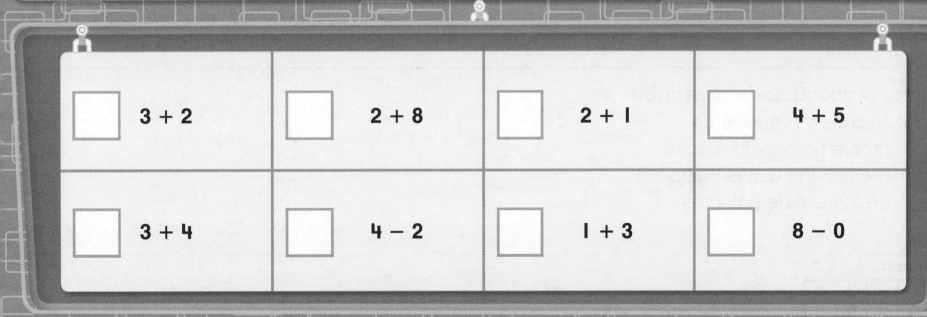

	3 + 2		2 + 8		2 + 1		4 + 5
	3 + 4		4 − 2		1 + 3		8 − 0

Las respuestas de Empáréjalo *están en la siguiente página.*

Comprender el vocabulario

1. Encierra en un círculo la ecuación de suma que muestra la recta numérica.

0 1 2 3 4 5 6 7 8 9 10

$1 + 1 = 2$ $2 + 1 = 3$ $2 + 4 = 6$ $3 + 3 = 6$

Lista de palabras
- más
- menos
- recta numérica
- suma de casi dobles
- suma de dobles

2. Tacha las partes que **NO** son sumas de dobles.

$3 + 7$

$2 + 2$

$1 + 2$

3. Encierra en un círculo las sumas de casi dobles.

$4 + 5$

$2 + 7$

$3 + 6$

4. Encierra en un círculo la palabra que complete la oración. Sam tiene 6 plumas y Bety tiene 4 plumas. Bety tiene 2 plumas _____ que Sam.

más   rojas   menos

Usar el vocabulario al escribir

5. Escribe y resuelve un problema-cuento. Usa al menos una de las palabras de la Lista de palabras.

Respuestas para Empareéjalo, página 139.

G	A	F	C
D	B	E	H

Grupo A

Hay 8 pimientos en la olla. Puedes sumar 1 más contando 1 más.

1 más que 8 es 9.

8 + 1 = 9

Suma 1, 2 o 0 para hallar el total. Escribe la operación de suma.

1.

____ + ____ = ____

2.

____ + ____ = ____

Grupo B

Puedes usar sumas de dobles para sumar.

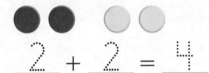

2 + 2 = 4

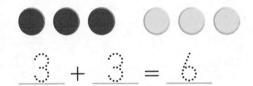

3 + 3 = 6

Si los dos sumandos son iguales, es una suma de dobles.

Escribe una ecuación de suma para cada suma de dobles.

3.

____ + ____ = ____

4.

¿Cuántas monedas hay en total?

____ + ____ = ____

Puedes usar una suma de dobles para sumar una suma de casi dobles.

$2 + 2$

$2 + 2$ y 1 más

$2 + 2 = 4$ $2 + 3 = 5$

Halla la suma.

5.

___ + ___ = ___

___ + ___ = ___

Puedes usar un marco de 10 para aprender operaciones con 5.

Mira la ecuación de suma.
Dibuja fichas en el marco.

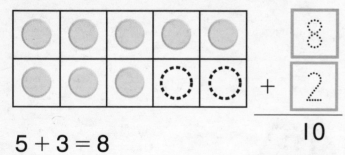

$5 + 3 = 8$

Dibuja fichas y completa los problemas de suma.

6.

$5 + 1 =$ ___

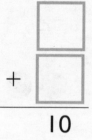

Nombre _____

Grupo E

Halla la suma.

$$2 + 5 = \underline{7}$$
suma o total

Puedes cambiar el orden de los sumandos.

Escribe la nueva ecuación de suma.

$$\underline{5} + \underline{2} = \underline{7}$$
suma o total

La suma o total es la misma.

Escribe la suma. Luego, cambia el orden de los sumandos y escribe una nueva ecuación de suma.

7. $1 + 4 = $ ____

___ + ___ = ___

8. $6 + 3 = $ ____

___ + ___ = ___

Cuando cambias el orden de los sumandos, la suma sigue siendo la misma.

Grupo F

Puedes restar contando hacia atrás.

9 menos 2 es ___7___.

Escribe la ecuación de resta.

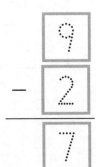

Cuenta hacia atrás para hallar la diferencia. Escribe una operación de resta.

9.

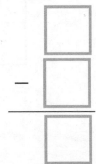

4 menos 1 son ____.

10.

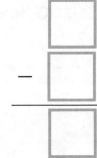

6 menos 0 son ____.

Puedes pensar en la suma
para ayudarte a restar.

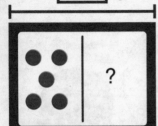

8

La parte que falta es 3.

$$5 + \underline{3} = 8$$

Por tanto, $8 - 5 = \underline{3}$.

Piensa en la suma para ayudarte a restar.

11.

6

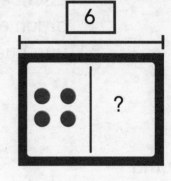

$$4 + \underline{} = 6$$

Por tanto, $6 - 4 = \underline{}$.

12.

7

$$6 + \underline{} = 7$$

Por tanto, $7 - 6 = \underline{}$.

Hábitos de razonamiento

Buscar y usar la estructura

¿Hay un patrón?

¿Cómo puedo describir
el patrón?

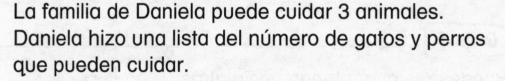

La familia de Daniela puede cuidar 3 animales.
Daniela hizo una lista del número de gatos y perros
que pueden cuidar.

13. Completa la tabla de abajo.

Perros	0	1	2	3
Gatos				

14. Describe el patrón que ves en la tabla.

_____

_____

Nombre _____

1. Mónica tiene 5 carritos. Le regalaron 2 más. ¿Cuántos carritos tiene Mónica ahora?

Ⓐ 5

Ⓑ 6

Ⓒ 7

Ⓓ 8

2. Brad tiene 5 libros. Su mamá le da 4 más. ¿Cuántos libros tiene Brad ahora?

Ⓐ 1

Ⓑ 4

Ⓒ 5

Ⓓ 9

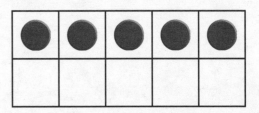

3. Sami se ganó 4 estrellas en la clase de gimnasia y 3 en la clase de música. ¿Cuántas estrellas se ganó Sami en total? ¿Cómo puedes contar hacia adelante para hallar la respuesta?

_____ estrellas

4. Cuenta hacia atrás para hallar la diferencia. Muestra tu trabajo.

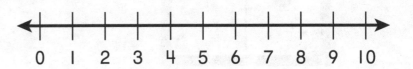

0 1 2 3 4 5 6 7 8 9 10

$8 - 2 =$ _____

5. Escribe la suma de dobles que te ayuda a hallar $3 + 4$. Halla el número que falta.

_____ + _____ = _____

$3 + 4 =$ _____

6. Yuri está pensando en un número. Su número es 0 menos que 9. Usa la ecuación de resta para hallar ese número.

$9 - 0 =$ _____

7. Halla la parte que falta.

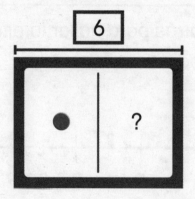

$1 +$ _____ $= 6$

$6 - 1 =$ _____

8. ¿Qué ecuaciones de suma representan el dibujo? Selecciona todas las que apliquen.

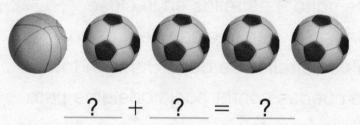

_____ ? _____ + _____ ? _____ = _____ ? _____

☐ $1 + 4 = 5$

☐ $2 + 2 = 4$

☐ $3 + 1 = 4$

☐ $4 + 1 = 5$

9. ¿Qué ecuaciones de suma te ayudan a resolver 9 − 3? Selecciona todas las que apliquen.

☐ $6 + 3 = 9$

☐ $9 + 3 = 12$

☐ $3 + 6 = 9$

☐ $9 + 1 = 10$

10. Halla $5 + 4$. Usa la recta numérica para contar hacia adelante.

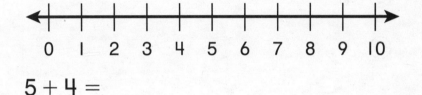

$5 + 4 =$ _____

11. Pablo tiene 5 uvas. Su amigo le da 3 más. ¿Cuántas uvas tiene Pablo en total?

Ⓐ 8

Ⓑ 9

Ⓒ 10

Ⓓ 11

12. 3 ranas están sobre una piedra. 3 más se les unen. ¿Cuántas ranas hay en total? Haz un dibujo y escribe una ecuación.

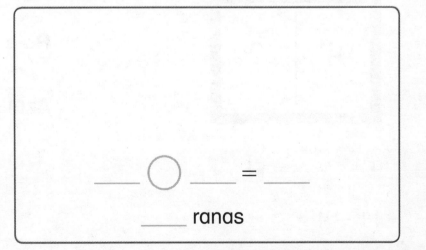

_____ ◯ _____ = _____

_____ ranas

13. Suma los dobles.

Halla el número que falta.

$4 + 4 =$ ___?___

Ⓐ 6

Ⓑ 7

Ⓒ 8

Ⓓ 9

14. Érica está pensando en un número. Su número es 5 menos que 10. ¿Qué suma de dobles podría usar Érica para resolver el problema?

$10 - 5 =$ ___?___

____ $+$ ____ $=$ ____

15. Pensar en la suma te ayuda a restar. Halla la parte que falta. Escribe los números.

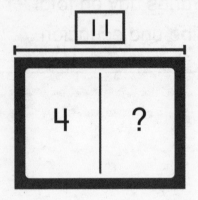

$4 +$ ____ $= 11$

$11 - 4 =$ ____

16. Tina quiere comprar 6 cuentas para hacer un collar. Puede comprar cuentas rojas y azules. Muestra las diferentes maneras en que Tina puede comprar las cuentas. Escribe los números en la tabla.

Rojo	⬤	___	___	2	3	___	5	___
Azul	⬤	6	5	___	___	___		0

Nombre _____

Frutas preferidas

Los alumnos del primer grado contestaron una encuesta sobre sus frutas preferidas. Luego, hicieron esta tabla.

Nuestras frutas preferidas	
Fruta	**Número de votos**
Manzana 	5
Naranja	4
Plátano	6
Fresa	2
Arándano	3
Cereza	3
Durazno	4
Uva	1

1. ¿Cuántos estudiantes menos votaron por **Fresa** que por **Manzana**? Haz un dibujo y escribe una ecuación para resolver el problema.

2. Laura dice que puede usar casi dobles para hallar el número total de votos para **Plátano** y **Fresa**. ¿Estás de acuerdo?

Encierra **Sí** o **No.**

Explícalo.

3. 2 niñas votaron por **Naranja**.
Algunos niños votaron por **Naranja**.
¿Cuántos niños votaron por **Naranja**?

Haz un dibujo para resolver el problema.
Luego, escribe una ecuación de suma
o de resta.

Escribe cuántos niños votaron por
Naranja.

_____

4. Menos niñas votaron por **Plátano** que niños.
Completa la tabla. Muestra diferentes maneras
en las que los niños y las niñas podrían
haber votado.

Niñas	Niños

5. Gilda dice que **Arándano** y **Naranja** tienen el
mismo número de votos que **Cereza** y **Durazno**.
¿Tiene razón? Explica cómo lo sabes.

Recursos digitales

Resuelve Aprende Glosario

Herramientas Evaluación Ayuda Juegos

TEMA 3

Operaciones de suma hasta 20: Usar estrategias

Pregunta esencial: ¿Qué estrategias puedes usar para sumar hasta 20?

Los dientes de algunos animales son especiales para comer plantas.

Los dientes de otros animales son especiales para comer carne.

¡Qué interesante! Hagamos este proyecto para aprender más.

Proyecto de Matemáticas y Ciencias: ¿Qué comen?

Investigar Habla con tus amigos y tu familia acerca de lo que comen diferentes animales. Pregúntales cómo los dientes de los animales los ayudan a sobrevivir y satisfacer sus necesidades.

Diario: Hacer un libro Muestra lo que encontraste. En tu libro, también:

• dibuja diferentes animales y lo que comen.

• inventa y resuelve problemas de suma sobre los animales y lo que comen.

Nombre _____

Repasa lo que sabes

1. Encierra en un círculo el problema que muestra un **doble.**

$$5 + 5 = 10$$

$$5 + 6 = 11$$

$$5 + 7 = 12$$

2. Encierra en un círculo la estrategia que se puede usar para sumar los números.

$$7 + 8 = ?$$

dobles

casi dobles

contar hacia atrás

3. Encierra en un círculo la **suma** o **total.**

$$7 + 4 = 11$$

Sumar y restar

4. Rosa tiene 9 estampillas. José le da 4 más. ¿Cuántas estampillas tiene Rosa ahora?

_____ estampillas

5. Estela tiene 18 galletas para su perro. Le da algunas galletas y le quedan 9 galletas. ¿Cuántas galletas le dio a su perro?

_____ galletas

Suma de dobles

6. Resuelve esta suma de dobles.

$$7 + 7 = \underline{\hspace{1cm}}$$

Mis tarjetas de palabras   Estudia las palabras de las tarjetas.
Completa la actividad que está al reverso.

A·Z Glosario

recta numérica vacía

suma de dobles más 1

Uno de los sumandos es 1 más que el otro.

$3 + 4 = 7$

sumandos

suma de dobles más 2

Uno de los sumandos es 2 más que el otro.

$3 + 5 = 8$

sumandos

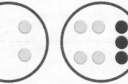

Mis tarjetas de palabras

Usa lo que sabes para completar las oraciones. Para ampliar lo que aprendiste, escribe tu propia oración usando cada palabra.

Cuando sumes un número que es 2 más que el otro, puedes usar una _____ _____.	Cuando sumes un número que es 1 más que el otro, puedes usar una _____ _____.	Una herramienta que puedes usar para sumar o restar es una _____ _____.

Contar hacia adelante para sumar

Ale tiene 5 cubos.

Celina le da 7 cubos más.

¿Cuántos cubos tiene Ale ahora? Muestra tu razonamiento en la siguiente recta numérica.

Puedo...
contar hacia adelante para sumar usando la recta numérica.

También puedo representar con modelos matemáticos.

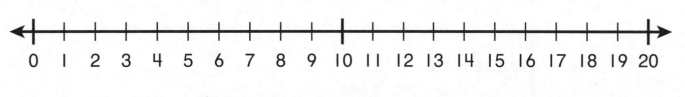

_____ cubos

Resuelve **7 + 8 = ?** usando una recta numérica.

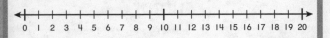

> Esta recta numérica tiene números del 0 al 20.

Busca el 7 en la recta numérica. Luego, cuenta hacia adelante 8 más para sumar 7 + 8.

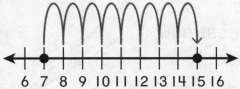

Empieza en el 7 y haz 8 saltos para terminar en el 15.

> Por tanto, 7 + 8 = 15.

Si empiezas en el 8 y haces 7 saltos, vas a terminar en el mismo número.

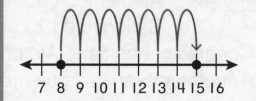

> Por tanto, ¡8 + 7 = 15 también!

¿Lo entiendes?

¡Demuéstralo! ¿Cómo sabes en qué número empezar a contar? ¿Cómo sabes cuántos números hay que contar?

Práctica guiada

Usa la recta numérica para contar hacia adelante y hallar la suma.

1. $9 + 7 =$ ___16___

2. $9 + 9 =$ ___

☆ Práctica ☆
independiente
☆ Usa una recta numérica para contar hacia adelante y hallar cada suma.

3. $7 + 4 =$ _____

4. $6 + 8 =$ _____

5. $9 + 4 =$ _____

6. $9 + 6 =$ _____

7. $7 + 7 =$ _____

8. $9 + 8 =$ _____

9. $6 + 4 =$ _____

10. $8 + 5 =$ _____

11. $3 + 9 =$ _____

Usa una recta numérica para resolver el problema.

12. **Matemáticas y Ciencias** Kim trabaja en el zoológico. A los tigres les da de comer 9 libras de carne. A las tortugas les da de comer 7 libras de hojas y frutas.

¿Cuántas libras de comida les da en total a los animales?

_____ libras de comida

Resolución de problemas

Usa una recta numérica para resolver los problemas.

13. **Razonar** Sergio camina 6 cuadras y luego camina 3 cuadras más. Escribe los números que te ayudan a saber cuántas cuadras caminó en total.

$6 + 3 =$ _____

Empieza en _____. Cuenta _____ más.

14. **Razonar** Ramona envía 7 cartas y luego envía 8 cartas más. Escribe los números que te ayudan a saber cuántas cartas envió Ramona en total.

$7 + 8 =$ _____

Empieza en _____. Cuenta _____ más.

15. **Razonamiento de orden superior** Escribe y resuelve un cuento-problema. Muestra tu trabajo en una recta numérica.

_____

_____ _____ + _____ = _____

_____

16. ✓**Evaluación** Resuelve $5 + 9 = ?$ en la recta numérica. Muestra tu trabajo.

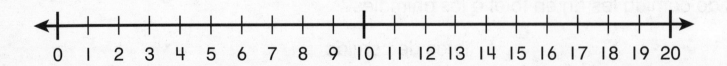

0 1 2 3 4 5 6 7 8 9 10 11 12 13 14 15 16 17 18 19 20

Nombre _____

¡Revisemos! Hay más de una manera de contar hacia adelante para sumar $2 + 8$.

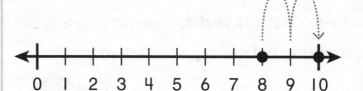

0 1 2 3 4 5 6 7 8 9 10   0 1 2 3 4 5 6 7 8 9 10

Empieza en 2 y luego haz 8 saltos.   Empieza en 8 y luego haz 2 saltos.

$2 + 8 = \underline{10}$

Si empiezas en 8 en lugar de 2, no necesitas contar tantos números. Recuerda que se obtiene la misma respuesta de las dos maneras.

ACTIVIDAD PARA EL HOGAR
Dibuje una recta numérica con números del 0 al 20. Dele a su niño(a) una operación de suma, como $5 + 9$. Pida a su niño(a) que use la recta numérica para mostrar cómo contar hacia adelante para sumar 5 y 9. Pregúntele: "¿Me puedes mostrar más de una manera de sumar estos números? ($5 + 9$ y $9 + 5$)". Repita la actividad con otras sumas.

Usa una recta numérica para contar hacia adelante y hallar cada suma.

1. $9 + 4 =$ _____

2. $4 + 8 =$ _____

3. $9 + 7 =$ _____

Usa una recta numérica para contar hacia adelante y hallar cada suma.

4. $9 + 6 =$ _____   **5.** $7 + 4 =$ _____   **6.** $8 + 5 =$ _____

---

7. Razonamiento de orden superior Escribe la ecuación de suma que se muestra en la recta numérica. Explica cómo sabes que tienes razón.

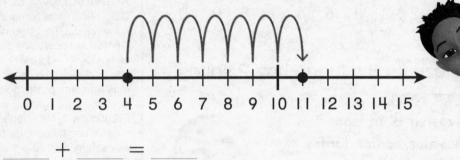

_____ + _____ = _____

---

8. ✅**Evaluación** Darío mostró una ecuación en esta recta numérica. ¿Cuál de las siguientes ecuaciones puede ser la de Darío?

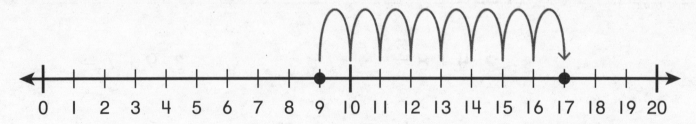

Ⓐ $9 + 9 = 18$ Ⓑ $7 + 10 = 17$ Ⓒ $9 + 8 = 17$ Ⓓ $10 + 7 = 17$

Nombre _____

Resuélvelo y coméntalo Felipe corrió 8 millas el jueves y 9 millas el viernes. ¿Cuántas millas corrió Felipe en total? Usa la recta numérica para mostrar cómo los sabes.

Puedo...
contar hacia adelante para sumar usando una recta numérica vacía.

También puedo
construir argumentos matemáticos.

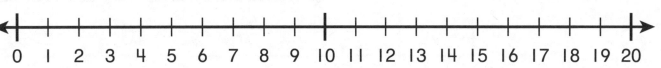

_____ millas

Una **recta numérica vacía** puede ayudarte a sumar.

$$7 + 6 = ?$$

7

Empiezo por poner el 7 en la recta numérica.

Contar de 1 en 1 es una manera de sumar 6. Empieza en 7 y luego cuenta hacia adelante 6 más.

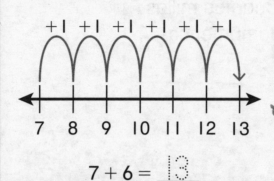

+1 +1 +1 +1 +1 +1

7 8 9 10 11 12 13

$$7 + 6 = \underline{13}$$

Puedes también descomponer el 6. Sumar 3 más 3 es otra manera de sumar 6.

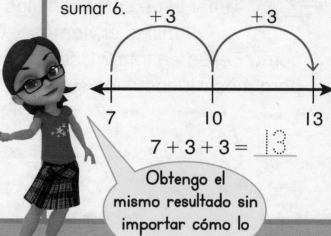

+3   +3

7   10   13

$$7 + 3 + 3 = \underline{13}$$

Obtengo el mismo resultado sin importar cómo lo sume.

¿Lo entiendes?

¡Demuéstralo! ¿Qué número se debe siempre incluir en una recta numérica vacía?

☆ Práctica guiada ☆

Usa la recta numérica vacía para resolver los problemas. Muestra tu trabajo.

1. $7 + 5 = \underline{12}$

+3   +2

7   10   12

2. $6 + 2 = \underline{}$

Nombre _____

☆ Práctica independiente ☆

Usa la recta numérica vacía para resolver cada problema. Muestra tu trabajo.

3. $4 + 7 =$ _____

4. $8 + 8 =$ _____

5. $6 + 6 =$ _____

6. $9 + 7 =$ _____

7. **A-Z Vocabulario** Resuelve el problema. Muestra tu trabajo en la **recta numérica vacía.**

$8 + 6 =$ _____

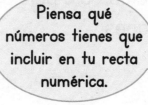 Piensa qué números tienes que incluir en tu recta numérica.

Tema 3 | Lección 2

ciento sesenta y tres **163**

8. **Usar herramientas** Marco anda en bicicleta 7 millas y luego 9 millas más. ¿Cuántas millas anduvo Marco en bicicleta en total?

____ + ____ = ____

____ millas

9. **Usar herramientas** Ana lee 10 libros en enero y 10 libros en febrero. ¿Cuántos libros leyó Ana en total?

____ + ____ = ____

____ libros

10. **Razonamiento de orden superior** Sara tiene 8 rosas y corta algunas más. Ahora tiene 17. ¿Cuántas rosas más cortó Sara? Usa palabras o dibujos para explicar cómo lo sabes.

11. ✓**Evaluación** Resuelve la ecuación. Muestra tu trabajo en esta recta numérica vacía.

$9 + 6 =$ ____

Nombre _____

¡Revisemos! Puedes contar hacia adelante en una recta numérica vacía para resolver problemas de suma.

8 + 9 = ?

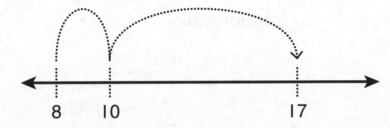

8   10   17

Empieza en ___8___ y cuenta hacia adelante ___9___ más.

8 + 9 = __17__

ACTIVIDAD PARA EL HOGAR
Dibuje una recta numérica vacía. Dele a su niño(a) una operación de suma, como 6 + 8. Pregúntele: "¿Qué número puedes poner al principio de la recta numérica?". Pídale que le muestre dos maneras diferentes de sumar 6 y 8. Repita la actividad con otras sumas.

Usa la recta numérica vacía para resolver los problemas. Muestra tu trabajo.

1. 8 + 4 = ___

2. 8 + 7 = ___

Usa la recta numérica vacía para resolver los problemas.

3. Laura lee 8 páginas el lunes y 6 páginas el martes. ¿Cuántas páginas leyó Laura en total?

____ + ____ = ____

____ páginas

¿Cuántas páginas en total leyó Laura el lunes y el martes?

4. Andy anotó 6 goles en la primera mitad de la temporada de futbol. En la segunda mitad de la temporada, anotó 7 goles. ¿Cuántos goles anotó Andy durante toda la temporada?

____ + ____ = ____

____ goles

5. **Razonamiento de orden superior**
Sam tiene 9 estampillas en su colección. Le regalan algunas más. Ahora tiene 18 estampillas. ¿Cuántas estampillas le regalaron a Sam? Usa palabras o dibujos para mostrar cómo lo sabes.

6. ✓**Evaluación** Resuelve la ecuación. Muestra tu trabajo en la siguiente recta numérica vacía.

$5 + 7 =$ ____

⟵——————————————⟶

Nombre _____

¡Revisemos! Puedes usar sumas de dobles para resolver sumas de dobles más 1.

$4 + 5 = ?$

$5 = 4 + 1$; por tanto, puedes escribir
$4 + 5$ como $4 + 4 + 1$.

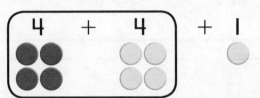

$4 + 4 = 8$

8 y uno más es 9. Por tanto, $4 + 5 = 9$.

$2 + 3 = ?$

$3 = \underline{2} + \underline{1}$

$$\underline{2} + \underline{2} = \underline{4}$$

Por tanto, $\underline{2} + \underline{3} = \underline{5}$.

ACTIVIDAD PARA EL HOGAR
Dele a su niño(a) una suma de dobles, como 3 + 3. Pídale que use botones u otros objetos, como 2 grupos de 3 botones. Pregúntele: "¿Cuántos hay en total?". Luego, añada 1 objeto más a uno de los grupos y pregunte: "¿Cuál es la suma de dobles más 1?". Repita la actividad con otras sumas de dobles.

Suma los dobles. Luego, usa las sumas de dobles para ayudarte a resolver las sumas de dobles más 1.

1.
$\begin{array}{r} 3 \\ + 3 \\ \hline \end{array}$
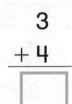

$\begin{array}{r} 3 \\ + 4 \\ \hline \end{array}$

2.
$\begin{array}{r} 6 \\ + 6 \\ \hline \end{array}$
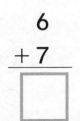

$\begin{array}{r} 6 \\ + 7 \\ \hline \end{array}$

Dibuja 1 cubo más. Usa una suma de dobles como ayuda para sumar.

3.

Piensa: ____ + ____ = ____.

Por tanto, $7 + 8 =$ ____.

4.

Piensa: ____ + ____ = ____.

Por tanto, $9 + 10 =$ ____.

5. Razonamiento de orden superior

Usa una suma de dobles más 1 como ayuda para escribir una ecuación para el problema. Luego, haz un dibujo para mostrar tu trabajo.

David vio algunos gatos y perros. El número de perros es 1 más que el de gatos. ¿Cuántos perros y gatos vio David?

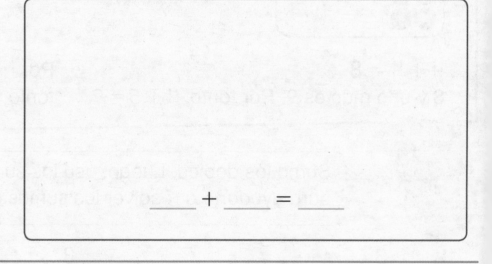

____ + ____ = ____

6. ✔**Evaluación** ¿Qué suma de dobles más 1 debes usar para resolver $9 + 8$?

Ⓐ $7 + 7$ más 1

Ⓑ $8 + 8$ más 1

Ⓒ $6 + 6$ más 1

Ⓓ $9 + 9$ más 1

7. ✔**Evaluación** ¿Qué suma de dobles más 1 debes usar para resolver $5 + 6$?

Ⓐ $6 + 6$ más 1

Ⓑ $4 + 5$ más 1

Ⓒ $5 + 5$ más 1

Ⓓ $4 + 4$ más 1

 Tema 3 | Lección 4

Nombre ____________________

Resuelve

Lección 3-5

Dobles más 2

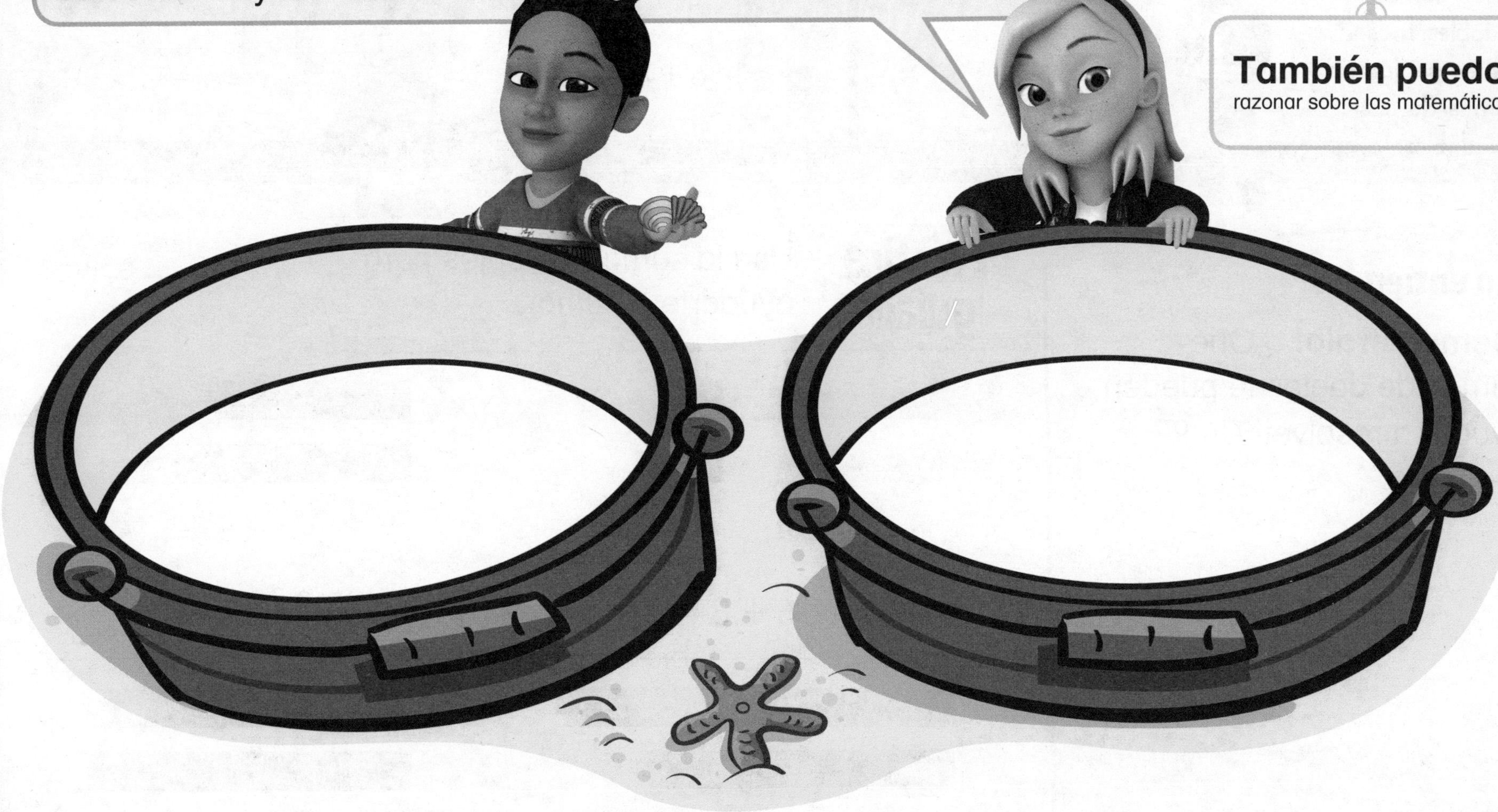

Puedo…
usar sumas de dobles como ayuda para resolver sumas de dobles más 2.

También puedo
razonar sobre las matemáticas.

Resuélvelo y coméntalo Carlos y yo encontramos 5 caracoles marinos cada uno. ¿Que suma de dobles muestra cuántos caracoles tenemos en total?

Si Carlos encuentra 2 caracoles más, ¿cómo podrías hallar cuántos caracoles hay en total?

____ + ____ = ____

Doble

____ + ____ = ____

Estas se llaman **sumas de dobles más 2.**

$$6 \qquad 9$$
$$+8 \qquad +7$$
$$? \qquad ?$$

Las sumas de dobles más 2 también se llaman sumas de casi dobles.

Hay diferentes maneras de resolver una suma de dobles más 2.

$$6$$
$$+8$$
$$?$$

Dobla el número menor y luego suma 2.

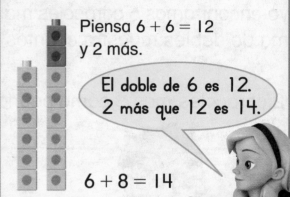

Piensa $6 + 6 = 12$ y 2 más.

El doble de 6 es 12. 2 más que 12 es 14.

$$6 + 8 = 14$$

O dobla el número del medio.

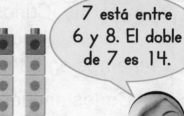

7 está entre 6 y 8. El doble de 7 es 14.

¿Lo entiendes?

¡Demuéstralo! ¿Qué sumas de dobles te pueden ayudar a resolver $7 + 9$? Explícalo.

**Práctica guiada** Usa la suma de dobles para ayudarte a sumar.

1.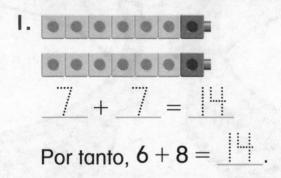

$$\underline{7} + \underline{7} = \underline{14}$$

Por tanto, $6 + 8 = \underline{14}$.

2.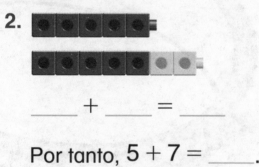

$$\underline{} + \underline{} = \underline{}$$

Por tanto, $5 + 7 = \underline{}$.

3.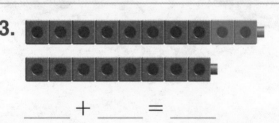

$$\underline{} + \underline{} = \underline{}$$

Por tanto, $10 + 8 = \underline{}$.

4.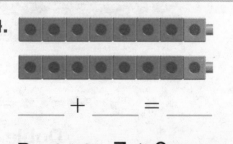

$$\underline{} + \underline{} = \underline{}$$

Por tanto, $7 + 9 = \underline{}$.

180 ciento ochenta

Copyright © Savvas Learning Company LLC. All Rights Reserved.

Tema 3 | Lección 5

Herramientas Evaluación

★ Práctica ★
independiente
★

Dibuja 2 cubos más. Usa una suma de dobles para ayudarte a sumar.

5.

___ + ___ = ___

Por tanto, $10 + 8 =$ ___ .

6.

___ + ___ = ___

Por tanto, $9 + 11 =$ ___ .

7.

___ + ___ = ___

Por tanto, $8 + 6 =$ ___ .

8.

___ + ___ = ___

Por tanto, $7 + 5 =$ ___ .

9.

___ + ___ = ___

Por tanto, $4 + 6 =$ ___ .

10.

___ + ___ = ___

Por tanto, $3 + 5 =$ ___ .

Usa una suma de dobles o de dobles más 2 para ayudarte a escribir una ecuación para el problema. Dibuja cubos para ayudarte.

11. Sentido numérico Dan hizo un tren de cubos rojos. Ana hizo un tren de cubos amarillos. El tren de Ana tiene 2 cubos más que el tren de Dan. ¿Cuántos cubos usaron en total?

___ = ___ + ___

12. **Razonar** Nora y Eric hicieron 6 castillos de arena cada uno. Luego, Nora hizo 2 más. ¿Cuántos castillos hicieron los dos amigos en total?

Escribe una ecuación de suma.

_____ + _____ = _____

_____ castillos de arena

13. **Razonar** Marcos encontró 8 caracoles. Susi encontró 2 caracoles más que Marcos. Juntos encontraron 18 caracoles. ¿Cuántas caracoles encontró Susi?

Escribe una ecuación de suma.

_____ + _____ = _____

Susi encontró _____ caracoles.

14. **Razonamiento de orden superior** Usa una suma de dobles más 2 para ayudarte a escribir una ecuación para el problema. Luego resuélvelo.

Hay algunos peces en un estanque. Algunos son plateados y otros son dorados. Hay 2 peces dorados más que plateados. ¿Cuántos peces hay en total?

_____ + _____ = _____
peces   peces   peces
plateados dorados

15. ✓**Evaluación** Ben vio 7 cangrejos. Jaime vio 9 cangrejos. ¿Cuántos cangrejos vieron en total?

¿Qué operación debes usar para hallar cuántos cangrejos vieron Ben y Jaime en total?

Ⓐ 7 + 7 más 1

Ⓑ 7 + 9 más 1

Ⓒ 7 + 7 más 2

Ⓓ 9 + 9 más 2

Nombre _____

Tarea y práctica 3-5
Dobles más 2

¡Revisemos! Puedes usar las sumas de dobles para resolver las sumas de dobles más 2.

$6 + 8 = ?$

$8 = 6 + 2$; por tanto, puedes escribir
$6 + 8$ como $6 + 6 + 2$.

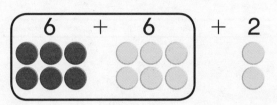

$6 + 6 = 12$

12 más 2 son 14. Por tanto, $6 + 8 = 14$.

$2 + 4 = ?$

$4 = \underline{2} + \underline{2}$

$\underline{2} + \underline{2} = \underline{4}$

Por tanto, $\underline{2} + \underline{4} = \underline{6}$.

 Suma los dobles. Luego, usa las sumas de dobles para ayudarte a resolver las sumas de dobles más 2.

1.
$\begin{array}{r} 3 \\ +\,3 \\ \hline \end{array}$

$\begin{array}{r} 3 \\ +\,5 \\ \hline \end{array}$

2.
$\begin{array}{r} 4 \\ +\,4 \\ \hline \end{array}$

$\begin{array}{r} 6 \\ +\,4 \\ \hline \end{array}$

Dibuja 2 cubos más. Luego, usa las sumas de dobles para resolver las sumas de dobles más 2.

3.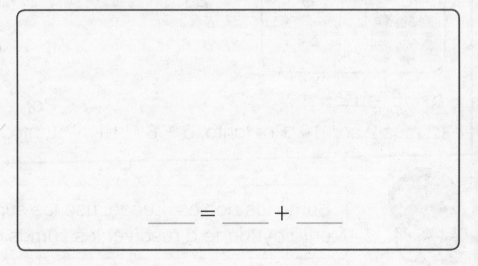

Piensa: _____ + _____ = _____.

Por tanto, 5 + 7 = _____.

4.

Piensa: _____ + _____ = _____.

Por tanto, 3 + 5 = _____.

5. **Razonamiento de orden superior**

Usa una suma de dobles más 2 para ayudarte a escribir una ecuación para el problema. Luego, haz un dibujo para mostrar tu trabajo.

Tania y Raúl le dieron de comer al mismo número de pájaros en el zoológico. Luego, Raúl le dio de comer a 2 pájaros más. ¿A cuántos pájaros alimentaron en total?

_____ = _____ + _____

6. ✅**Evaluación** El equipo de beisbol de Arturo anotó 8 carreras el lunes y 10 el martes. ¿Cuántas carreras anotó el equipo en total?

¿Qué suma de dobles te ayuda a resolver el problema?

Ⓐ 7 + 7   Ⓒ 9 + 9

Ⓑ 6 + 6   Ⓓ 10 + 10

7. ✅**Evaluación** ¿Qué operación debes usar para resolver 7 + 9?

Ⓐ 7 + 7 más 1

Ⓑ 7 + 7 más 2

Ⓒ 8 + 8 más 1

Ⓓ 8 + 8 más 2

Nombre _____

¿De qué manera el pensar en 10 te ayuda a hallar la respuesta de la suma 9 + 5?

Muestra tu trabajo y explícalo.

Lección 3-6

Formar 10 para sumar

Puedo...
formar 10 para sumar números hasta 20.

También puedo
construir argumentos matemáticos.

_____ + _____ = _____

Forma 10 para ayudarte a sumar.

7
+4
?

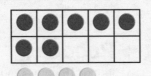

Mueve 3 fichas del 4 al 7.

Ahora tengo 10 más 1.

10 + 1 es igual a 7 + 4.

10
+ 1
11

¡Los totales son iguales!

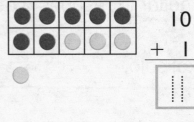

10   7
+ 1 por + 4
11 tanto, 11

¿Lo entiendes?

¡Demuéstralo! ¿Cómo formas 10 para hallar la suma de 9 + 4?

☆Práctica guiada☆

Dibuja fichas para formar 10. Luego, escribe las sumas.

1.   7
    +6
    ?

10   7
+ 3 por + 6
13 tanto, ☐

2.   8
    +6
    ?

10   8
+ 4 por + 6
☐   tanto, ☐

Herramientas Evaluación

☆ Práctica ☆ independiente ☆

Dibuja fichas para formar 10 y luego escribe las sumas.

3.
  7
+ 8
  ?

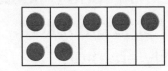

  10   7
+ 5 por + 8
     tanto,
☐   ☐

4.
  9
+ 6
  ?

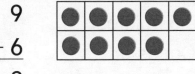

  10   9
+ 5 por + 6
     tanto,
☐   ☐

5.
  7
+ 7
  ?

10   7
+ 4 por + 7
   tanto,
☐   ☐

Dibuja fichas para formar 10. Usa dos colores diferentes.
Luego, escribe las sumas.

6.
  4
+ 8
  ?

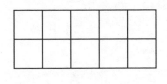

  10   4
+ 2 por + 8
     tanto,
☐   ☐

7.
  6
+ 5
  ?

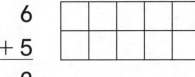

  10   6
+ 1 por + 5
     tanto,
☐   ☐

8.
  5
+ 9
  ?

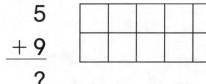

  10   5
+ 4 por + 9
     tanto,
☐   ☐

Dibuja fichas para ayudarte a resolver cada problema. Usa dos colores.

9. Representar Carlos ve 7 pájaros amarillos en un árbol. Luego, ve 6 pájaros blancos. ¿Cuántos pájaros vio Carlos en total?

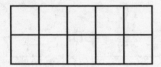

_____ pájaros

10. Representar Emily cortó 8 flores rojas. Luego, cortó 8 flores amarillas. ¿Cuántas flores cortó Emily en total?

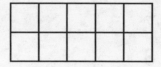

_____ flores

11. Razonamiento de orden superior Mira el modelo. Completa la ecuación para representar el modelo.

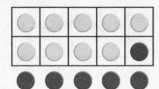

$10 +$ _____ $=$ _____

Por tanto, _____ $+$ _____ $=$ _____

12. ✔ **Evaluación** ¿Qué número va en el

□ ?

$10 + 1 = 11$

Por tanto, $6 +$ □ $= 11$

16	11	6	5
Ⓐ	Ⓑ	Ⓒ	Ⓓ

Nombre _____

Ayuda   Herramientas   Juegos

**Tarea y práctica
3-6**

Formar 10
para sumar

¡Revisemos! Puedes formar 10 para ayudarte a sumar.

7 y 5 más.

$7 + 5 = ?$

Forma 10.

10 y 2 más.

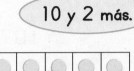

Por tanto, $7 + 5$ y $10 + 2$ tienen la misma suma o total.

$10 + 2 =$ __12__ por tanto, $7 + 5 =$ __12__.

Dibuja fichas para formar 10 y luego escribe la suma.

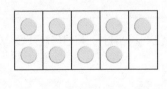

1.
$$\begin{array}{r} 9 \\ + 6 \\ \hline ? \end{array}$$

$$\begin{array}{r} 10 \\ + 5 \\ \hline \boxed{} \end{array}$$ por tanto, $$\begin{array}{r} 9 \\ + 6 \\ \hline \boxed{} \end{array}$$

2.
$$\begin{array}{r} 7 \\ + 6 \\ \hline ? \end{array}$$

$$\begin{array}{r} 10 \\ + 3 \\ \hline \boxed{} \end{array}$$ por tanto, $$\begin{array}{r} 7 \\ + 6 \\ \hline \boxed{} \end{array}$$

3.
$$\begin{array}{r} 5 \\ + 6 \\ \hline ? \end{array}$$

$$\begin{array}{r} 10 \\ + 1 \\ \hline \boxed{} \end{array}$$ por tanto, $$\begin{array}{r} 5 \\ + 6 \\ \hline \boxed{} \end{array}$$

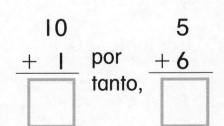

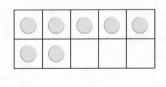

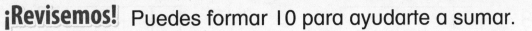

ACTIVIDAD PARA EL HOGAR
Pídale a su niño(a) que use objetos pequeños para mostrar $7 + 6$. Pídale que mueva algunos objetos para formar 10. Luego, pídale que diga las 2 ecuaciones: $10 + 3 = 13$; por tanto, $7 + 6 = 13$.

Tema 3 | Lección 6   Recursos digitales en SavvasRealize.com   ciento ochenta y nueve   **189**

Dibuja fichas para formar 10. Usa dos colores diferentes. Luego, escribe las sumas.

4. 9
  $+ 5$
   ?
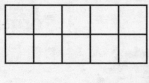

   10   9
  $+ 4$ por $+ 5$
  □   tanto, □

5. 8
  $+ 3$
   ?
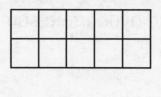

   10   8
  $+ 1$ por $+ 3$
  □   tanto, □

6. 4
  $+ 9$
   ?
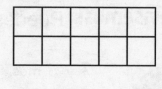

   10   4
  $+ 3$ por $+ 9$
  □   tanto, □

---

7. **Razonamiento de orden superior** Encierra en un círculo 2 números.

Dibuja fichas para formar 10 usando los números que encerraste en un círculo. Usa 2 colores diferentes. Luego, escribe 2 ecuaciones de suma que representen tu dibujo.

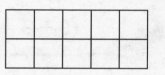

$10 +$ _____ $=$ _____ .

Por tanto, _____ $+$ _____ $=$ _____ .

---

8. **Evaluación** ¿Qué número va en el

□ ?

$9 + 6 = 15$.

Por tanto, $10 +$ □ $= 15$.

9   5   6   8
Ⓐ   Ⓑ   Ⓒ   Ⓓ

9. **Evaluación** ¿Qué número va en el

□ ?

$8 + 5 = 13$.

Por tanto, □ $+ 3 = 13$.

7   8   9   10
Ⓐ   Ⓑ   Ⓒ   Ⓓ

Nombre _____

Resuélvelo y coméntalo

¿De qué manera puedes formar 10 para resolver la suma 8 + 5? Muestra tu trabajo y explícalo?

Puedo...
formar 10 para sumar números hasta 20.

También puedo
construir argumentos matemáticos.

Forma 10 para ayudarte a sumar.

$9 + 7 = ?$

El 9 está muy cerca de 10. ¿Cómo puede ayudarme esto a hallar $9 + 7$?

Piensa en el problema representado en una recta numérica para ayudarte a formar 10.

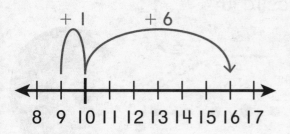

$9 + 1 = 10$ y $10 + 6 = 16$.

Puedes pensar en $9 + 7$ como $9 + 1 + 6$, porque $7 = 1 + 6$.

Por tanto, $9 + 7 =$ __16__

¿Lo entiendes?

¡Demuéstralo! ¿De qué manera puedes formar 10 para hallar la suma de $7 + 6$?

☆Práctica guiada☆

Forma 10 para hallar la suma. Usa la recta numérica para ayudarte.

1.

$$\begin{array}{r} 8 \\ + 6 \\ \hline ? \end{array}$$
$$\begin{array}{r} 8 \\ + \boxed{2} \\ \hline 10 \end{array}$$
$$\begin{array}{r} 10 \\ + \boxed{4} \\ \hline \boxed{14} \end{array}$$
por tanto,
$$\begin{array}{r} 8 \\ + 6 \\ \hline \boxed{} \end{array}$$

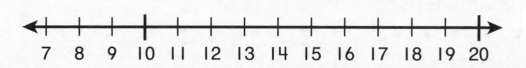

Herramientas Evaluación

☆ Práctica ☆ independiente

Forma 10 para hallar la suma. Usa la recta numérica para ayudarte.

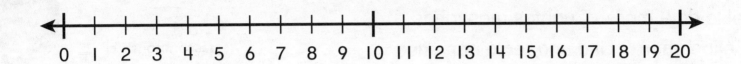

0 1 2 3 4 5 6 7 8 9 10 11 12 13 14 15 16 17 18 19 20

Piensa

2.
$$\begin{array}{r} 7 \\ + 8 \\ \hline ? \end{array}$$
$$\begin{array}{r} 7 \\ + \square \\ \hline 10 \end{array}$$
$$\begin{array}{r} 10 \\ + \square \\ \hline \square \end{array}$$
por tanto,
$$\begin{array}{r} 7 \\ + 8 \\ \hline \square \end{array}$$

Piensa

3.
$$\begin{array}{r} 4 \\ + 9 \\ \hline ? \end{array}$$
$$\begin{array}{r} 4 \\ + \square \\ \hline 10 \end{array}$$
$$\begin{array}{r} 10 \\ + \square \\ \hline \square \end{array}$$
por tanto,
$$\begin{array}{r} 4 \\ + 9 \\ \hline \square \end{array}$$

Piensa

4.
$$\begin{array}{r} 8 \\ + 4 \\ \hline ? \end{array}$$
$$\begin{array}{r} 10 \\ + \square \\ \hline \square \end{array}$$
por tanto,
$$\begin{array}{r} 8 \\ + 4 \\ \hline \square \end{array}$$

Piensa

5.
$$\begin{array}{r} 9 \\ + 7 \\ \hline ? \end{array}$$
$$\begin{array}{r} 10 \\ + \square \\ \hline \square \end{array}$$
por tanto,
$$\begin{array}{r} 9 \\ + 7 \\ \hline \square \end{array}$$

Piensa

6.
$$\begin{array}{r} 6 \\ + 7 \\ \hline ? \end{array}$$
$$\begin{array}{r} 10 \\ + \square \\ \hline \square \end{array}$$
por tanto,
$$\begin{array}{r} 6 \\ + 7 \\ \hline \square \end{array}$$

7. **Sentido numérico** Nico suma $8 + 5$.

Primero, suma $8 + 2$ para formar 10.

¿Qué debe hacer después?

_____

_____

Resolución de problemas

Forma 10 para ayudarte a resolver cada cuento numérico.

8. **Buscar patrones** Felipe tiene 8 manzanas. Samuel le da 4 más. ¿Cuántas manzanas tiene Felipe ahora? Usa una recta numérica vacía para mostrar tu trabajo.

¿Se puede descomponer el problema en partes más simples?

◄───────────────────────────────►

Felipe tiene _____ manzanas.

9. **Razonamiento de orden superior**
Pati formó 10 para resolver $7 + 5$, cambiando el problema a $7 + 3 + 2$. ¿Cómo formó 10 Pati?

_____

_____

_____

_____

10. ✓**Evaluación** ¿Qué suma muestra cómo formar 10 para resolver $9 + 6$?

Ⓐ $9 + 4 + 2$

Ⓑ $9 + 3 + 3$

Ⓒ $9 + 1 + 5$

Ⓓ $9 + 0 + 6$

Nombre _____

Tarea y práctica
3-7
Más sobre formar
10 para sumar

¡Revisemos! Ya sabes cómo sumarle 10 a un número. Formar 10 puede ser una estrategia útil para sumar.

$3 + 9 = ?$

Puedes descomponer cualquiera de los dos sumandos para formar 10.

Yo descompuse el 3 en 1 y 2 para formar 10.

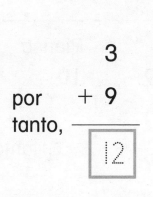

```
  3        9         10              3
+ 9      + 1       +  2     por    + 9
---      ---       ----    tanto, ----
  ?       10        12              12
```

ACTIVIDAD PARA EL HOGAR
Revise con su niño(a) las diferentes maneras de formar 10. (por ej., 1 + 9, 2 + 8, etc.). Luego, dígale a su niño(a) una operación de suma cuyo total sea entre 11 y 19. Pídale que forme 10 para sumar los dos números. Repita la actividad con diferentes operaciones de suma.

Escribe los números que faltan para resolver cada problema de suma.

Piensa   Piensa

```
1.   9      9        10              9      2.   2      9        10              2
   + 8    + □      +  □     por    + 8         + 9    + □      +  □     por    + 9
   ---    ---      ----    tanto,  ---         ---    ---      ----    tanto,  ---
     ?     10        □               □           ?     10        □               □
```

Escribe los números que faltan para resolver cada problema de suma.

3. Piensa

$7 + 5$ / $?$ $10 + \boxed{}$ / $\boxed{}$ por tanto, $7 + 5$ / $\boxed{}$

4. Piensa

$4 + 9$ / $?$ $10 + \boxed{}$ / $\boxed{}$ por tanto, $4 + 9$ / $\boxed{}$

5. Piensa

$8 + 9$ / $?$ $10 + \boxed{}$ / $\boxed{}$ por tanto, $8 + 9$ / $\boxed{}$

6. Piensa

$7 + 8$ / $?$ $10 + \boxed{}$ / $\boxed{}$ por tanto, $7 + 8$ / $\boxed{}$

7. Piensa

$9 + 9$ / $?$ $10 + \boxed{}$ / $\boxed{}$ por tanto, $9 + 9$ / $\boxed{}$

8. Piensa

$5 + 6$ / $?$ $10 + \boxed{}$ / $\boxed{}$ por tanto, $5 + 6$ / $\boxed{}$

9. Razonamiento de orden superior
Carmen dice que puede formar 10 para resolver $6 + 3$. ¿Tiene razón? Explica cómo lo sabes.

_____

_____

_____

10. ✓ **Evaluación** ¿Qué operación muestra cómo formar 10 para resolver $8 + 8$?

Ⓐ $8 + 8 + 2 = 8 + 10 = 18$

Ⓑ $8 + 2 + 6 = 10 + 6 = 16$

Ⓒ $8 + 1 + 8 = 9 + 10 = 19$

Ⓓ $8 + 5 + 4 = 8 + 9 = 17$

Nombre _____

Resuélvelo y coméntalo

$$9 + 6 = ?$$

Escoge una estrategia para resolver el problema. Usa palabras, objetos o dibujos para explicar tu trabajo.

Dobles   Casi dobles   Formar 10

____ + ____ = ____

Lección 3-8

Explicar estrategias de suma

Puedo...
resolver problemas de suma usando diferentes estrategias.

También puedo
usar herramientas matemáticas correctamente.

Puedes usar diferentes maneras para recordar una operación de suma.

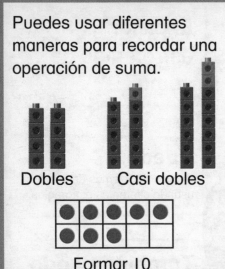

Dobles   Casi dobles

Formar 10

4
$+4$

Dobles

Cuando los dos sumandos son iguales, es una suma de dobles.

$6 + 7$

Casi dobles

Cuando uno de los sumandos es 1 más que el otro, es una suma de casi dobles.

$8 + 5$

10
$+3$

Formar 10

Cuando uno de los sumandos está cerca de 10, puedes formar 10.

¿Lo entiendes?

¡Demuéstralo! ¿Qué estrategia podrías usar para resolver $7 + 8$? ¿Por qué es una buena estrategia?

Práctica guiada

Halla cada suma. Encierra en un círculo la estrategia que usaste.

1. $\begin{array}{r} 6 \\ +\ 6 \\ \hline \boxed{12} \end{array}$ (Dobles)
    Casi dobles
    Formar 10
    A mi manera

2. $\begin{array}{r} 9 \\ +\ 7 \\ \hline \boxed{} \end{array}$ Dobles
    Casi dobles
    Formar 10
    A mi manera

3. $\begin{array}{r} 6 \\ +\ 7 \\ \hline \boxed{} \end{array}$ Dobles
    Casi dobles
    Formar 10
    A mi manera

4. $\begin{array}{r} 8 \\ +\ 9 \\ \hline \boxed{} \end{array}$ Dobles
    Casi dobles
    Formar 10
    A mi manera

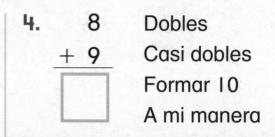

     Tema 3 | Lección 8

⭐ Práctica independiente ⭐

Halla cada suma o total.

5.	6.	7.	8.	9.	10.
6 + 8 ☐	8 + 8 ☐	4 + 9 ☐	9 + 9 ☐	7 + 6 ☐	8 + 3 ☐

11.	12.	13.	14.	15.	16.
9 + 8 ☐	6 + 5 ☐	8 + 5 ☐	6 + 9 ☐	7 + 4 ☐	7 + 7 ☐

Halla el número que falta. Explica la estrategia que usaste.

17. **Álgebra** Silvia tiene 9 canicas verdes y algunas canicas rojas. Tiene 11 canicas en total.

$9 + \underline{\quad} = 11$

Silvia tiene ____ canicas rojas.

_____

_____

_____

18. **Entender** Alberto tiene 8 camisas en el clóset. Pone otras camisas en el tocador. Ahora tiene 16 camisas. ¿Cuántas camisas puso en el tocador?

Alberto puso _____ camisas en el tocador.

Encierra en un círculo la estrategia que usaste para hallar el número que falta.

Dobles   Casi dobles   Formar 10   A mi manera

19. **Razonamiento de orden superior** Manuel y Tobi tienen 13 lápices en total. ¿Cuántos lápices podría tener cada uno?

Encierra en un círculo la estrategia que usaste para escoger los sumandos que faltan.

Haz un dibujo para ayudarte a resolver el problema.

$13 = $ _____ $+$ _____

Dobles   Formar 10
Casi dobles   A mi manera

20. ✔**Evaluación** Sara tiene 7 libros grandes y 8 pequeños. ¿Qué estrategias te pueden ayudar a hallar cuántos libros tiene Sara en total? Selecciona todas las que apliquen.

Dobles   Casi dobles   Formar 10   A mi manera
☐   ☐   ☐   ☐

       Tema 3 | Lección 8

Nombre _____

¡Revisemos! Puedes usar diferentes estrategias para resolver problemas.

6 es 1 más que 5. 6 y 5 son casi dobles.

$\begin{array}{r} 5 \\ +6 \\ \hline ? \end{array}$
$\begin{array}{r} 5 \\ +5 \\ \hline \boxed{10} \end{array}$

$\begin{array}{r} 5 \\ +6 \\ \hline \boxed{11} \end{array}$

ACTIVIDAD PARA EL HOGAR
Pídale a su niño(a) que use objetos pequeños para mostrar 8 + 9. Pídale que use una de las siguientes estrategias: dobles, casi dobles, formar 10 o su propia estrategia (A mi manera). Pídale que le explique cómo usó la estrategia para encontrar la respuesta.

9 está cerca de 10. Forma 10.

$\begin{array}{r} 9 \\ +5 \\ \hline ? \end{array}$
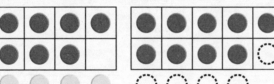
$\begin{array}{r} 10 \\ +4 \\ \hline \boxed{14} \end{array}$ por tanto, $\begin{array}{r} 9 \\ +5 \\ \hline \boxed{14} \end{array}$

 Halla cada suma. Encierra en un círculo la estrategia que usaste.

1. $\begin{array}{r} 5 \\ +7 \\ \hline \end{array}$
Piensa: 7 es 2 más que 5.

Dobles
Casi dobles
Formar 10
A mi manera

2. $\begin{array}{r} 8 \\ +3 \\ \hline \end{array}$
Piensa: 8 está cerca de 10.

Dobles
Casi dobles
Formar 10
A mi manera

Halla cada suma. Encierra en un círculo la estrategia que usaste.

3. $\begin{array}{r} 9 \\ +3 \\ \hline \end{array}$ Dobles
    Casi dobles
    Formar 10
    A mi manera

4. $\begin{array}{r} 7 \\ +7 \\ \hline \end{array}$ Dobles
    Casi dobles
    Formar 10
    A mi manera

5. $\begin{array}{r} 7 \\ +9 \\ \hline \end{array}$ Dobles
    Casi dobles
    Formar 10
    A mi manera

6. **Razonamiento de orden superior** Escribe un problema-cuento que se pueda resolver formando 10. Luego, explica cómo resolver el problema.

7. ✓**Evaluación** Escoge las ecuaciones que **NO** son la manera correcta de resolver el siguiente problema formando 10. Selecciona todas las que apliquen.

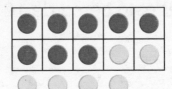

☐ $6 + 4 = 10; 10 + 0 = 10$

☐ $7 + 3 = 10; 10 + 1 = 11$

☐ $8 + 2 = 10; 10 + 4 = 14$

☐ $9 + 1 = 10; 10 + 3 = 13$

Nombre _____

Resuélvelo y coméntalo

Caleb colecciona calcomanías. Caleb tiene 4 calcomanías más que Susi. Susi tiene 5 calcomanías. ¿Cuántas calcomanías tiene Caleb? Usa objetos, dibujos o una ecuación para mostrar tu razonamiento.

Puedo...
resolver diferentes tipos de problemas de suma.

También puedo
construir argumentos matemáticos.

Caleb tiene _____ calcomanías.

Aprende   Glosario

Toña lee 5 libros. Lee 7 libros menos que Sergio. ¿Cuántos libros lee Sergio?

¿Qué sabes?

Toña leyó 5 libros. Ha leído 7 libros menos que Sergio.

Esto también significa que Sergio leyó 7 libros más que Toña.

¿Qué necesitas saber?

Cuántos libros leyó Sergio.

Sergio leyó 7 libros más que Toña. Por tanto, necesito sumar 5 + 7 para resolver el problema.

Para saber cuántos libros leyó Sergio, puedes escribir una ecuación.

5 + 7 = 12

¡Sergio leyó 12 libros!

¿Lo entiendes?

¡Demuéstralo! ¿Podrías saber cuántos libros leyó Sergio usando objetos o dibujos? Explícalo.

☆ Práctica guiada ☆   Lee el cuento y luego resuelve el problema con una ecuación.

1. Tim escribe 9 cuentos. Escribe 3 cuentos menos que Daniela. ¿Cuántos cuentos escribe Daniela?

   Tim escribe ⟨3⟩ cuentos menos que Daniela.

   Daniela escribe ⟨3⟩ cuentos más que Tim.

   ⟨9⟩ ⊕ ⟨3⟩ = ☐

2. Charo lee 6 historietas cómicas. Pablo lee 5 más que Charo. ¿Cuántas historietas cómicas leyó Pablo?

   Pablo leyó ☐ historietas más que Charo.

   ☐ ◯ ☐ = ☐

Nombre ____________________

Herramientas Evaluación

☆ Práctica independiente ☆

Resuelve los problemas con objetos, dibujos o una ecuación. Muestra tu trabajo.

3. Tere compró 10 botones el lunes.
Luego, compró más botones el martes.
Ahora tiene 19 botones.
¿Cuántos botones compró Tere el martes?

____ botones

4. Mónica tiene 9 monedas. Mónica tiene 6 monedas menos que Óscar.
¿Cuántas monedas tiene Óscar?

____ monedas

5. Hay 14 latas sobre la mesa. 5 latas son grandes y el resto son pequeñas. ¿Cuántas latas pequeñas hay sobre la mesa?

____ latas pequeñas

Resolución de problemas

Resuelve los siguientes problemas.

6. **Representar** Luis recortó 12 flores. ¿Cuántas flores puede colorear de rojo y cuántas de amarillo?

Haz un dibujo y escribe una ecuación para representar y resolver el problema.

_____ flores rojas   _____ flores amarillas

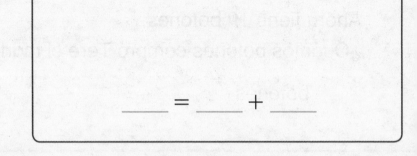

_____ = _____ + _____

---

7. **Razonamiento de orden superior** Natalia anotó 8 goles esta temporada. Anotó 9 goles menos que Julián. ¿Cuántos goles anotó Julián?

Vuelve a escribir este problema usando la palabra *más.* Natalia anotó 8 goles esta temporada. Julián anotó _____

_____

_____

8. ✔**Evaluación** Dan tomó 6 vasos más de agua que Bety. Bety tomó 5 vasos de agua. ¿Cuántos vasos de agua tomó Dan?

¿Cuál de las siguientes ecuaciones usarías para resolver el problema?

Ⓐ $6 - 5 = 1$

Ⓑ $6 + 5 = 11$

Ⓒ $11 + 6 = 17$

Ⓓ $11 - 6 = 5$

Nombre _____

¡Revisemos! Puedes usar fichas y ecuaciones para resolver problemas.

Juan bateó 8 pelotas de béisbol.
Bateó 5 pelotas menos que Andrés.
¿Cuántas pelotas bateó Andrés?

Juan bateó 8 pelotas.

Eso significa que Andrés bateó 5 más que Juan.

Juan bateó 5 menos que Andrés.

$8 + 5 =$ ⟨13⟩

Andrés bateó ⟨13⟩ pelotas de béisbol.

ACTIVIDAD PARA EL HOGAR
Cuéntele a su niño(a) un cuento numérico usando la palabra *más* o la palabra *menos*. Pídale que represente el cuento usando fichas y que escriba una ecuación para resolver el problema. Por ejemplo: "Javi tiene 4 suéteres. Cristóbal tiene 5 suéteres más que Javier. ¿Cuántos suéteres tiene Cristóbal?". 4 + 5 = 9. Cristóbal tiene 9 suéteres.

 Dibuja fichas y escribe ecuaciones para resolver los problemas.

1. Mario ve 3 zorros más que Neto. Neto ve 4 zorros. ¿Cuántas zorros vio Mario?

2. Dora tiene 2 tarjetas menos que René. Dora tiene 9 tarjetas. ¿Cuántas tarjetas tiene René?

____ + ____ = ____   ____ zorros

____ + ____ = ____   ____ tarjetas

3. Hay 3 uvas verdes y 10 uvas rojas en el plato. ¿Cuántas uvas hay en el plato?

____ + ____ = ____   ____ uvas

4. 8 gatos estaban jugando. llegaron otros gatos a jugar. Ahora 15 gatos están jugando. ¿Cuántos gatos llegaron a jugar con los primeros 8 gatos?

____ + ____ = ____   ____ gatos

5. **Razonamiento de orden superior** Completa el cuento que representa la siguiente ecuación usando las palabras **Jaime, menos** y **Lilí**. Luego, resuelve la ecuación.

$9 + 4 = ?$

Jaime ve 4 pájaros _____ que Lilí. _____ ve 9 pájaros. ¿Cuántos pájaros ve _____?

____ + ____ = ____

6. ✓**Evaluación** Chad hizo 6 sándwiches menos que Sara. Chad hizo 7 sándwiches. ¿Cuántos sándwiches hizo Sara?

¿Qué ecuación usarías para resolver este problema?

$7 - 6 = 1$ Ⓐ

$7 - 1 = 6$ Ⓑ

$7 + 6 = 13$ Ⓒ

$6 + 10 = 16$ Ⓓ

Nombre _____

Resuélvelo y coméntalo

Una tienda de mascotas tiene 9 ranas. 5 son verdes y el resto son cafés. Lidia suma 5 + 9 y dice que la tienda tiene 14 ranas cafés.

Encierra en un círculo si **estás de acuerdo** o **no estás de acuerdo** con el razonamiento de Lidia.

Resolución de problemas

Lección 3-10
Evaluar el razonamiento

Puedo...
evaluar el razonamiento de otros usando lo que sé sobre la suma y la resta.

También puedo
sumar y restar correctamente.

Estoy de acuerdo.

No estoy de acuerdo.

Hábitos de razonamiento

¿Puedo mejorar el razonamiento de Lidia?

¿Hay errores en el razonamiento de Lidia?

5 perros están jugando. Llegan otros perros a jugar. Ahora 8 perros están jugando. José dice que 3 perros más llegaron porque $5 + 3 = 8$.

¿**Cómo puedo decidir si estoy de acuerdo o no estoy de acuerdo con José?**

Puedo hacerle preguntas a José, ver si hay errores o tratar de entender su razonamiento.

Haré un dibujo.

Estoy de acuerdo con el razonamiento de José.

¿**Lo entiendes?**

¡**Demuéstralo!** ¿Qué pregunta le habrías hecho a José para entender su razonamiento?

Práctica guiada

Encierra en un círculo tu respuesta. Usa dibujos, palabras o ecuaciones para explicarla.

1. 9 gatos están jugando con la pelota. Algunos gatos se van a comer. Ahora hay 4 gatos jugando con la pelota.

Sam dice que 13 gatos se fueron a comer porque $9 + 4 = 13$.

¿**Estás de acuerdo** o **no estás de acuerdo** con Sam?

Estoy de acuerdo.   **No estoy de acuerdo.**

☆ **Práctica** ☆
independiente
☆

Encierra en un círculo tu repuesta. Usa dibujos, palabras o ecuaciones para explicarla.

2. Hay 14 uvas en un tazón. 9 son verdes y el resto son moradas. ¿Cuántas son moradas?

Esteban dice que 6 uvas son moradas porque $9 + 6 = 14$. **¿Estás de acuerdo** o **no estás de acuerdo** con Esteban?

Estoy de acuerdo.   **No estoy de acuerdo.**

3. Hay 11 naranjas en una bolsa. Se cayeron 8 naranjas de la bolsa.
¿Cuántas naranjas quedan en la bolsa?

María dice que quedan 3 naranjas porque $11 - 3 = 8$. **¿Estás de acuerdo** o **no estás de acuerdo** con María?

Estoy de acuerdo.   **No estoy de acuerdo.**

Resolución de problemas

Los floreros Lola tiene 15 rosas. Quiere poner algunas en un florero rojo y otras en un florero azul.

Lola resolvió el problema. Contesta las siguientes preguntas sobre su razonamiento. Usa dibujos, palabras o ecuaciones para explicarlo.

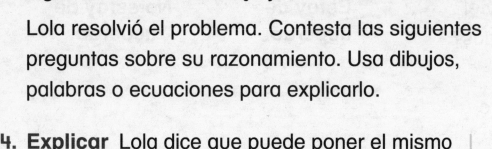

4. **Explicar** Lola dice que puede poner el mismo número de rosas en cada florero. Dice que puede escribir una suma de dobles para representar las flores del florero azul y del rojo. ¿Estás de acuerdo? Explícalo.

_____

_____

_____

_____

5. **Representar** ¿Cómo podría Lola haber usado palabras o dibujos para mostrar el problema?

_____

_____

_____

_____

Nombre _____

Ayuda   Herramientas   Juegos

Tarea y práctica 3-10
Evaluar el razonamiento

¡Revisemos! Lidia tiene 10 monedas de 1¢. Javi tiene 8 monedas de 1¢. Carla dice que Javi tiene 2 monedas de 1¢ menos que Lidia porque $10 - 8 = 2$.

¿Estás de acuerdo con Carla?

Lidia ○○○○○○○○○○

Javi ○○○○○○○○

$$10 - 8 = 2$$

Usé un dibujo y una ecuación para mostrar que Carla tiene razón. Javi tiene 2 monedas de 1¢ menos que Lidia. Estoy de acuerdo con Carla.

ACTIVIDAD PARA EL HOGAR
Tome turnos con su niño(a) para escribir problemas de suma con números de un solo dígito. Muestren el uno al otro cómo resolver el problema usando objetos o dibujos. Cometa errores en algunos de los problemas y rete a su niño(a) a encontrar los errores y los aciertos en los problemas.

Encierra en un círculo tu respuesta. Usa dibujos, palabras o ecuaciones para explicarla.

1. Ana dice que $7 + 4$ es igual a $3 + 9$ porque las dos sumas son iguales a 11. ¿**Estás de acuerdo** o **no estás de acuerdo** con Ana?

Estoy de acuerdo.

No estoy de acuerdo.

Tema 3 | Lección 10   Recursos digitales en SavvasRealize.com   doscientos trece **213**

Los pájaros

9 pájaros están parados en una cerca.
Llegan algunos pájaros más. Ahora hay
18 pajaros en la cerca. ¿Cuántos pájaros
más llegaron a la cerca?

Max resolvió el problema. Contesta las siguientes
preguntas sobre su razonamiento. Usa dibujos,
palabras o ecuaciones para explicarlo.

2. **Explicar** Max dice que puede usar
una suma de dobles para resolver este
problema. ¿Estás de acuerdo? Explícalo.

3. **Representar** ¿Cómo podría Max haber
usado palabras o dibujos para mostrar
el problema?

Actividad de práctica de fluidez

Trabaja con un compañero. Necesitan papel y lápiz. Cada uno escoge un color diferente: celeste o azul.

El Compañero 1 y el Compañero 2 apuntan a uno de sus números negros al mismo tiempo y suman los números.

Si la respuesta está en el color que escogiste, puedes anotar una marca de conteo. Sigan la actividad hasta que uno de los compañeros tenga doce marcas de conteo.

Puedo...
sumar y restar hasta 10.

Compañero 1

2
0
3
1
4
2

3	7	4	10	9	2
5	1	0	8	3	6

Compañero 2

4
6
5
0
1
2

Marcas de conteo Compañero 1

Marcas de conteo Compañero 2

TEMA 3 | Repaso del vocabulario

Glosario

Lista de palabras
- recta numérica vacía
- suma de dobles más 1
- suma de dobles más 2
- todo

Comprender el vocabulario

1. Encierra en un círculo
Verdadero o **Falso.**

$10 + 5 = 15$ es una suma de dobles más 1.

Verdadero   Falso

2. Encierra en un círculo
Verdadero o **Falso.**

En esta ecuación 8 es el todo.

$$10 + 8 = 18$$

Verdadero   Falso

3. Escribe una suma de dobles más 1.

4. Escribe una suma de dobles más 2.

5. Muestra 15 en la recta numérica vacía.

⟵―――――――――⟶

Usar el vocabulario al escribir

6. ¿Cómo puedes usar una suma de dobles para ayudarte a resolver $7 + 8 = 15$? Explícalo.

216 doscientos dieciséis

Nombre _____

Grupo A _____

Puedes usar una recta numérica vacía para resolver una ecuación de suma. Kara tiene 10 monedas. Su amiga le da 8 monedas más. ¿Cuántas monedas tiene Kara ahora?

$$10 + 8 = \underline{\ ?\ }$$

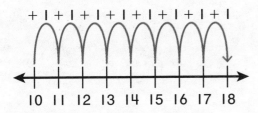

$$10 + 8 = \underline{18}$$

Ahora, Kara tiene __18__ monedas.

Refuerzo

Usa una recta numérica vacía para resolver el problema. Muestra tu trabajo.

1. Carmen recicla algunas latas el lunes y 4 latas el martes. Recicla 13 latas en total. ¿Cuántas latas recicló Carmen el lunes?

_____ latas

Grupo B _____

Una suma de dobles más 1 es una suma de dobles y 1 más.

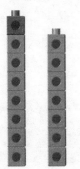

$$\begin{array}{r} 8 \\ +7 \\ \hline ? \end{array} \qquad \begin{array}{r} 8 \\ +7 \\ \hline \boxed{15} \end{array}$$

$7 + 7 = 14.$

14 más 1 son 15.

Suma los dobles. Luego, usa la suma de dobles para ayudarte a sumar 1 más.

2. $\begin{array}{r} 5 \\ +5 \\ \hline \square \end{array} \qquad \begin{array}{r} 6 \\ +5 \\ \hline \square \end{array}$

3. $\begin{array}{r} 8 \\ +8 \\ \hline \square \end{array} \qquad \begin{array}{r} 8 \\ +9 \\ \hline \square \end{array}$

Grupo C

Una suma de dobles más 2 es una suma de dobles y 2 más.

$$9 \\ +7 \\ \overline{?}$$

$$9 \\ +7 \\ \overline{\boxed{16}}$$

7 + 7 = 14.

14 más 2 son 16.

Suma los dobles. Luego, usa la suma de dobles para ayudarte a sumar 2 más.

4.
$$5 \\ +5 \\ \overline{\square}$$

$$7 \\ +5 \\ \overline{\square}$$

5.
$$6 \\ +6 \\ \overline{\square}$$

$$8 \\ +6 \\ \overline{\square}$$

Grupo D

Puedes formar 10 para sumar.

$$8 \\ +6 \\ \overline{?}$$

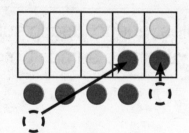

10   por tanto   8

$$10 \\ +4 \\ \overline{\boxed{14}}$$

$$8 \\ +6 \\ \overline{\boxed{14}}$$

Forma 10 para sumar. Dibuja fichas en el marco de 10 para ayudarte.

6.
$$7 \\ +8 \\ \overline{?}$$

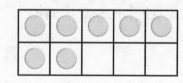

10   por tanto   7

$$10 \\ +5 \\ \overline{\square}$$

$$7 \\ +8 \\ \overline{\square}$$

Nombre _____

Grupo E

Puedes escoger diferentes maneras de sumar.

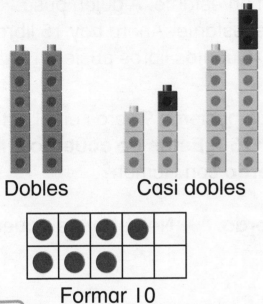

Dobles   Casi dobles

Formar 10

Refuerzo
(continuación)

Halla cada suma. Encierra en un círculo la estrategia que usaste.

7.   8
    + 4
    ☐

Dobles   Formar 10

Casi dobles   A mi manera

8.   7
    + 8
    ☐

Dobles   Formar 10

Casi dobles   A mi manera

Grupo F

Puedes escribir una ecuación para ayudarte a resolver problemas de suma.
Saúl jugó 8 partidos de futbol.
Randy jugó 3 partidos más que Saúl.
¿En cuántos partidos jugó Randy?

Randy jugó en ____ partidos de fubol.

Escribe una ecuación para resolver el problema.

9. Lesli tiene 8 lápices. Tiene 9 lápices menos que Melisa. ¿Cuántos lápices tiene Melisa?

Melisa tiene ____ lápices.

Hábitos de razonamiento

Evaluar el razonamiento

¿Qué preguntas puedo hacer para entender el razonamiento de otros?

¿Hay errores en el razonamiento de otros?

¿Puedo mejorar el razonamiento de otros?

Encierra en un círculo tu respuesta. Usa dibujos, palabras o ecuaciones para explicarla.

10. Hay 6 libros en un estante. Alguien puso más libros en el estante. Ahora hay 15 libros en el estante. ¿Cuántos libros pusieron en el estante?

Ramón dice que pusieron 9 libros en el estante porque $6 + 9 = 15$. ¿**Estás de acuerdo** o **no estás de acuerdo** con Ramón?

Estoy de acuerdo.   **No estoy de acuerdo.**

Nombre ______________________________

TEMA 3

Evaluación

1. Fer tiene 7 aviones de papel.
Hace 9 más.
¿Cuántos aviones de papel
hizo Fer en total?

Ⓐ 18

Ⓑ 17

Ⓒ 16

Ⓓ 15

2. Marta tiene 7 canicas rojas
y tiene 8 canicas azules.
¿Cuántas cánicas tiene
Marta en total?

Ⓐ 14

Ⓑ 15

Ⓒ 16

Ⓓ 17

3. Usa la recta numérica vacía. Muestra cómo contar hacia adelante para hallar la suma.

$7 + 9 =$ ____

4. ¿Es cada una de las siguientes sumas una suma de dobles? Rellena el círculo de **Sí** o **No**.

$4 + 5 = 9$ ○ Sí   ○ No

$10 + 5 = 15$ ○ Sí   ○ No

$7 + 7 = 14$ ○ Sí   ○ No

$10 + 10 = 20$ ○ Sí   ○ No

5. Hay 8 pájaros en un árbol.
9 pájaros más se les unen.
¿Cuántos pájaros hay en el árbol ahora?
Escribe una ecuación para resolver el problema.

_____ ○ _____ = _____ pájaros

6. Gloria tiene 7 lápices amarillos y 9 lápices rojos.
¿Cuántos lápices tiene Gloria en total?
Selecciona todas las estrategias que pueden ayudarte a resolver el problema.

☐ Dobles más 1

☐ Formar 10

☐ Dobles más 2

☐ A mi manera

Piensa en las estrategias que ya has aprendido.

Nombre _____

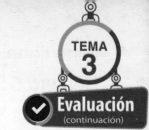

7. Nina hornea 8 panes de maíz el martes y 8 el miércoles. ¿Cuántos panes de maíz horneó Nina en total?

¿Qué recta numérica muestra el problema?

Ⓐ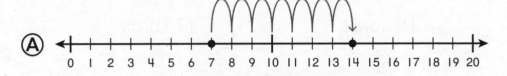

Ⓑ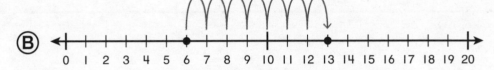

Ⓒ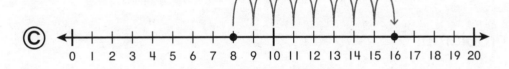

Ⓓ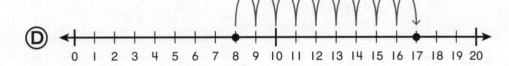

8. Sandy hace 9 pulseras. Luego, hace otras 5 pulseras. ¿Cuántas pulseras tiene Sandy ahora?

Resuelve el problema. Explica la estrategia que usaste.

9. Mino tiene 8 libros.

Compra 5 libros más.

¿Cuántos libros tiene

Mino en total?

Forma 10 para sumar.

11 libros	13 libros	15 libros	17 libros
Ⓐ	Ⓑ	Ⓒ	Ⓓ

---

10. Miriam tiene 8 bufandas más que Lucy.

Lucy tiene 8 bufandas.

¿Cuántas bufandas tiene Miriam?

Escribe una ecuación para resolver el problema.

_____ + _____ = _____   _____ bufandas

---

11. Había 19 limones sobre la mesa. 10 se
cayeron al piso. Nico dice que quedaron
9 limones sobre la mesa.

¿Estás de acuerdo o **no estás de acuerdo**
con el razonamiento de Nico? Usa dibujos,
palabras o ecuaciones para explicarlo.

Estoy de acuerdo.   No estoy de acuerdo.

Nombre _____

Récord de lectura de Rogelio
¡A Rogelio le encanta leer!
La tabla muestra cuántos libros ha leído
en 6 meses.

Lectura de Rogelio	
Mes	Número de libros
Enero	9
Febrero	7
Marzo	6
Abril	8
Mayo	5
Junio	8

1. ¿Cuántos libros leyó Rogelio en total en abril y en junio? Escribe una ecuación para resolver el problema?

_____ + _____ = _____

_____ libros

2. Rogelio leyó 4 libros más en julio que en enero. ¿Cuántos libros leyó en julio? Haz un dibujo para resolver el problema y escribe una ecuación para representarlo.

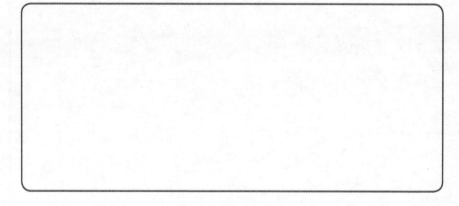

_____ + _____ = _____

Leyó _____ libros en julio.

3. En febrero, Tere y Rogelio leyeron 15 libros en total. ¿Cuántos libros leyó Tere en febrero?

Explica la estrategia que usaste para resolver el problema.

_____

_____

_____

_____

_____ libros

4. Sara leyó 8 libros en marzo. Dice que leyó 2 libros menos de los que leyó Rogelio en marzo.

¿Estás de acuerdo o **no estás de acuerdo** con Sara?

Encierra en un círculo tu respuesta. Usa dibujos, palabras o ecuaciones para explicarla.

Estoy de acuerdo.   **No estoy de acuerdo.**

Operaciones de resta hasta 20: Usar estrategias

Pregunta esencial: ¿Qué estrategias puedes usar cuando restas?

Durante el día, el sol parece moverse a través del cielo.

En la noche, el sol se va y aparecen la luna y las estrellas.

¿Por qué parece que se mueven los objetos en el cielo? ¡Hagamos este proyecto para aprender más!

Proyecto de Matemáticas y Ciencias: Patrones del día y de la noche

Investigar Habla con tu familia o tus amigos sobre el cambio del día a la noche en la Tierra. ¿Cómo se realiza el cambio del día a la noche al girar la Tierra?

Diario: Hacer un libro Dibuja el cielo de día y el cielo de noche. En tu libro, también:

• dibuja objetos que aparecen en el cielo durante el día y la noche.

• escribe problemas de resta sobre los objetos que hay en el cielo.

Nombre _____

Repasa lo que sabes

A-Z Vocabulario

1. Encierra en un círculo el número que es 4 **menos** que 8.

   10

   6

   4

   0

2. Encierra en un círculo la **suma de dobles más 1**.

   $3 + 7 = 10$

   $8 + 0 = 8$

   $3 + 4 = 7$

   $6 + 6 = 12$

3. Encierra en un círculo la **suma de dobles más 2**.

   $4 + 5 = 9$

   $3 + 5 = 8$

   $2 + 5 = 7$

   $2 + 2 = 4$

Cuentos sobre resta

4. Marisa tiene 6 peces dorados. Le da 3 a Nora.

   ¿Cuántos peces dorados tiene Marisa ahora?

   Escribe una ecuación para mostrar la diferencia.

   ____ − ____ = ____

5. Carmen tiene 7 estampillas. Le da 2 a Jaime.

   ¿Cuántas estampillas tiene Carmen ahora?

   Escribe una ecuación para mostrar la diferencia.

   ____ − ____ = ____

Las partes y el todo

6. Escribe las partes y el todo para $9 - 1 = 8$.

   Todo: ____

   Parte: ____

   Parte: ____

Mis tarjetas de palabras

Estudia las palabras de las tarjetas.
Completa la actividad que está al reverso.

A-Z
Glosario

operaciones relacionadas

$2 + 3 = 5$

$5 - 2 = 3$

familia de operaciones

$3 + 5 = 8$
$5 + 3 = 8$
$8 - 3 = 5$
$8 - 5 = 3$

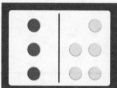

Mis tarjetas de palabras

Usa lo que sabes para completar las oraciones. Para ampliar lo que aprendiste, escribe tu propia oración usando cada palabra.

A un grupo de operaciones de suma y resta relacionadas se le llama

_____

_____.

Si una operación de resta y una operación de suma tienen el mismo todo y las mismas partes, se les llama

_____

_____.

Nombre _____

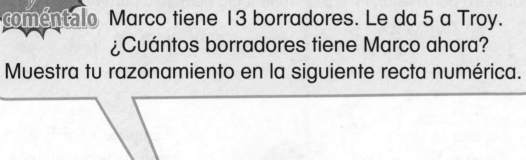

Resuélvelo y coméntalo

Marco tiene 13 borradores. Le da 5 a Troy.
¿Cuántos borradores tiene Marco ahora?
Muestra tu razonamiento en la siguiente recta numérica.

Puedo…
restar usando una recta numérica.

También puedo
usar herramientas matemáticas correctamente.

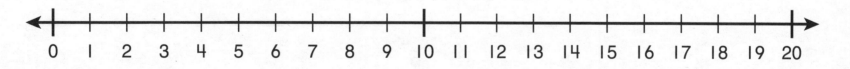

0 1 2 3 4 5 6 7 8 9 10 11 12 13 14 15 16 17 18 19 20

Marco tiene _____ borradores ahora.

Puedes contar hacia atrás o contar hacia adelante para restar.

Vamos a intentarlo con 11 − 5.

Puedes contar hacia atrás en la recta numérica para restar 11 − 5.

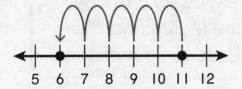

Empiezo en el 11 y cuento 5 hacia atrás.

11 − 5 = 6

También puedes contar hacia adelante en una recta numérica para restar 11 − 5.

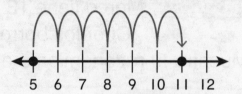

Empiezo en el 5 y cuento 6 hacia adelante hasta llegar al 11.

5 + 6 = 11; por tanto, 11 − 5 = 6.

¿Lo entiendes?

¡Demuéstralo! ¿Cómo puedes usar una recta numérica para resolver 9 − 5?

☆ Práctica guiada ☆

Usa la recta numérica para contar hacia atrás o hacia adelante y hallar la diferencia.

1. $11 - 3 = \underline{8}$

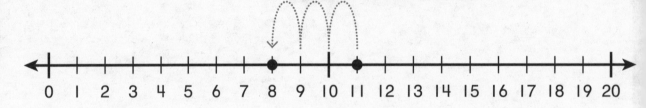

2. $\underline{} = 15 - 6$

☆ **Práctica** ☆
independiente
☆
Usa la recta numérica para contar hacia atrás o hacia adelante y hallar la diferencia. Muestra tu trabajo.

3. $11 - 6 =$ _____

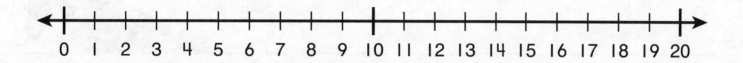

4. _____ $= 7 - 7$

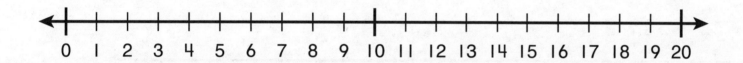

5. $15 -$ _____ $= 7$

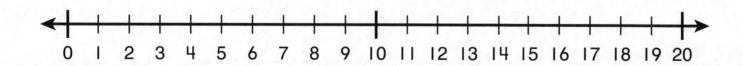

6. **Usar herramientas** David halla la respuesta de 16 − 7 en una recta numérica. Escribe el número en el que empezó. Escribe cuántos números contó hacia atrás. Luego, escribe la diferencia.

¿Por qué una recta numérica es una buena herramienta para restar?

Empezó en ____.

Contó hacia atrás ____.

16 − 7 = ____

7. **Razonamiento de orden superior** Juanita dibujó 14 ranas. Adam dibujó 6 ranas. ¿Cuántas ranas más que Adam dibujó Juanita? Usa la recta numérica para mostrar cómo contaste hacia adelante o hacia atrás para resolver el problema. Luego, escribe una ecuación que muestre el problema.

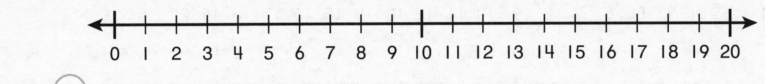

____ ◯ ____ = ____

8. ✓**Evaluación** Usa la recta numérica para hallar la diferencia. Muestra tu trabajo.

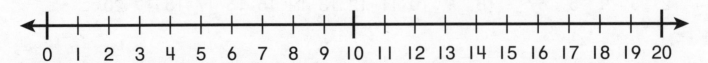

15 − 9 = ____

Nombre _____

¡Revisemos! Puedes contar hacia atrás en una recta numérica para restar.

$$12 - 5 = ?$$

Empieza en el número del que estás restando.
Cuenta hacia atrás el número que estás restando.

> Empecé en el 12, conté 5 hacia atrás y terminé en el 7.

ACTIVIDAD PARA EL HOGAR
Dibuje una recta numérica con números del 0 al 20. Dígale a su niño(a) una resta como $11 - 4$. Pregúntele: "¿Cómo puedes contar hacia atrás para restar?". Pídale que use la recta numérica para contar hacia atrás y así restar $11 - 4$. Repita la actividad con otras restas.

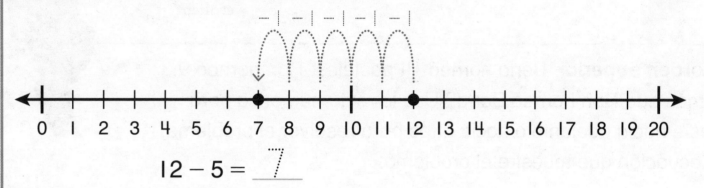

$$12 - 5 = \underline{7}$$

> Usa la recta numérica para contar hacia atrás o hacia adelante y hallar la diferencia.

1. $13 - 8 = $ _____

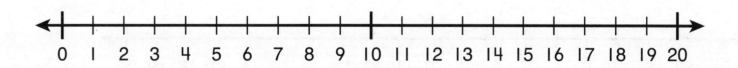

Resuelve los siguientes problemas.

2. **Entender** Pilar halla $11 - 4$ en una recta numérica. ¿En qué número empezó a contar? ¿Cuántos números contó hacia atrás? Luego, escribe la diferencia.

Empezó en _____.

Contó hacia atrás _____.

$11 - 4 =$ _____

¿Cómo puedes asegurarte que tu solución tiene sentido?

3. **Razonamiento de orden superior** Berta horneó 14 pasteles. Ron horneó 9. ¿Cuántos pasteles más que Ron horneó Berta? Usa la recta numérica para mostrar cómo contaste hacia adelante o hacia atrás para resolver el problema. Luego, escribe una ecuación que muestre el problema.

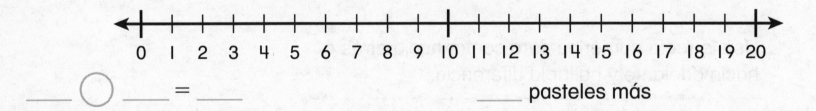

_____ ◯ _____ = _____   _____ pasteles más

4. ✓**Evaluación** Usa la recta numérica para hallar la diferencia. Muestra tu trabajo.

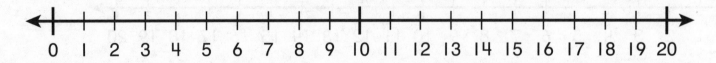

$13 - 8 =$ _____

     Tema 4 | Lección 1

Nombre ______________________________

Resuélvelo y coméntalo

¿Cómo el pensar en 10 te ayuda a hallar la respuesta de la operación de resta 13 − 7?

Lección 4-2

Formar 10 para restar

Puedo...
hacer la resta más fácil si formo 10.

También puedo
construir argumentos matemáticos.

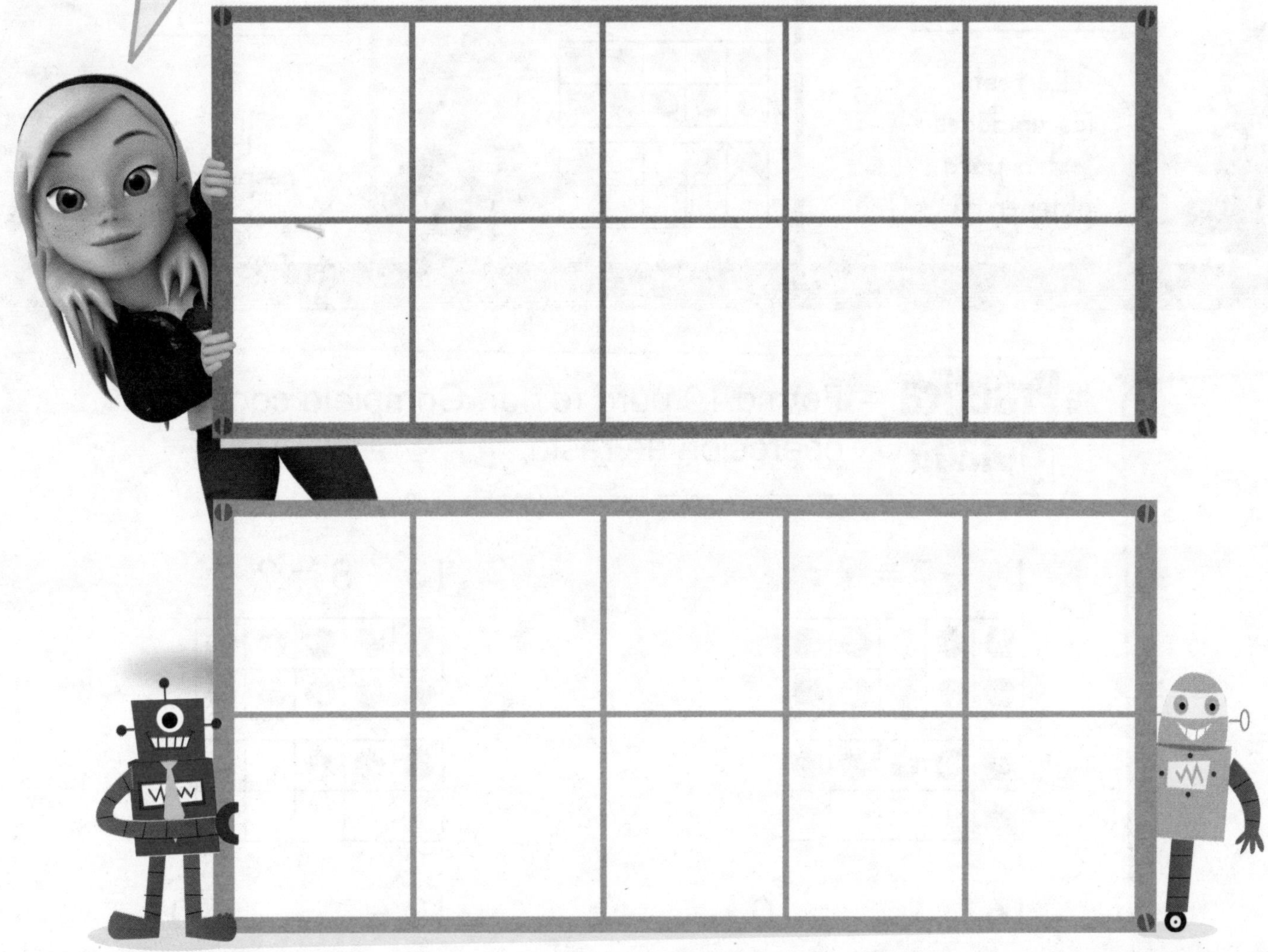

___ − ___ = ___

Aprende   Glosario

Puedes formar 10 para ayudarte a restar. $12 - 5 = ?$ 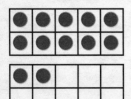 Empiezo con 12.	Réstale 2 para obtener 10. 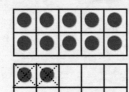 Le resto las unidades extra para obtener 10.	Réstale 3 más porque $5 = 2 + 3.$ En total le resté 5. 	Quedan 7. 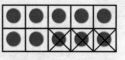  ¡La respuesta es 7!

¿Lo entiendes?

¡Demuéstralo! ¿Cómo el hallar $14 - 4$ te ayuda a hallar $14 - 6$?

☆ Práctica guiada ☆

Forma 10 para restar. Completa cada operación de resta.

1. $16 - 7 = ?$

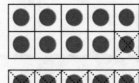
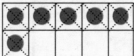

$16 - \underline{6} = 10$

$10 - \underline{1} = \underline{9}$

Por tanto, $16 - 7 = \underline{9}$.

2. $13 - 8 = ?$

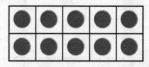
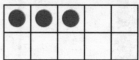

$13 - \underline{} = 10$

$10 - \underline{} = \underline{}$

Por tanto, $13 - 8 = \underline{}$.

Práctica independiente

Forma 10 para restar. Completa cada operación de resta.

3.
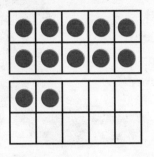

12 − 4 = _____

4.
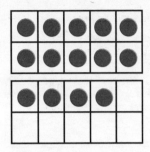

14 − 6 = _____

5.
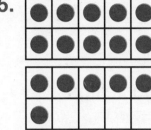

16 − 9 = _____

6.
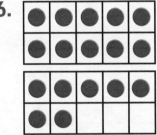

17 − 8 = _____

7.
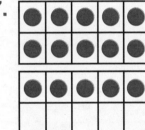

15 − 7 = _____

8.
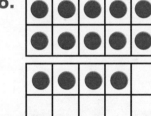

14 − 9 = _____

Dibuja fichas en los marcos de 10 para mostrar tu trabajo.

9. **Sentido numérico** Muestra cómo puedes formar 10

para hallar 13 − 6.

13 − 6 = _____

10. Usar herramientas Aldo hornea 12 pastelitos. Sus amigos se comen 6. ¿Cuántos pastelitos quedan? Forma 10 para restar.

$12 -$ ____ $= 10$

$10 -$ ____ $=$ ____

____ pastelitos

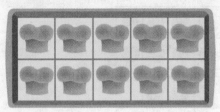

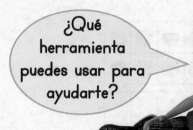

¿Qué herramienta puedes usar para ayudarte?

11. Razonamiento de orden superior Sam forma 10 para resolver $12 - 5$ y cambia el problema a $12 - 2 - 3$. ¿Cómo forma 10?

_____

_____

_____

12. ✓Evaluación Une con una línea cada par de marcos de 10 con el par de ecuaciones que muestran cómo resolver el problema formando 10.

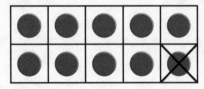

$12 - 2 = 10, 10 - 2 = 8$

$12 - 3 = 9, 9 - 1 = 8$

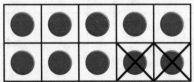
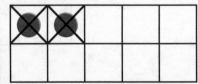

$18 - 8 = 10, 10 - 1 = 9$

$18 - 8 = 10, 10 - 2 = 8$

Nombre _____

Ayuda   Herramientas   Juegos

Tarea y práctica
4-2

Formar 10 para restar

¡Revisemos! Descomponer los números para formar 10 puede hacer que restar sea más fácil.

$13 - 4 = ?$

Primero, quita 3 para formar 10.

Luego, quita 1 más porque necesitas restar 4 en total.

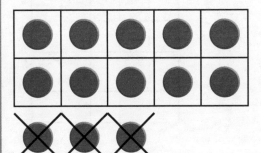

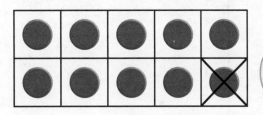

$13 - 3 = \underline{10}$

$10 - 1 = \underline{9}$

13 − 4 es igual a 13 − 3 − 1.

$13 - 4 = \underline{9}$

ACTIVIDAD PARA EL HOGAR
Escriba $12 - 7 = ?$ en una hoja. Pídale a su niño(a) que use objetos pequeños para hallar la diferencia. Dígale que forme 10 para restar, ya sea sumando para obtener 10 o restando para obtener 10. Pídale que le explique cada paso del proceso mientras va resolviendo el problema.

Forma 10 para restar. Completa cada operación de resta.

1.
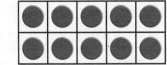
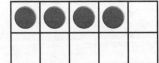

$14 - 5 = \underline{}$

2.

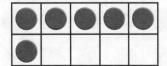

$16 - 7 = \underline{}$

3.
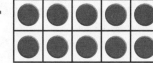
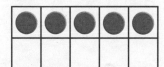

$15 - 8 = \underline{}$

Tema 4 | Lección 2   **Recursos digitales en SavvasRealize.com**   doscientos cuarenta y uno **241**

Forma 10 para ayudarte a hallar el número que falta en cada problema.

4. Álgebra

$5 = 12 -$ _____

5. Álgebra

_____ $- 6 = 8$

6. Álgebra

$15 -$ _____ $= 7$

7. Razonamiento de orden superior

Escribe un problema-cuento para $15 - 6$. Muestra cómo formar 10 para resolver el problema. Luego, completa la ecuación.

$15 - 6 =$ _____

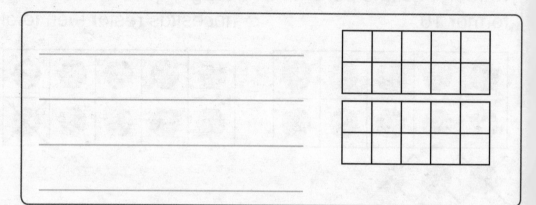

8. ✅ **Evaluación** Une con una línea cada par de marcos de 10 con el par de ecuaciones que muestran cómo resolver el problema formando 10.

$17 - 7 = 10, 10 - 2 = 8$

$12 - 2 = 10, 10 - 4 = 6$

$12 - 2 = 10, 10 - 5 = 5$

$17 - 8 = 9, 9 - 1 = 8$

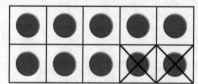

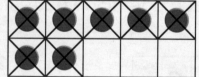

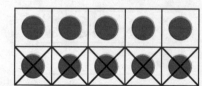

Nombre _____

Resuélvelo y coméntalo

Emily contó hacia adelante para hallar 11 − 7 y formó 10 mientras contaba. Usa fichas y los marcos de 10 para explicar lo que hizo Emily.

Lección 4-3

Más sobre formar 10 para restar

Puedo...

contar hacia adelante para restar usando el 10 como referencia.

También puedo

construir argumentos matemáticos.

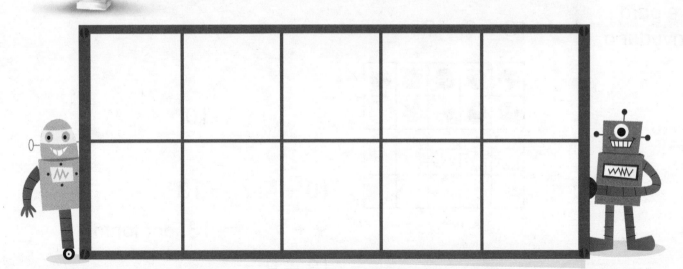

$$11 - 7 = \underline{\quad}$$

Contar hacia adelante para formar 10 te puede ayudar a restar.

$14 - 6 = \underline{?}$

Empiezo con 6.

Súmale 4 para formar 10.

$6 + \underline{4} = 10$

Le sumo 4 a 6 para formar 10.

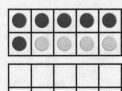

Súmale 4 más para formar 14.

$10 + \underline{4} = 14$

¿Cuántos contaste hacia adelante?

$6 + \underline{4} + \underline{4} = 14$

$6 + \underline{8} = 14$

Le sumé 8 a 6 para formar 14. Por tanto, $14 - 6 = 8$.

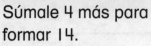 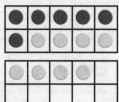

¿Lo entiendes?

¡Demuéstralo! ¿Cómo el contar hacia adelante para formar 10 te puede ayudar a resolver $15 - 8$?

Práctica guiada

Resta. Cuenta hacia adelante para formar 10. Completa las operaciones.

1. $13 - 9 = ?$

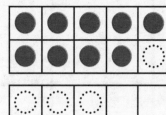

$9 + \underline{1} = 10$

$10 + \underline{3} = 13$

$9 + \underline{} = 13$, por tanto,

$13 - 9 = \underline{}$.

Nombre _____

☆ Práctica ☆ independiente

Resta. Cuenta hacia adelante para formar 10. Muestra tu trabajo.

2.

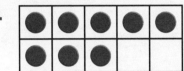

8 + ____ = 10

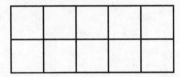

10 + ____ = 12

8 + ____ = 12; por tanto, 12 − 8 = ____.

3.

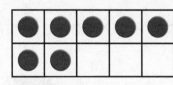

7 + ____ = 10

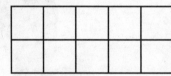

10 + ____ = 15

7 + ____ = 15; por tanto, 15 − 7 = ____.

4.

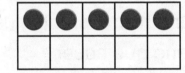

5 + ____ = 10

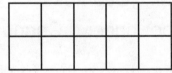

10 + ____ = 14

5 + ____ = 14; por tanto, 14 − 5 = ____.

5.

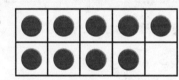

9 + ____ = 10

10 + ____ = 16

9 + ____ = 16; por tanto, 16 − 9 = ____.

6. Matemáticas y Ciencias Rosi tuvo que observar el amanecer y el atardecer por 13 días. Rosi observó el amanecer 5 días. ¿Cuántos días observó el atardecer? Forma 10 para ayudarte a resolver el problema.

5 + ____ = 10

10 + ____ = 13

5 + ____ = 13; por tanto, 13 − 5 = ____.

7. Entender Sonia tiene 13 calcomanías.

Le da 7 a su hermanito.

¿Cuántas calcomanías le quedan a Sonia?

¿Cuál es mi plan para resolver el problema?

A Sonia le quedan _____ calcomanías.

---

8. Razonamiento de orden superior
Colin tiene 12 juguetes. Regala 9.
¿Cuántos juguetes le quedan?

Forma 10 para resolver el problema.
Muestra tu trabajo.

_____ ◯ _____ = _____

A Colin le quedan _____ juguetes.

9. ✓**Evaluación** Chana hizo 7 problemas de matemáticas. Tiene que hacer 16 problemas en total. ¿Cuántos problemas le faltan por hacer a Chana?

¿Qué ecuaciones muestran cómo formar 10 para resolver el problema?

Ⓐ $16 - 7 = 9$

Ⓑ $7 + 3 = 10, 10 + 6 = 16$

Ⓒ $7 + 3 = 10, 10 + 7 = 17$

Ⓓ $9 + 7 = 16$

Nombre _____

Ayuda   Herramientas   Juegos

Tarea y práctica
4-3
Más sobre formar
10 para restar

¡Revisemos! Sumar hacia adelante para formar 10 te puede ayudar a restar.

$16 - 7 = ?$

Sumaste 3 y luego 6 más.
Sumaste 9 en total.
Por tanto, $16 - 7 = \underline{9}$.

Empiezo con 7.

Le sumo 3 para formar 10.

Luego, sumo 6 más para formar 16.

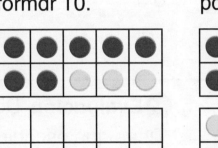

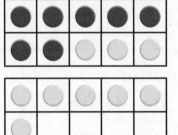

ACTIVIDAD PARA EL HOGAR
Dele a su niño(a) una operación de resta como $14 - 5$. Pregúntele cuánto tendría que sumarle a 5 para formar 10. Luego, pregúntele cuánto tendría que sumarle a 10 para formar 14. Pídale que le diga cuántos contó en total. Repita la actividad con otras operaciones de resta.

Resta. Cuenta hacia adelante para formar 10. Muestra tu trabajo.

1. $17 - 8 = ?$

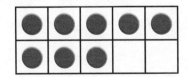

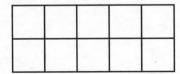

$8 + \underline{} = 10$

$8 + \underline{} = 17$; por tanto,

$10 + \underline{} = 17$

$17 - 8 = \underline{}$.

Resta. Cuenta hacia adelante para formar 10. Muestra tu trabajo.

2.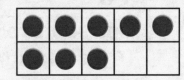

$8 +$ _____ $= 10$

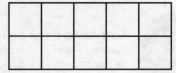

$10 +$ _____ $= 13$

$8 +$ _____ $= 13$; por tanto, $13 - 8 =$ _____.

3.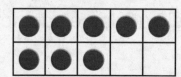

$8 +$ _____ $= 10$

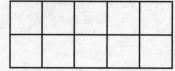

$10 +$ _____ $= 15$

$8 +$ _____ $= 15$; por tanto, $15 - 8 =$ _____.

4. Razonamiento de orden superior

Andrés paró 11 goles en 2 partidos de futbol. Paró 8 en el primer partido. ¿Cuántos goles paró en el segundo partido?

Forma 10 para resolver el problema. Muestra tu trabajo.

_____ ◯ _____ $=$ _____

Andrés paró _____ goles.

5. ✓Evaluación Dora escribió 5 páginas. Tiene que escribir 11 páginas en total. ¿Cuántas páginas le quedan por escribir?

¿Qué ecuaciones muestran cómo formar 10 para resolver el problema de Dora?

Ⓐ $5 + 5 = 10, 10 + 2 = 12$

Ⓑ $11 + 5 = 16$

Ⓒ $5 + 5 = 10, 10 + 1 = 11$

Ⓓ $10 + 5 = 15$

Nombre _____

Resuélvelo y coméntalo

¿Puedes escribir 2 operaciones de suma y 2 operaciones de resta que usen los números 8, 9 y 17? Usa cubos como ayuda.

Puedo...
hacer operaciones de suma y resta usando los mismos tres números.

También puedo
buscar patrones.

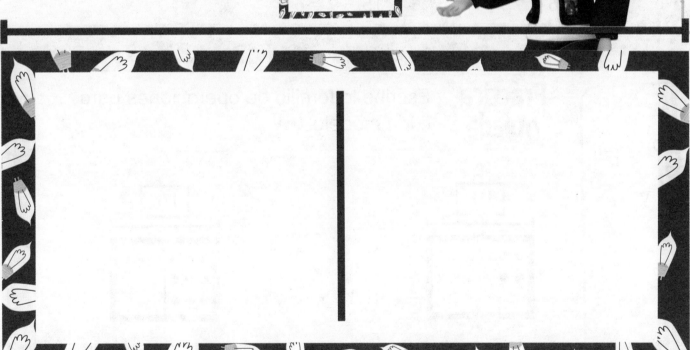

___ + ___ = ___   ___ − ___ = ___

___ + ___ = ___   ___ − ___ = ___

Escribe 2 operaciones de suma para este modelo.

$9 + 6 = 15$

| 15 |

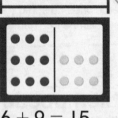

$6 + 9 = 15$

Suma las partes en cualquier orden.

También puedes escribir 2 operaciones de resta.

| 15 |

Resta una parte del todo.

$15 - 6 = 9$

Resta la otra parte del todo.

| 15 |

$15 - 9 = 6$

Estas son **operaciones relacionadas** que forman una **familia de operaciones.**

$9 + 6 = 15$
$6 + 9 = 15$
$15 - 6 = 9$
$15 - 9 = 6$

¿Lo entiendes?

¡Demuéstralo! ¿Cómo están relacionadas las operaciones $15 - 6 = 9$ y $15 - 9 = 6$?

☆ Práctica guiada ☆

Escribe la familia de operaciones para cada modelo.

1.

| 14 |

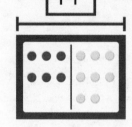

$14 = 6 + 8$

$14 = 8 + 6$

$8 = 14 - 6$

$6 = 14 - 8$

2.

| 16 |

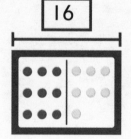

___ + ___ = ___

___ + ___ = ___

___ − ___ = ___

___ − ___ = ___

Nombre _____

Práctica independiente

Escribe la familia de operaciones para cada modelo.

3.

| 17 |
| 9 | 8 |

____ + ____ = ____

____ + ____ = ____

____ − ____ = ____

____ − ____ = ____

4.

| 13 |
| 7 | 6 |

____ = ____ + ____

____ = ____ + ____

____ = ____ − ____

____ = ____ − ____

5.

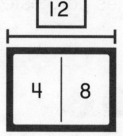

| 12 |
| 4 | 8 |

____ + ____ = ____

____ + ____ = ____

____ − ____ = ____

____ − ____ = ____

6. Sentido numérico ¿Son las siguientes operaciones una familia de operaciones? Explica tu respuesta.

$9 + 5 = 14$

$15 - 5 = 10$

$4 + 4 = 8$

$15 = 6 + 9$

¿Cuál es el todo? ¿Cuáles son las partes?

_____

_____

_____

_____

Tema 4 | Lección 4   doscientos cincuenta y uno **251**

7. Buscar patrones Pat ordenó las fichas de abajo. Escribe la familia de operaciones para este grupo de fichas.

____ = ____ + ____

____ = ____ + ____

____ = ____ − ____

____ = ____ − ____

8. Razonamiento de orden superior Escribe una ecuación para resolver el siguiente problema. Luego, escribe 3 operaciones relacionadas para completar la familia de operaciones.

Tania tiene 8 calcomanías. Miguel le da 5 más. ¿Cuántas calcomanías tiene Tania en total? ____ calcomanías

____ ◯ ____ = ____

____ ◯ ____ = ____

____ ◯ ____ = ____

____ ◯ ____ = ____

9. ✅ Evaluación Escribe una familia de operaciones que represente el dibujo de los robots amarillos y verdes.

____ + ____ = ____

____ + ____ = ____

____ − ____ = ____

____ − ____ = ____

Tarea y práctica
4-4
Familias de operaciones

¡Revisemos! Puedes usar modelos para hacer familias de operaciones.

| 17 |

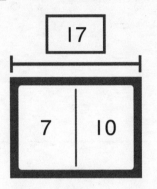

| 7 | 10 |

$7 + 10 = 17$
$10 + 7 = 17$
$17 - 10 = 7$
$17 - 7 = 10$

| 15 |

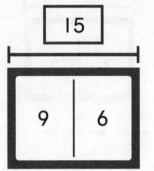

| 9 | 6 |

$9 + 6 = 15$
$6 + 9 = 15$
$15 - 6 = 9$
$15 - 9 = 6$

Las familias de operaciones usan los mismos números.

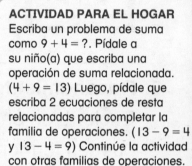

ACTIVIDAD PARA EL HOGAR
Escriba un problema de suma como $9 + 4 = ?$. Pídale a su niño(a) que escriba una operación de suma relacionada. ($4 + 9 = 13$) Luego, pídale que escriba 2 ecuaciones de resta relacionadas para completar la familia de operaciones. ($13 - 9 = 4$ y $13 - 4 = 9$) Continúe la actividad con otras familias de operaciones.

Escribe la familia de operaciones para cada modelo.

1.

| 18 |

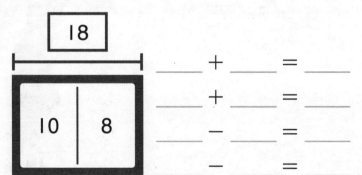

| 10 | 8 |

___ + ___ = ___
___ + ___ = ___
___ − ___ = ___
___ − ___ = ___

2.

| 14 |

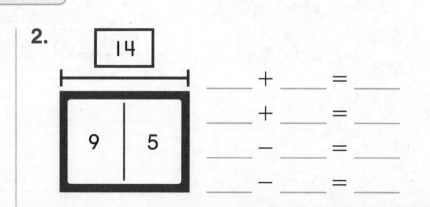

| 9 | 5 |

___ + ___ = ___
___ + ___ = ___
___ − ___ = ___
___ − ___ = ___

Escribe la familia de operaciones para cada modelo.

3.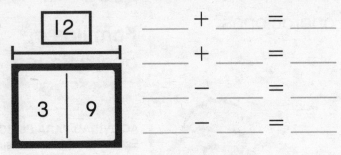

12
3	9

_____ + _____ = _____

_____ + _____ = _____

_____ − _____ = _____

_____ − _____ = _____

4.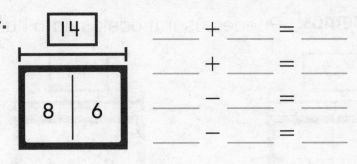

14
8	6

_____ + _____ = _____

_____ + _____ = _____

_____ − _____ = _____

_____ − _____ = _____

5. Razonamiento de orden superior
Encierra en un círculo 3 números que pueden formar una familia de operaciones. Escribe la familia de operaciones.

5   7   8   4   13

_____ + _____ = _____

_____ + _____ = _____

_____ − _____ = _____

_____ − _____ = _____

6. ✅**Evaluación** Escribe una familia de operaciones que represente el dibujo.

¿Cómo puede la solución de un problema ayudarte a resolver otro problema?

_____ + _____ = _____   _____ − _____ = _____

_____ + _____ = _____   _____ − _____ = _____

Nombre _____

Resuélvelo y coméntalo

$12 - 9 = ?$

¿Cómo puedes usar una operación relacionada para ayudarte a hallar la diferencia? Escribe las operaciones relacionadas de suma y resta. Usa fichas como ayuda.

Puedo...
usar operaciones de suma para resolver operaciones de resta.

También puedo
representar con modelos matemáticos.

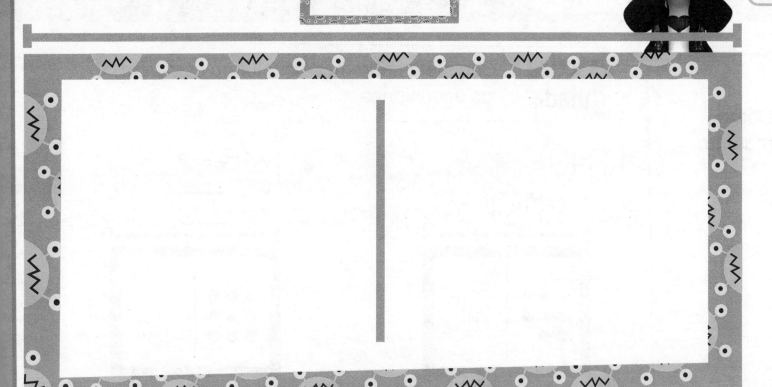

____ + ____ = ____   ____ − ____ = ____

$13 - 8 = ?$

Usa la suma para ayudarte a restar.

13

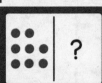

$8 + ? = 13$

¿Qué número le puedo sumar a 8 para formar 13?

Representa la operación de suma.

13

La parte que falta es 5.
$8 + 5 = 13$; por tanto,
$13 - 8 = 5$.

¿Lo entiendes?

¡Demuéstralo! ¿Cómo puedes usar la suma para resolver $16 - 9$?

☆ Práctica guiada ☆

Completa cada modelo y luego completa las ecuaciones.

1. $14 - 8 = ?$

14

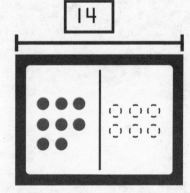

$8 + \underline{6} = 14$

$14 - 8 = \underline{6}$

2. $17 - 9 = ?$

17

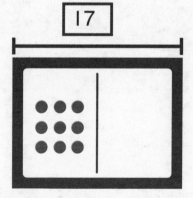

$9 + \underline{} = 17$

$17 - 9 = \underline{}$

☆ Práctica ☆ independiente

Completa cada modelo y luego completa las ecuaciones.

3. 13 − 9 = ?

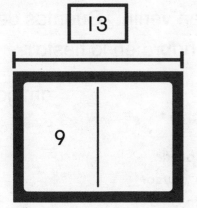

13

9

9 + ____ = 13

13 − 9 = ____

4. 20 − 10 = ?

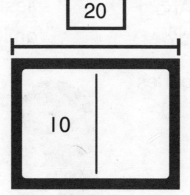

20

10

10 + ____ = 20

20 − 10 = ____

5. 15 − 7 = ?

15

7

7 + ____ = 15

15 − 7 = ____

Dibuja la figura que falta en cada problema.

6. Álgebra

Si ● + ■ = ▲ ,

entonces ▲ − ■ = ____ .

7. Álgebra

Si ▬ − ▮ = ▌ ,

entonces ____ + ▮ = ▬ .

Resolución de problemas

Escribe las operaciones relacionadas de suma y resta para ayudarte a resolver cada problema.

8. **Generalizar** Hay 17 partes de robots en una caja. Fred usa algunas partes. Ahora quedan 8. ¿Cuántas partes usó Fred?

_____ partes

_____ + _____ = _____

_____ − _____ = _____

9. **Generalizar** María invita a 10 amigos a su fiesta. 3 no pueden venir. ¿Cuántos de los amigos de María habrá en la fiesta?

_____ amigos

¿Cómo puede una solución ayudarte a resolver otro problema?

_____ + _____ = _____

_____ − _____ = _____

10. **Razonamiento de orden superior** Completa la ecuación de resta con 11. Luego, escribe una operación de suma relacionada que podrías usar para resolverla.

_____ + _____ = _____

11 − _____ = _____

11. **Evaluación** Escribe una operación de suma que te ayude a resolver la operación de resta.

$13 - 7 = ?$

_____ + _____ = _____

Nombre _____

Tarea y práctica 4-5

Usar la suma para restar

¡Revisemos! Puedes usar una operación de suma para ayudarte a resolver una operación de resta relacionada.

18 − 8 = ?

| 18 |

8 | 10

8 + 10 = 18
18 − 8 = 10

15 − 6 = ?

| 15 |

6 |

6 + _9_ = 15
15 − 6 = _9_

Completa cada modelo y luego completa las ecuaciones.

1. 11 − 6 = ?

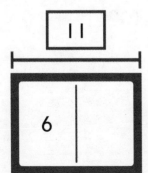

| 11 |

6 |

6 + ____ = 11
11 − 6 = ____

2. 12 − 9 = ?

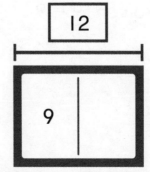

| 12 |

9 |

9 + ____ = 12
12 − 9 = ____

Completa cada modelo y luego completa las ecuaciones.

3. ¿Qué operación de suma puede hacer Amy para hallar 10 − 6?

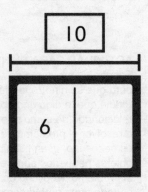

6 + _____ = 10

10 − 6 = _____

4. ¿Qué operación de suma puede hacer David para hallar 16 − 8?

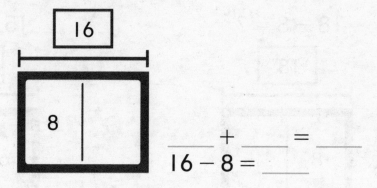

_____ + _____ = _____

16 − 8 = _____

5. **Razonamiento de orden superior** Dibuja la figura que falta.

Luego, explica cómo sabes que tu respuesta es correcta.

Si ⬭ + ◯ = △ ,

entonces △ − ⬭ = _____ .

_____

_____

_____

6. ✔**Evaluación** Escribe una operación de suma que te ayude a resolver 14 − 9.

_____ + _____ = _____

7. ✔**Evaluación** ¿Qué operación de suma te ayudará a resolver 18 − 10?

_____ + _____ = _____

Resuélvelo y coméntalo Completa las operaciones de resta. Usa las operaciones de suma de la derecha para ayudarte.

¿En qué se parecen las operaciones de resta y las operaciones de suma? ¿Qué partes son iguales?

Puedo...

usar operaciones de suma
para hallar el resultado de las
operaciones de resta.

También puedo
buscar cosas que se repiten.

$18 - 9 = \underline{}$

$17 - 9 = \underline{}$

$16 - 9 = \underline{}$

$9 + 9 = 18$

$9 + 8 = 17$

$9 + 7 = 16$

Para cada operación de resta, hay una operación de suma relacionada.

$$\begin{array}{r} 15 \\ -\ 7 \\ \hline \boxed{?} \end{array}$$

Puedes pensar en la suma para ayudarte a restar.

$$\begin{array}{r} 15 \\ -\ 7 \\ \hline \boxed{?} \end{array} \qquad \begin{array}{r} 7 \\ +\ \boxed{?} \\ \hline 15 \end{array}$$

Le sumo 8 a 7 para formar 15.

$$\begin{array}{r} 7 \\ +\ \boxed{8} \\ \hline 15 \end{array}$$

Si $7 + 8 = 15$, entonces $15 - 7 = 8$.

$$\begin{array}{r} 15 \\ -\ 7 \\ \hline \boxed{8} \end{array}$$

¿Lo entiendes?

¡Demuéstralo! ¿De qué manera la operación $6 + 9 = 15$ te ayuda a resolver $15 - 6$?

☆Práctica guiada☆

Completa la operación de suma. Luego, resuelve la operación de resta relacionada.

1.
$$\begin{array}{r} 9 \\ +\ \boxed{5} \\ \hline 14 \end{array} \qquad \begin{array}{r} 14 \\ -\ 9 \\ \hline \boxed{5} \end{array}$$

2.
$$\begin{array}{r} 10 \\ +\ \boxed{} \\ \hline 20 \end{array} \qquad \begin{array}{r} 20 \\ -\ 10 \\ \hline \boxed{} \end{array}$$

3.
$$\begin{array}{r} 7 \\ +\ \boxed{} \\ \hline 11 \end{array} \qquad \begin{array}{r} 11 \\ -\ 7 \\ \hline \boxed{} \end{array}$$

4.
$$\begin{array}{r} 8 \\ +\ \boxed{} \\ \hline 13 \end{array} \qquad \begin{array}{r} 13 \\ -\ 8 \\ \hline \boxed{} \end{array}$$

Herramientas Evaluación

☆ **Práctica** ☆ **independiente**

Piensa en la suma para resolver cada operación de resta.

5.   15
     − 8
     ☐

6.   18
     − 9
     ☐

7.   13
     − 9
     ☐

8.   11
     − 2
     ☐

9.   16
     − 7
     ☐

10.   14
      − 8
      ☐

11.   17
      − 7
      ☐

12.   12
      − 4
      ☐

Vocabulario Encierra en un círculo **Verdadero** o **Falso** para mostrar si las **operaciones relacionadas** son o no correctas.

13. Si $8 + 8 = 16$,

entonces $16 − 8 = 8$.

Verdadero   Falso

14. Si $7 + 6 = 13$,

entonces $16 − 7 = 3$.

Verdadero   Falso

Resolución de problemas

Escribe una operación relacionada de suma y otra de resta para ayudarte a resolver cada problema.

15. **Razonar** Samuel tiene algunos crayones. Se encontró 6 más. Ahora tiene 13 crayones. ¿Cuántos crayones tenía Samuel antes de encontrarse más?

¿Cómo se relacionan los números en el problema?

_____ + _____ = _____

_____ − _____ = _____

_____ crayones

16. **Razonamiento de orden superior**
Resuelve 13 − 4 usando la estrategia que prefieras. Usa dibujos, números o palabras para mostrar cómo lo resolviste.

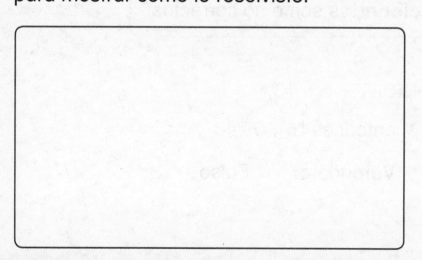

17. ✓ **Evaluación** Susana resuelve un problema de resta. Usa $8 + 6 = 14$ para ayudarse a resolverlo.

¿Qué problema relacionado de resta resolvió Susana?

Ⓐ $16 - 8 = 8$

Ⓑ $14 - 6 = 8$

Ⓒ $13 - 8 = 5$

Ⓓ $8 - 6 = 2$

Nombre _____

¡Revisemos! Puedes usar una operación relacionada de suma para ayudarte a restar.

8 − 5 = ?

Piensa: 5 + ? = 8

Puedes usar los cubos para sumar.

Si 5 + 3 = 8, entonces 8 − 5 = 3.

9 − 7 = ?

Si __7__ + __2__ = __9__,

entonces __9__ − __7__ = __2__.

ACTIVIDAD PARA EL HOGAR
Junte 15 monedas de 1¢ para usarlas como fichas. Invente un problema de resta y pida a su niño(a) que lo resuelva quitando algunas monedas. Pídale que le diga la ecuación de resta. Luego, pídale que le diga la ecuación relacionada de suma que le ayudó a resolver la resta.

Completa cada operación de suma.
Luego, resuelve cada operación de resta.

1. 16 − 7 = ?

Si 7 + _____ = 16,

entonces 16 − 7 = _____.

2. 14 − 6 = ?

Si 6 + _____ = 14,

entonces 14 − 6 = _____.

3. 17 − 8 = ?

Si 8 + _____ = 17,

entonces 17 − 8 = _____.

4. 13 − 7 = ?

Si 7 + _____ = 13,

entonces 13 − 7 = _____.

Escribe una operación relacionada de resta y otra de suma para ayudarte a resolver cada problema.

5. **Razonar** José tiene 12 lápices. Les dio algunos a sus amigos. Ahora tiene 7 lápices. ¿Cuántos lápices les dio José a sus amigos?

¿De qué manera el problema verbal me ayuda a entender lo que los números significan?

_____ + _____ = _____

_____ − _____ = _____   _____ lápices

6. **Razonamiento de orden superior**

Tu amigo te dice que puede usar la operación relacionada 4 + 7 = 11 para resolver 11 − 3. ¿Tiene razón tu amigo?

Explica tu respuesta.

_____

_____

_____

_____

7. **Evaluación** ¿Qué operación relacionada te ayuda a resolver 12 − 3 = ?

Ⓐ 10 + 3 = 13

Ⓑ 3 + 6 = 9

Ⓒ 2 + 10 = 12

Ⓓ 3 + 9 = 12

8. **Evaluación** ¿Qué operación relacionada te ayuda a resolver 17 − 7 = ?

Ⓐ 6 + 7 = 13

Ⓑ 7 + 8 = 15

Ⓒ 10 + 7 = 17

Ⓓ 10 + 4 = 14

Nombre _____

Escoge una estrategia para resolver el problema.

Lalo tiene 12 manzanas. Regala 6 manzanas. ¿Cuántas manzanas le quedan? Usa palabras, objetos o dibujos para explicar tu trabajo.

Resuelve

Puedo...
explicar las estrategias que uso para resolver problemas de resta.

También puedo
construir argumentos matemáticos.

_____ – _____ = _____

Hay diferentes maneras de resolver las operaciones de resta.

$10 - 3 = ?$

Puedes contar hacia adelante o hacia atrás para resolver las operaciones de resta.

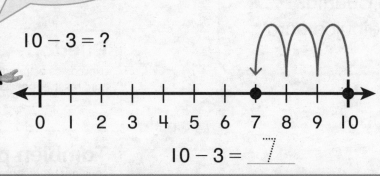

$10 - 3 = \underline{7}$

Puedes formar 10 para restar $12 - 8$.

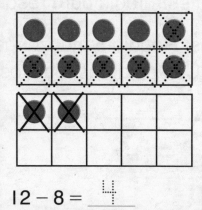

$12 - 8 = \underline{4}$

Puedes pensar en la suma para restar $14 - 6$.

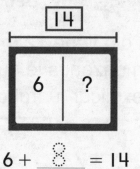

$6 + \underline{8} = 14$

$14 - 6 = \underline{8}$

¿Lo entiendes?

¡Demuéstralo! ¿Qué estrategia puedes usar para resolver $13 - 4$?

☆ Práctica guiada ☆

Halla cada diferencia. Encierra en un círculo la estrategia que usaste.

1.
$$\begin{array}{r} 15 \\ -\ 9 \\ \hline \boxed{6} \end{array}$$

Contar
(Formar 10)
Pensar en la suma
A mi manera

2.
$$\begin{array}{r} 9 \\ -\ 7 \\ \hline \boxed{\ } \end{array}$$

Contar
Formar 10
Pensar en la suma
A mi manera

3.
$$\begin{array}{r} 13 \\ -\ 3 \\ \hline \boxed{\ } \end{array}$$

Contar
Formar 10
Pensar en la suma
A mi manera

4.
$$\begin{array}{r} 17 \\ -\ 8 \\ \hline \boxed{\ } \end{array}$$

Contar
Formar 10
Pensar en la suma
A mi manera

✩ Práctica ✩ independiente

Escoge una estrategia para hallar cada diferencia.

5.   15
   − 5
   ☐

6.   8
   − 4
   ☐

7.   9
   − 3
   ☐

8.   18
   −10
   ☐

9.   14
   − 9
   ☐

10.   11
   − 2
   ☐

11.   12
   − 4
   ☐

12.   16
   − 8
   ☐

13.   7
   − 7
   ☐

14.   20
   −10
   ☐

15.   13
   − 5
   ☐

16.   10
   − 7
   ☐

Escribe una ecuación de resta para resolver el problema.
Explica la estrategia que usaste.

17. **Razonamiento de orden superior**

Mónica tiene una caja con 16 crayones.

7 crayones están rotos. El resto **NO** está roto.

¿Cuántos crayones **NO** están rotos?

____ − ____ = ____

____ crayones

_____

_____

_____

_____

18. **Entender** Olga tiene 11 libros. Tiene 4 libros más que Juan.

¿Cuántos libros tiene Juan?

Juan tiene _____ libros.

Encierra en un círculo la estrategia que usaste para hallar la diferencia.

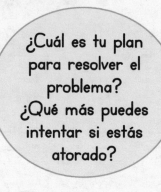

¿Cuál es tu plan para resolver el problema? ¿Qué más puedes intentar si estás atorado?

Contar   Pensar en la suma

Formar 10   A mi manera

---

19. **Razonamiento de orden superior**

¿Qué estrategia usarías para resolver 10 − 6?

20. ✓**Evaluación** ¿Qué operación de suma te ayudaría a resolver 16 − 9 = ? Selecciona todas las que apliquen.

☐ $9 + 7 = 16$

☐ $7 + 10 = 17$

☐ $7 + 9 = 16$

☐ $10 + 7 = 17$

Nombre _____

Tarea y práctica 4-7

Explicar estrategias de resta

¡Revisemos! Puedes usar diferentes estrategias para resolver problemas.

Usa una operación de suma para resolver un problema relacionado de resta.

$18 - 9 = ?$

$9 + 9 = 18$
$18 - 9 = 9$

Cuenta hacia adelante para formar 10.

$14 - 6 = ?$

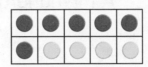

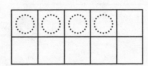

$6 + \underline{4} = 10$

$10 + \underline{4} = 14$

$14 - 6 = \underline{8}$

Escoge la estrategia que funcione mejor.

ACTIVIDAD PARA EL HOGAR Escriba una ecuación de resta como $19 - 9 = ?$ Pídale a su niño(a) que resuelva el problema. Pregúntele qué estrategia usó para resolver el problema: formar 10, usar una suma relacionada, contar u otra estrategia.

Halla cada diferencia. Encierra en un círculo la estrategia que usaste.

1. $\begin{array}{r} 11 \\ -\ 5 \\ \hline \square \end{array}$

Piensa: 11 está cerca de 10.

Contar   Pensar en la suma
Formar 10   A mi manera

2. $\begin{array}{r} 15 \\ -\ 9 \\ \hline \square \end{array}$

Piensa: ¿Me puede ayudar alguna operación de suma que ya conozca?

Contar   Pensar en la suma
Formar 10   A mi manera

Halla cada diferencia. Encierra en un círculo la estrategia que usaste.

1.   15
   − 7
   [ ]
   Contar
   Formar 10
   Pensar en la suma
   A mi manera

2.   14
   − 5
   [ ]
   Contar
   Formar 10
   Pensar en la suma
   A mi manera

3.   14
   − 9
   [ ]
   Contar
   Formar 10
   Pensar en la suma
   A mi manera

4. **Razonamiento de orden superior**
Usa dibujos, números o palabras para resolver el problema.

Bety tiene 13 muñecas en su cuarto.
4 muñecas tienen el pelo rizado.
¿Cuántas muñecas **NO** tienen el pelo rizado?

_____ − _____ = _____ muñecas

5. ✓**Evaluación** Beto tiene 10 pelotas de beisbol. Andy tiene 2 menos que Beto. ¿Cuántas pelotas de beisbol tiene Andy?

¿Qué operaciones de suma te podrían ayudar a resolver el problema? Selecciona todas las que apliquen.

☐ $10 + 0 = 10$

☐ $8 + 2 = 10$

☐ $9 + 1 = 10$

☐ $2 + 8 = 10$

Resuélvelo y coméntalo

Hay algunos libros en el estante. Aída puso 4 libros más en el estante. Ahora hay 12 libros. ¿Cuántos libros había en el estante al principio? Usa objetos, dibujos o ecuaciones para mostrar tu razonamiento.

Puedo...
resolver diferentes tipos de problemas de suma y de resta.

También puedo
entender bien los problemas.

Había ____ libros al principio.

Martín tiene algunos lápices.

Le da 6 a Marta.

Ahora Martín tiene 5 lápices.

¿Cuántos lápices tenía Martín al principio?

Martín regala 6 lápices y le quedan 5.

Escribe una ecuación que represente el problema.

$\underline{\ ?\ } - 6 = 5$

Puedes pensar en la suma para restar.

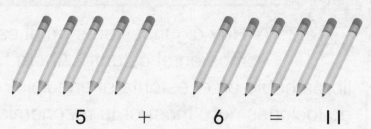

$$5 \quad + \quad 6 \quad = \quad 11$$

Por tanto, $\underline{11} - 6 = 5$.

Martín tenía 11 lápices al principio.

¿Lo entiendes?

¡Demuéstralo! Sonia tiene 8 crayones. Le dan 8 crayones más. ¿Cuántos crayones tiene ahora? ¿Sumarías o restarías para resolver el problema? Explica.

☆ Práctica guiada ☆

Escribe una ecuación que represente el cuento y resuélvela. Haz un dibujo para ayudarte.

1. Ciro anduvo en bicicleta el lunes. El martes recorrió 8 millas en bicicleta. Ciro recorrió 14 millas en bicicleta en total. ¿Cuántas millas recorrió el lunes?

millas el lunes   millas el martes   millas en total

Nombre ______________________

Herramientas Evaluación

Práctica independiente Escribe una ecuación que represente el cuento y resuélvela. Haz un dibujo para ayudarte.

2. Mague escribió 9 páginas de un cuento ayer. Hoy escribió algunas páginas más. En total ha escrito 12 páginas. ¿Cuántas páginas escribió hoy?

____ ◯ ____ = ____

____ páginas

3. Rubí tiene 6 juegos. Cristóbal tiene 13 juegos. ¿Cuántos juegos menos tiene Rubí que Cristóbal?

____ ◯ ____ = ____

____ juegos menos

4. Lilí tiene 4 listones menos que Dora. Lilí tiene 7 listones. ¿Cuántos listones tiene Dora?

____ ◯ ____ = ____

____ listones

Resuelve los siguientes problemas.

5. **Razonar** Guille tiene 11 carritos. ¿Cuántos carritos puede poner en su caja roja y cuántos en su caja azul? Haz un dibujo y escribe una ecuación para resolver el problema.

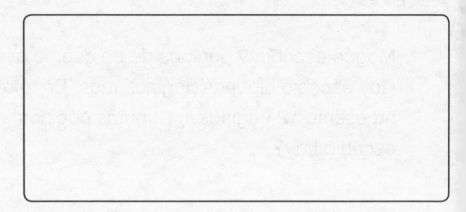

$11 =$ _____ $\bigcirc$ _____

6. **Razonamiento de orden superior** Escribe una ecuación de suma y otra de resta para representar el problema. Luego, resuélvelo.

Omar tiene 5 naranjas. Diana tiene 12 naranjas. ¿Cuántas naranjas más que Omar tiene Diana?

_____ $\bigcirc$ _____ $=$ _____

_____ $\bigcirc$ _____ $=$ _____

Diana tiene _____ naranjas más que Omar.

7. ✓**Evaluación** Mariana recogió unas manzanas. Se comió 3. Ahora tiene 9 manzanas. ¿Cuántas manzanas recogió Mariana al principio?

3
Ⓐ

6
Ⓑ

9
Ⓒ

12
Ⓓ

Nombre _____

Ayuda Herramientas Juegos

Tarea y práctica 4-8

Resolver problemas verbales con operaciones hasta 20

¡Revisemos! Puedes resolver un problema verbal aunque no sepas el primer número.

Carla trabajó el lunes y el martes.
Trabajó 10 horas el martes.
Trabajó 20 horas en total.
¿Cuántas horas trabajó Carla el lunes?

Empiezo con 10 y cuento hacia adelante hasta que llego a 20.

Escribe una ecuación que represente el problema.

$$\underline{10} \quad + \quad 10 \quad = \quad 20$$

Horas el lunes   Horas el martes   Horas en total

Carla trabajó __10__ horas el lunes.

ACTIVIDAD PARA EL HOGAR
Dígale a su niño(a) el siguiente problema: "Tengo algunas monedas en mi mano. Pongo 3 en una alcancía. Ahora tengo 8 monedas en mi mano. ¿Cuántas monedas tenía al principio?". Piense en otro problema o pídale a su niño(a) que invente un problema que incluya sumar o restar de una cantidad desconocida.

Escribe una ecuación que represente el cuento y resuélvela. Haz un dibujo para ayudarte.

1. Tony cortó unas flores rojas. También cortó 7 flores amarillas. Cortó 15 flores en total. ¿Cuántas flores rojas cortó Tony?

____ ◯ ____ = ____

____ flores rojas

Suma o resta para resolver cada problema.

2. **Razonar** Silvia tiene 13 dólares. Gasta 5 dólares en la tienda. ¿Cuántos dólares le quedan a Silvia? Haz un dibujo y escribe una ecuación para resolver el problema.

_____ ◯ _____ = _____

_____ dólares

3. **Razonamiento de orden superior** Escribe una ecuación de suma y otra de resta para representar el problema. Luego, resuélvelo.

Leo tiene 14 galletas. Javier tiene 8 galletas. ¿Cuántas galletas más tiene Leo que Javier?

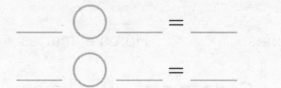

_____ ◯ _____ = _____

_____ ◯ _____ = _____

Leo tiene _____ galletas más que Javier.

4. ✓**Evaluación** Carlos hizo algunos pastelitos para vender en la escuela. Después hizo 8 pastelitos más. Ahora tiene 11 pastelitos. ¿Cuántos pastelitos hizo Carlos al principio?

19
Ⓐ

11
Ⓑ

8
Ⓒ

3
Ⓓ

Nombre _____

Escribe un cuento numérico para 14 − 8. Luego, escribe una ecuación que represente el cuento.

Puedo...
usar el razonamiento para escribir y resolver cuentos numéricos.

También puedo
sumar y restar hasta 20.

_____

_____

_____

_____

_____

Hábitos de razonamiento

¿Qué representan los números?

¿Cómo puedo usar un problema verbal para mostrar lo que significa una ecuación?

_____ − _____ = _____

Escribe un cuento numérico para 5 + 7. Luego, escribe una ecuación que represente el cuento.

¿Cómo puedo mostrar lo que los números y los signos significan?

Pienso en lo que representan el 5, el 7 y el signo + en el problema. Puedo usar eso para escribir un cuento.

Luis ve 5 insectos en el jardín.

Luego llegan volando otros 7 insectos.

¿Cuántos insectos ve Luis en total?

12 insectos en total

Hay 5 insectos y llegan 7 más. Por tanto, debes sumar.

5 + 7 = 12. Luis ve 12 insectos.

¿Lo entiendes?

¡Demuéstralo! ¿De qué manera un cuento sobre 12 − 7 es igual o diferente que un cuento sobre 5 + 7?

☆Práctica guiada☆

Completa el cuento numérico. Luego, completa la ecuación para que represente el cuento. Haz un dibujo para ayudarte si es necesario.

1. 17 − 9 = _____

Carlos tiene __17__ galletas para perros.

Tom tiene __9__ galletas para perros.

¿Cuántas galletas para perros más tiene Carlos?

_____ galletas más

Herramientas Evaluación

Práctica independiente — Escribe un cuento numérico que muestre el problema. Completa la ecuación para que represente el cuento.

2. $9 + 4 =$ ____

_____

_____

_____

_____

3. $12 - 4 =$ ____

_____

_____

_____

_____

4. $19 - 10 =$ ____

_____

_____

_____

_____

Piensa cómo tus cuentos representan las ecuaciones y cómo las ecuaciones representan los cuentos.

Evaluación del rendimiento

Libros de texto Raúl se lleva 2 libros a casa. Deja 4 libros en la escuela. ¿Cómo puede Raúl escribir un cuento de suma sobre sus libros?

5. **Razonar** Escribe una pregunta de suma sobre los libros de Raúl.

_____

6. **Representar** Haz un dibujo y escribe una ecuación para resolver tu pregunta de suma.

$$\underline{\quad} + \underline{\quad} = \underline{\quad}$$

7. **Explicar** ¿Está $6 - 4 = 2$ en la misma familia de operaciones que tu ecuación de suma? Encierra en un círculo **Sí** o **No.** Usa palabras, dibujos o ecuaciones para explicarlo.

Sí   No

Nombre _____

Tarea y práctica
4-9
Razonar

¡Revisemos! Puedes escribir un cuento numérico para cada problema.
Luego, puedes completar la ecuación para representarlo.

$12 - 5 = \underline{7}$

Ceci cortó 12 limones del árbol.
Regaló 5.
¿Cuántos limones tiene Ceci
ahora?
Ahora Ceci tiene 7 limones.

$9 + 5 = \underline{14}$

Sara cortó __9__ flores.

Luego, cortó __5__ más.

¿Cuántas flores cortó Sara
en total?

Sara cortó __14__ flores en total.

ACTIVIDAD PARA EL HOGAR
Escriba algunos problemas como
$15 - 9 = \underline{\quad}$ y $7 + 9 = \underline{\quad}$.
Pídale a su niño(a) que escriba
o diga un cuento numérico
sobre el problema. Luego, pídale
que complete la ecuación para
representar el cuento.

Escribe un cuento numérico que muestre el problema.
Completa la ecuación para que represente tu cuento.

1. $14 - 8 = \underline{\quad}$

_____

_____

_____

2. $8 + 8 = \underline{\quad}$

_____

_____

_____

Calcetines Melisa encontró 5 calcetines azules y 3 calcetines morados. Melisa escribió un cuento de suma y otro de resta sobre los calcetines.

3. **Razonar** Melisa escribió esta pregunta:
¿Cuántos calcetines encontré en total?

Escribe una ecuación que resuelva la pregunta de Melisa.

_____ ◯ _____ = _____   _____ calcetines

4. **Razonar** Melisa escribió otra pregunta sobre los calcetines:
¿Cuántos calcetines azules más que morados encontré?

Escribe una ecuación que resuelva la pregunta de Melisa.

_____ ◯ _____ = _____   _____ calcetines azules más

5. **Explicar** Melisa dice que las ecuaciones de suma y de resta de sus problemas son operaciones relacionadas.
¿Tiene razón Melisa?
Encierra en un círculo **Sí** o **No.** Usa palabras, dibujos o ecuaciones para explicarlo.

Sí   No

Nombre _____

Colorea las operaciones que resulten en estas sumas y diferencias. Deja el resto en blanco.

| 6 | 7 | 4 |

TEMA 4 **Actividad de práctica de fluidez**

Puedo...
sumar y restar hasta 10.

9 − 5	8 − 4	1 + 3	10 − 3	4 + 4	1 + 6	7 − 1	9 − 1	5 + 4
2 + 1	6 − 2	7 − 4	5 + 2	9 − 7	7 − 0	6 − 0	6 + 2	2 + 1
8 + 2	10 − 6	2 + 6	7 + 0	6 + 3	10 − 3	4 + 2	6 − 1	6 + 3
4 + 4	3 + 1	4 − 3	8 − 1	4 + 5	6 + 1	8 − 2	2 + 1	9 + 1
8 − 7	4 + 0	6 + 4	9 − 2	3 + 4	2 + 5	3 + 3	6 + 0	10 − 4

La palabra es

_____ _____ _____

Tema 4 | Actividad de práctica de fluidez

doscientos ochenta y cinco **285**

TEMA 4 | Repaso del vocabulario

A-Z
Glosario

Lista de palabras
- diferencia
- familia de operaciones
- operaciones relacionadas
- suma de dobles

Comprender el vocabulario

1. Tacha los números de abajo que **NO** sean la diferencia de $18 - 8$.

$$16 \quad 14$$

$$11 \quad 10$$

2. Tacha los números de abajo que **NO** sean una suma de dobles.

$$4 + 5 \quad 6 + 4$$

$$4 + 4 \quad 5 + 4$$

3. Escribe la operación relacionada.

$$12 - 7 = 5$$

4. Escribe la operación relacionada.

$$10 + 9 = 19$$

5. Escribe la operación relacionada.

$$6 = 14 - 8$$

Usar el vocabulario al escribir

6. Escribe ecuaciones usando los números que se muestran en el modelo. Luego, explica cómo se les llama a estas ecuaciones usando una palabra de la Lista de palabras.

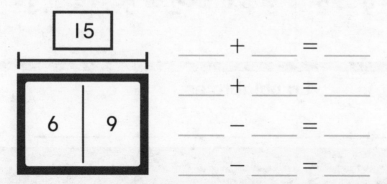

___ + ___ = ___

___ + ___ = ___

___ − ___ = ___

___ − ___ = ___

286 doscientos ochenta y seis

Copyright © Savvas Learning Company LLC. All Rights Reserved.

Tema 4 | Repaso del vocabulario

Grupo A _____

En una recta numérica puedes contar hacia atrás para restar.

Halla 10 − 6.

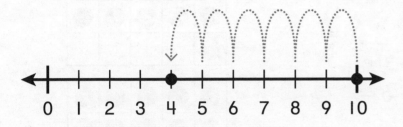

Empieza en 10 y cuenta hacia atrás 6 para llegar a 4.

10 − 6 = __4__

Puedes también contar hacia adelante para restar.

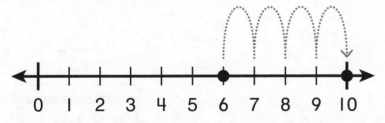

Empieza en 6 y cuenta hacia adelante 4 para llegar a 10.

6 + 4 = 10, por tanto 10 − 6 = 4.

10 − 6 = __4__

Usa la recta numérica para contar hacia atrás o hacia adelante y hallar la diferencia.

1. Halla 9 − 6.

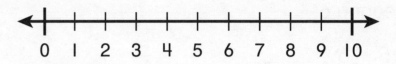

9 − 6 = _____

2. Halla 10 − 5.

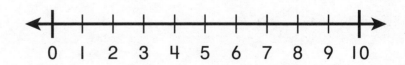

10 − 5 = _____

Puedes formar 10 para restar.

$15 - 6 = ?$

Primero, resta 15 menos 5 para llegar a 10.

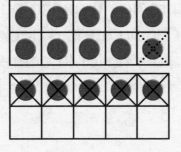

$15 - 5 = 10$

Luego, quítale 1 más para llegar a 6.

$15 - 6 = \underline{9}$

Forma 10 para restar. Luego, completa la operación de resta.

3. $16 - 7 = \underline{}$

$16 - \underline{} = 10$

$10 - \underline{} = \underline{}$

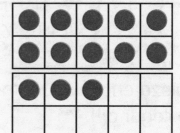

4. $13 - 6 = \underline{}$

$13 - \underline{} = 10$

$10 - \underline{} = \underline{}$

Puedes escribir una familia de operaciones para respresentar el modelo.

14

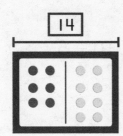

$14 = 6 + 8$

$\underline{14} = \underline{8} + \underline{6}$

$6 = 14 - 8$

$\underline{8} = \underline{14} - \underline{6}$

Escribe una familia de operaciones para representar el modelo.

5. $\underline{} + \underline{} = \underline{}$

$\underline{} + \underline{} = \underline{}$

$\underline{} - \underline{} = \underline{}$

$\underline{} - \underline{} = \underline{}$

15

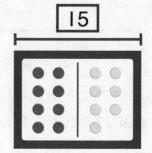

Nombre _____

Grupo D _____

Puedes usar la suma para
ayudarte a restar.

$15 - 7 = ?$

Piensa:

$7 + \underline{8} = 15$

La parte que falta es 8.

Por tanto, $15 - 7 = 8$.

15

?

Usa la suma para restar.
Completa las ecuaciones.

6. $13 - 8 = ?$

Piensa:

$8 + \underline{} = 13$

Por tanto, $13 - 8 = \underline{}$.

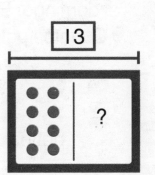

13

?

Grupo E _____

Puedes usar diferentes estrategias
para restar $14 - 6$.

14

6 | ?

Pensar
en la suma

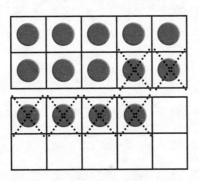

Formar 10

Halla cada diferencia. Encierra en
un círculo la estrategia que usaste.

7.   12
    − 4
    ☐

Contar

Pensar en la suma

Formar 10

Mi manera

8.   17
    − 8
    ☐

Contar

Pensar en la suma

Formar 10

Mi manera

Puedes escribir una ecuación para representar un problema verbal.

Jaime corta el pasto de algunos patios el sábado y el domingo. Hace 8 patios el domingo. En total hace 13 patios. ¿Cuántos patios hizo Jaime el sábado?

$$\underline{5} \,\oplus\, \underline{8} = \underline{13}$$

$\underline{5}$ patios

9. David tiene algunos bolígrafos. Le da 4 a Glen. Ahora tiene 7 bolígrafos. ¿Cuántas bolígrafos tenía David al principio? Escribe una ecuación para resolver el problema. Haz un dibujo para ayudarte.

____ ◯ ____ = ____

____ bolígrafos

Hábitos de razonamiento

Razonar

¿Qué representan los números?

¿Cómo puedo usar un problema verbal para mostrar lo que significa una ecuación?

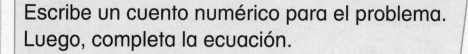

Escribe un cuento numérico para el problema. Luego, completa la ecuación.

10. $9 + 4 =$ ____

_____

_____

_____

_____

Nombre _____

1. Francisco tiene 15 libros para leer. Leyó 9. ¿Cuántos libros le faltan por leer a Francisco?

_____ libros

2. Marco tiene algunas canicas rojas y 8 canicas azules. Tiene 13 canicas en total. ¿Cuántas canicas rojas tiene Marco?

Ⓐ 4

Ⓑ 5

Ⓒ 6

Ⓓ 7

3. ¿Qué familia de operaciones representa el dibujo de los patos grandes y los patos pequeños?

$8 + 0 = 8$	$5 + 9 = 14$	$5 + 8 = 13$	$8 + 9 = 17$
$0 + 8 = 8$	$9 + 5 = 14$	$8 + 5 = 13$	$9 + 8 = 17$
$8 - 0 = 8$	$14 - 5 = 9$	$13 - 5 = 8$	$17 - 9 = 8$
$8 - 8 = 0$	$14 - 9 = 5$	$13 - 8 = 5$	$17 - 8 = 9$
Ⓐ	Ⓑ	Ⓒ	Ⓓ

4. ¿Qué operación relacionada de resta se puede resolver usando $7 + 8 = 15$?

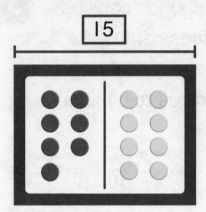

15

Ⓐ $15 - 8 = 7$

Ⓑ $14 - 7 = 7$

Ⓒ $8 - 7 = 1$

Ⓓ $8 - 8 = 0$

5. Hay 13 pájaros en un árbol.

6 pájaros se van volando.

¿Cuántos pájaros hay todavía en el árbol?

Forma 10 para resolver el problema. Usa fichas y el marco de 10.

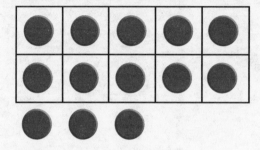

$13 - \underline{\quad} = 10$

$10 - \underline{\quad} = \underline{\quad}$

$13 - 6 = \underline{\quad}$

6. Gloria tiene 7 lápices amarillos y 9 lápices rojos. ¿Qué estrategia **NO** te ayudaría a hallar $9 - 7$?

Ⓐ Formar 10

Ⓑ Pensar en la suma

Ⓒ Contar para restar

Ⓓ A mi manera

7. Nina hornea 14 panes de maíz. Regala 8 y le quedan 6 panes.

¿Qué ecuación representa el cuento?

Ⓐ $15 - 8 = 7$

Ⓑ $7 + 8 = 15$

Ⓒ $14 - 8 = 6$

Ⓓ $8 + 6 = 14$

8. ¿Qué operación relacionada de suma te puede ayudar a resolver la siguiente operación de resta? Selecciona todas las que apliquen.

$16 - 7 = ?$

☐ $7 + 9 = 16$

☐ $7 + 8 = 15$

☐ $6 + 7 = 13$

☐ $9 + 7 = 16$

9. Usa la recta numérica para contar hacia adelante o hacia atrás para hallar la diferencia. Muestra tu trabajo.

$12 - 4 =$ _____

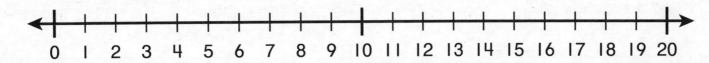

10. Mónica tiene 14 libros. Vende 8 libros.
¿Cuántos libros le quedan?

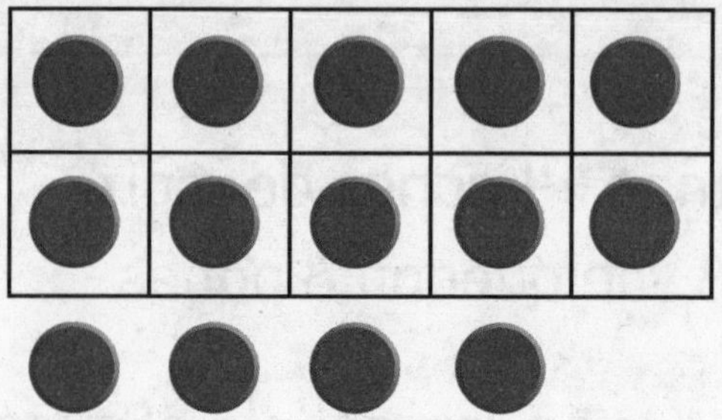

Forma 10 para resolver el problema.
Usa fichas y el marco de 10.

_____ libros

---

11. Una caja tiene 16 partes para una patineta. María usó algunas
partes en su patineta. Ahora quedan 7 partes. Escribe una
ecuación de resta para mostrar cuántas partes usó María.

_____ − _____ = _____   María usó _____ partes.

---

12. Escribe un cuento numérico para 19 − 10.

Luego, escribe una ecuación que represente tu cuento y resuelve el problema.

_____

_____

_____

_____

Nombre _____

Las calcomanías de Marta

Marta colecciona calcomanías. La tabla muestra las diferentes calcomanías que tiene.

Las calcomanías de Marta	
Tipo de calcomanía	**Cantidad de calcomanías**
🌙	15
☁️	7
☀️	9
🌈	8
⭐	12

1. ¿Cuántas calcamonías de lunas más que de soles tiene Marta?

   Cuenta, forma 10 o piensa en la suma para resolver.

   _____ calcamonías más de lunas

---

2. Marta le da algunas calcomanías de nubes a Tom. Ahora le quedan 5 calcomanías de nubes. ¿Cuántas calcomanías de nubes le dio Marta a Tom?

   Escribe una ecuación y resuelve el problema.

   _____ ◯ _____ = _____

   _____ calcomanías de nubes

3. Completa la familia de operaciones usando el número de calcomanías de nubes y arco iris.

$7 + 8 = 15$

___ + ___ = ___

___ − ___ = ___

___ − ___ = ___

4. Sandra le da a Marta 3 calcomanías de arco iris más. ¿Cuántas calcomanías de arco iris tiene Marta ahora? Completa la ecuación para resolver el problema.

8 ◯ ___ = ___

___ calcomanías de arco iris

5. Escribe un cuento para mostrar y resolver $12 - 8$. Haz un problema sobre calcomanías de estrellas. Haz un dibujo y escribe una ecuación que represente tu cuento.

_____

_____

_____

_____

_____

___ ◯ ___ = ___

Trabajar con ecuaciones de suma y resta

Pregunta esencial: ¿De qué manera el sumar y restar te ayudan a resolver o completar ecuaciones?

Los animales no pueden hablar como nosotros. Ellos se comunican de otras maneras.

Algunos animales que viven bajo el agua se comunican usando el sonar.

¡Muy interesante! ¡Hagamos este proyecto para aprender más!

Proyecto de Matemáticas y Ciencias: La comunicación bajo el agua

Investigar Habla con tu familia y tus amigos acerca de cómo algunos animales, como el delfín, usan el sonar. Pídeles que te ayuden a buscar más información sobre el sonar en libros o en la Internet.

Diario: Hacer un libro Muestra lo que encontraste. En tu libro, también:

• haz un dibujo que muestre una manera en que se usa el sonar.

• inventa y resuelve problemas de suma y resta sobre los animales que usan el sonar para comunicarse.

Nombre _____

Repasa lo que sabes

A-Z Vocabulario

1. Encierra en un círculo los **sumandos** de la ecuación.

$4 + 5 = 9$

2. Encierrra en un círculo la ecuación que es una **operación relacionada** de $10 - 8 = 2$.

$$8 - 6 = 2$$

$$8 + 2 = 10$$

3. Encierra en un círculo el número que completa la **familia de operaciones.**

$$3 + \underline{\ ?\ } = 10$$

$$\underline{\ ?\ } + 3 = 10$$

$$10 - 3 = \underline{\ ?\ }$$

$$10 - \underline{\ ?\ } = 3$$

8 **14** **7** **5**

Cuentos de resta

Usa cubos para resolver el problema y escribe la ecuación de resta.

4. 8 ardillas están en el pasto. 5 están comiendo bellotas. ¿Cuántas ardillas **NO** están comiendo bellotas?

____ − ____ = ____

5. Beto tiene 5 marcadores. Pablo tiene 3. ¿Cuántos marcadores más tiene Beto que Pablo?

____ − ____ = ____

Operaciones relacionadas

6. Escribe las operaciones de resta relacionadas.

$$9 = 4 + 5$$

____ = ____ − ____

____ = ____ − ____

Tema 5

Nombre _____

Resuélvelo y coméntalo

Halla el número que falta en esta ecuación:

$$7 + \underline{\quad} = 13$$

Explica cómo hallaste el número que faltaba.

Mira este problema:

$12 - \underline{\quad} = 3$

Esto significa que 12 menos un número es igual a 3.

Puedes usar fichas para hallar el número que falta.

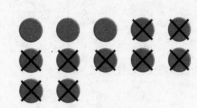

$12 - \underline{9} = 3$

También puedes usar la suma para hallar el número que falta.

$3 + \underline{9} = 12;$

por tanto, $12 - \underline{9} = 3.$

9 es el número que falta. El 9 hace la ecuación verdadera.

¿Lo entiendes?

¡Demuéstralo! ¿Cuál es el número que falta en la ecuación $\underline{\quad} + 4 = 9$? ¿Cómo lo sabes?

☆ Práctica guiada ☆

Escribe el número que falta. Luego, dibuja o tacha fichas para mostrar tu trabajo.

1. $14 - \underline{7} = 7$

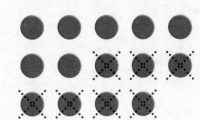

2. $4 + \underline{\quad} = 12$

Nombre _____

Práctica independiente

Escribe los números que faltan. Dibuja fichas para mostrar tu trabajo.

3. ____ − 9 = 8

4. ____ = 8 + 3

5. ____ + 6 = 12

6. 8 + ____ = 15

7. 14 − ____ = 6

8. ____ = 11 − 8

9. **Sentido numérico** Escribe el número que falta para hacer cada ecuación verdadera.

9 + ____ = 19

20 = ____ + 10

____ − 10 = 9

____ − 10 = 10

¿Cómo el resolver un problema te ayuda a resolver otro problema?

Resuelve cada cuento numérico. Escribe los números y los signos que faltan. Usa fichas si lo necesitas.

10. Razonar Adam quiere visitar 13 estados en un viaje por carro. Ha visitado 7 estados hasta ahora. ¿Cuántos estados le faltan por visitar?

13 $\bigcirc$ _____ = _____

_____ estados

11. Razonar Charo está haciendo un vestuario para su clase de baile. Necesita hacer 11 vestidos. Le faltan 4 vestidos para terminar. ¿Cuántos vestidos ha hecho hasta ahora?

11 = _____ $\bigcirc$ _____

_____ vestidos

12. Razonamiento de orden superior
Halla el número que falta en la ecuación 5 + _____ = 14. Luego, escribe un cuento que represente el problema.

13. ✓Evaluación Une con una línea cada número con la ecuación a la que pertenece.

17 − _____ = 7   6

_____ + 6 = 12   3

4 + _____ = 13   10

_____ − 1 = 2   9

Nombre _____

¡Revisemos! Puedes hallar el número que falta en una ecuación de suma o resta. Añade fichas en la parte vacía del modelo hasta completar 17.

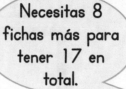

Necesitas 8 fichas más para tener 17 en total.

$$\underset{}{8} + 9 = 17 \qquad 17 - \underset{}{8} = 9$$

ACTIVIDAD PARA EL HOGAR
En una hoja de papel, escriba una ecuación a la que le falte un número, como $7 + \underline{\qquad} = 16$. Dele a su niño(a) un grupo de objetos pequeños y pídale que ponga en el papel la cantidad correcta de objetos para representar el número que falta. Repita la actividad con otra ecuación y con una operación diferente, como $18 - \underline{\qquad} = 8$.

 Dibuja las fichas que faltan y completa la oración.

1.
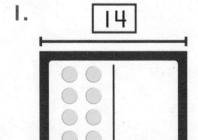

$$8 + \underline{\qquad} = 14$$

2.
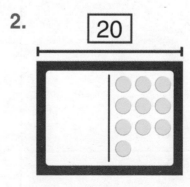

$$20 - 10 = \underline{\qquad}$$

Completa el modelo para ayudarte a hallar los números que faltan.

3. ____ = 8 + 5

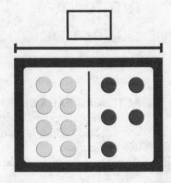

4. 16 − ____ = 9

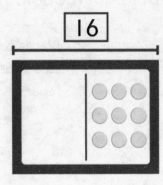

5. 9 + ____ = 18

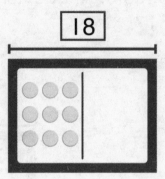

6. Razonamiento de orden superior Halla el número que falta en la ecuación 18 = 10 + ____. Luego, escribe un cuento que represente el problema.

_____

_____

_____

_____

7. ✅**Evaluación** Une con una línea cada número con la ecuación a la que pertenece.

17 − ____ = 10   8

____ + 6 = 14   5

4 + ____ = 9   7

____ − 10 = 10   20

Tema 5 | Lección 1

Nombre _____

Resuelve

Lección 5-2

Ecuaciones verdaderas o falsas

Resuélvelo y coméntalo Esta ecuación se ve diferente. ¿Crees que es una ecuación verdadera? Explica cómo lo sabes.

Puedo...
entender que el signo igual significa "tiene el mismo valor que".

También puedo razonar sobre las matemáticas.

$$5 = 11 - 6$$

¿Es verdadera esta ecuación?

$3 + 6 = 4 + 5$

Para saberlo, resuelve cada lado de la ecuación.

$3 + 6$

$4 + 5$

Esta ecuación es verdadera, ya que los dos lados son iguales a 9.

$3 + 6 = 4 + 5$

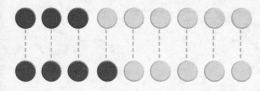

$9 = 9$

Las ecuaciones que no tienen signos de operación también pueden ser verdaderas.

$8 = 8$ es un enunciado verdadero.

¿Lo entiendes?

¡Demuéstralo!

¿Es verdadera la ecuación $4 = 11 - 6$? Explícalo.

☆ Práctica guiada ☆

Indica si la ecuación es **Verdadera** o **Falsa**. Usa las fichas para ayudarte.

1. $5 + 2 = 9 - 3$

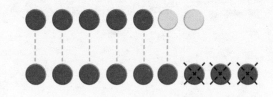

Verdadera ⬚Falsa⬚

2. $7 = 8 - 1$

Verdadera   Falsa

Herramientas   Evaluación

☆ **Práctica** ☆
independiente   Indica si la ecuación es **Verdadera** o **Falsa**.
☆   Puedes dibujar fichas para ayudarte.

3. $5 + 5 = 6 + 4$

Verdadera   Falsa

4. $9 = 9 - 1$

Verdadera   Falsa

5. $3 + 3 - 11 - 8$

Verdadera   Falsa

6. $13 - 4 = 15 - 6$

Verdadera   Falsa

7. $7 + 7 = 12 - 5$

Verdadera   Falsa

8. $10 + 8 = 9 + 9$

Verdadera   Falsa

9. $7 + 3 = 10 + 2$

Verdadera   Falsa

10. $6 + 8 = 8 + 6$

Verdadera   Falsa

11. $4 + 2 = 6 + 1$

Verdadera   Falsa

Resolución de problemas

Escribe una ecuación para mostrar el problema. Escribe los números que faltan en la oración. Luego, indica si la ecuación es **Verdadera** o **Falsa.**

12. **Hacerlo con precisión** Sonia tiene 8 aviones de papel y regala 1. Fernando tiene 5 aviones de papel y le dan 2 más.

Asegúrate de usar correctamente los números, unidades y signos. ¿Representa la ecuación el cuento?

___ − ___ = ___ + ___

Verdadera   Falsa

Sonia tiene ___ aviones. Fernando tiene ___ aviones.

13. **Razonamiento de orden superior** ¿Puedes probar que $4 + 2 = 5 + 1$ es una ecuación verdadera sin resolver sus dos partes? Explícalo.

_____

_____

_____

_____

14. ✔ **Evaluación** ¿Cuáles de las siguientes ecuaciones son **Falsas**? Selecciona todas las que apliquen.

☐ $10 − 3 = 14 − 7$

☐ $4 + 3 = 7 + 1$

☐ $6 + 6 = 8 + 3$

☐ $17 − 8 = 9$

Nombre _____

Ayuda   Herramientas   Juegos

Tarea y práctica 5-2

Ecuaciones verdaderas o falsas

¡Revisemos! Usa los cubos conectables para representar ecuaciones verdaderas y falsas de diferente tipos.

Une los cubos con líneas para emparejarlos.

Si los dos lados no son iguales, entonces la ecuación es falsa.

$4 = 4$

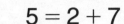 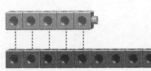

Esta ecuación es **verdadera**.

$5 = 2 + 7$

Esta ecuación es **falsa**.

$2 + 8 = 9 - 4$

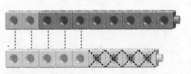

Esta ecuación es **falsa**.

ACTIVIDAD PARA EL HOGAR
Escriba el signo + en 3 tarjetas, el signo − en 3 tarjetas y el signo = en 3 tarjetas. Reúna 20 objetos pequeños como botones o monedas. Acomode los objetos y las tarjetas para mostrar 3 ecuaciones verdaderas o falsas, tales como $3 + 5 = 9 - 1$ o $6 - 2 = 3 + 3$. Pídale a su niño(a) que le diga si cada ecuación es **verdadera** o **falsa**.

Une los cubos con líneas para emparejarlos. Indica si la ecuación es **Verdadera** o **Falsa**.

1. $9 = 7 + 2$

Verdadera   Falsa

2. $7 + 3 = 9 - 3$

Verdadera   Falsa

3. $10 - 2 = 1 + 7$

Verdadera   Falsa

Tema 5 | Lección 2   Recursos digitales en SavvasRealize.com   trescientos nueve **309**

Representar Haz dibujos para mostrar cada ecuación. Luego, encierra en un círculo **Verdadera** o **Falsa.**

4. $10 - 2 = 7 + 4$

Verdadera Falsa

5. $6 = 9 - 5$

Verdadera Falsa

6. $8 + 5 = 10 + 3$

Verdadera Falsa

7. Razonamiento de orden superior Jaime dice que $19 - 10$ es igual a $20 - 10$ porque se usa la resta en los dos lados. ¿Tiene razón Jaime? Explica por qué sí o por qué no.

____

____

____

____

____

____

8. Evaluación ¿Cuáles de las siguientes ecuaciones son **verdaderas**? Selecciona todas las que apliquen.

- ☐ $8 - 7 = 11 - 10$
- ☐ $12 - 4 = 6 + 3$
- ☐ $10 - 1 = 9 + 2$
- ☐ $9 + 2 = 10 + 1$

Nombre _____

★ **Resuélvelo**
y coméntalo

¿Qué número debe ir en el espacio en blanco
para hacer la ecuación verdadera? ¿Cómo lo sabes?

Puedo...
escribir el número que falta en la
ecuación para hacerla verdadera.

También puedo
razonar sobre las matemáticas.

$2 + 5 = \underline{\quad} + 6$

Escribe el número que falta para hacer la ecuación verdadera.

$$10 - \underline{\quad} = 3 + 4$$

Puedo resolver un lado de la ecuación primero. Sé que $3 + 4 = 7$.

Puedes usar fichas para hallar el número que falta.

$$10 - \underline{\quad} = 7$$

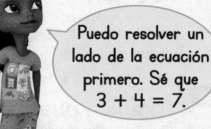

El signo igual significa "el mismo valor que"; por tanto, necesito restar algo a 10 para llegar a 7.

Quité 3 fichas para llegar a 7; por tanto, el número que falta es 3.

$$10 - \underline{3} = 3 + 4$$

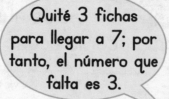

¿Lo entiendes?

¡Demuéstralo! ¿Qué número puedes escribir en el espacio en blanco para hacer esta ecuación verdadera?

$$8 + \underline{\quad} = 6 + 6$$

☆ Práctica guiada ☆

Escribe los números que faltan para hacer la ecuación verdadera. Dibuja fichas para ayudarte.

1. $10 + \underline{?} = 5 + 7$

$10 + \underline{?} = 12$

$10 + \underline{2} = 12$

2. $4 + 5 = 6 + \underline{?}$

$\underline{\quad} = 6 + \underline{?}$

$\underline{\quad} = 6 + \underline{\quad}$

☆ Práctica ☆ independiente

Escribe el número que falta para hacer cada ecuación verdadera.

3. ____ $+ 6 = 4 + 9$

4. $14 - 7 =$ ____ $- 3$

5. $8 +$ ____ $= 9 + 4$

6. $10 -$ ____ $= 7 - 3$

7. $15 - 10 = 10 -$ ____

8. $7 + 4 = 8 +$ ____

9. $10 + 2 =$ ____ $+ 4$

10. $13 - 10 =$ ____ $- 7$

11. ____ $+ 7 = 9 + 1$

12. **Matemáticas y Ciencias** Cora y René están haciendo "teléfonos" con vasos de papel y cuerda. Usan un pedazo de cuerda que mide 13 pies de largo y lo cortan en 2 partes. Una parte mide 8 pies. ¿Qué tan largo es el otro pedazo de cuerda? Escribe el número que falta en las ecuaciones de suma y resta.

____ $= 13 - 8$

$13 =$ ____ $+ 8$

____ pies

Puedes pensar en la resta como un problema de un sumando que falta.

Resolución de problemas

Resuelve los problemas.

13. **Razonar** Cárol tiene 14 pelotas de tenis. Daniel tiene 4 pelotas de tenis. ¿Cuántas pelotas de tenis más que Daniel tiene Cárol?

14 − _____ = _____   _____ más

14. **Razonar** Raúl se encontró 10 piedras, pero se le cayó 1 piedra. Arturo se encontró 3 piedras. ¿Cuántas piedras tendría que encontrar Arturo para tener la misma cantidad que Raúl?

10 − 1 = 3 + _____   _____ piedras

15. **Razonamiento de orden superior** José tiene 5 crayones rojos y 8 azules. Tere tiene 10 crayones rojos y algunos azules. Si Tere tiene la misma cantidad de crayones que José, ¿cuántos crayones azules tiene Tere? Di cómo lo sabes.

_____

_____

_____

16. ✓**Evaluación** Une con una flecha el número que hace la ecuación verdadera.

1   2   3   4   5   6   7   8

$$4 + 7 = 5 + \underline{\qquad}$$

Tema 5 | Lección 3

Nombre _____

¡Revisemos! Resolver un lado de una ecuación verdadera puede ayudarte a resolver el otro lado.

$$9 + \underline{\quad} = 7 + 8$$

Los dos lados de una ecuación verdadera deben tener el mismo valor.

Primero, resuelve $7 + 8$. $7 + 8 = 15$

Luego, resuelve $9 + \underline{?} = 15$. $9 + \underline{6} = 15$

Por tanto, $9 + \underline{6} = 7 + 8$.

También puedes usar fichas para representar la ecuación.

ACTIVIDAD PARA EL HOGAR Escriba un número entre 0 y 20. Pídale a su niño(a) que escriba una suma o una resta que dé como resultado ese número. Repita la actividad con otros números. Luego, pídale que le diga un número, y entonces usted le dice una suma o resta. Después, pídale que le diga si usted hizo una ecuación verdadera o falsa.

Escribe los números que faltan para hacer las ecuaciones verdaderas. Dibuja fichas para ayudarte.

1.

$$7 + \underline{\quad} = 8 + 6$$
$$8 + 6 = \underline{\quad}$$
$$7 + \underline{\quad} = \underline{\quad}$$

2.

$$2 + 4 = 16 - \underline{\quad}$$
$$2 + 4 = \underline{\quad}$$
$$\underline{\quad} = 16 - \underline{\quad}$$

Resuelve cada problema.

3. **Razonar** Gustavo tiene 15 sombreros. Talía tiene 10 sombreros, pero quiere tener el mismo número de sombreros que Gustavo. ¿Cuántos sombreros más necesita Talía?

$15 = 10 +$ _____

_____ más

4. **Razonar** Laila usa el mismo número de fichas que Paco. ¿Qué número haría esta ecuación verdadera?

$8 + 1 = 16 -$ _____

5. **Razonamiento de orden superior** Escribe el número que falta para hacer la ecuación verdadera. Usa dibujos o palabras para explicar cómo lo sabes.

$3 + 4 = 8 -$ _____

6. **Evaluación** Une con una flecha el número que hace la ecuación verdadera.

1   2   3   4   5   6   7   8

$4 +$ _____ $= 1 + 8$

Nombre _____

Resuélvelo y coméntalo

Yo tengo 6 naranjas, Alex tiene 2 peras y Jada tiene 4 manzanas. ¿Cuántas frutas tenemos en total los tres? Escribe 2 ecuaciones diferentes de suma para resolver el problema.

Puedo...
usar diferentes estrategias para resolver problemas verbales con 3 sumandos.

También puedo
representar con modelos matemáticos.

___ + ___ + ___ = ___

___ + ___ + ___ = ___

Vicente recogió piedras rojas. Las separó en 3 canastas. ¿Cuántas piedras rojas tiene en total?

 5   4    6

Puedo sumar 5 + 4 primero y luego sumar 6.

$5 + 4 = 9$
$9 + 6 = 15$

Puedo sumar 4 + 6 para formar 10 y luego sumar 5.

$4 + 6 = 10$
$10 + 5 = 15$

 5    4    6

La suma es la misma aunque agrupe los números de maneras diferentes.

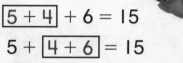

$\boxed{5 + 4} + 6 = 15$
$5 + \boxed{4 + 6} = 15$

Vicente tiene 15 piedras rojas.

¿Lo entiendes?

¡Demuéstralo! ¿Cómo el agrupar los números de maneras diferentes te puede ayudar a resolver un problema?

 **Práctica guiada**   Escribe una ecuación para resolver cada problema. Escoge una manera de agrupar los sumandos.

1. Paula encuentra algunas conchitas en la playa. Encuentra 7 conchitas rosas, 3 negras y 4 blancas. ¿Cuántas conchitas encontró Paula?

   $7 + 3 + 4 = 14$ 14 conchitas

2. Tom ve algunos pájaros. Ve 4 pájaros rojos, 2 azules y 6 negros. ¿Cuántos pájaros ve Tom en total?

   ___ + ___ + ___ = ___   ___ pájaros

       Tema 5 | Lección 4

★ Práctica ★ independiente Escribe una ecuación para resolver cada problema. Escoge una manera de agrupar los sumandos.

3. Ale tiene tarjetas de sus atletas preferidos. Tiene 8 tarjetas de beisbol, 2 de futbol y 3 de básquetbol. ¿Cuántas tarjetas tiene Ale en total?

_____ + _____ + _____ = _____

_____ tarjetas

4. Bob está sembrando semillas. Siembra 2 semillas cafés, 6 blancas y 8 negras. ¿Cuántas semillas siembra Bob?

_____ + _____ + _____ = _____

_____ semillas

Escribe los números que faltan en cada problema.

5. **Álgebra** $16 = 7 + \underline{} + 6$

6. **Álgebra** $11 = 2 + 2 + \underline{}$

7. **Vocabulario** Julio encontró 3 mariquitas y algunas hormigas. Luego, encontró 5 escarabajos. Julio encontró 14 insectos en total. ¿Cuántas hormigas encontró Julio? Escribe el **sumando** que falta.

$14 = 3 + \underline{} + 5$

Julio encontró _____ hormigas.

8. **Razonamiento de orden superior** Rosa recogió 12 flores del jardín. Recogió algunas flores moradas, 4 rojas y 3 amarillas. ¿Cuántas flores moradas recogió Rosa?

$12 = ? + 4 + 3$

Rosa recogió _____ flores moradas.

9. Generalizar Diego lanza 3 saquitos amarillos al tiro al blanco. Los números en el tablero del tiro al blanco muestran los puntos que se pueden anotar en cada tiro.

Escribe una ecuación de suma para hallar el puntaje total de Diego.

¿Se repite algo en el problema?

___ + ___ + ___ = ___

10. Razonamiento de orden superior
Escribe un cuento-problema sobre juguetes. El cuento debe representar la siguiente ecuación.

$4 + 1 + 9 = 14$

11. ✔ Evaluación Ana lanza 3 saquitos amarillos al tiro al blanco y anota 17 puntos. ¿Cuál de los dibujos muestra su tablero de tiro al blanco?

Ⓐ

Ⓑ

Ⓒ

Ⓓ

Ayuda   Herramientas   Juegos

Problemas verbales con tres sumandos

¡Revisemos! Puedes agrupar los sumandos de diferentes maneras y luego escribir una ecuación.

 +  +

Sofía tiene algunas frutas. Tiene 3 manzanas, 5 plátanos y 5 peras. ¿Cuántas frutas tiene en total?

Primero, suma los plátanos y las peras.

$5 + 5 = \underline{10}$

Luego, suma las manzanas.

$\underline{10} + \underline{3} = \underline{13}$

Sofía tiene $\underline{13}$ frutas en total.

ACTIVIDAD PARA EL HOGAR
Junte varios tipos de objetos pequeños, como botones, clips y monedas. Dígale a su niño(a) un problema verbal usando los objetos. Pídale que sume los objetos y le diga cuántos hay en total.

Halla cada suma. Escoge una manera de agrupar los sumandos.

1.

   ___ + ___ + ___ = ___

2.

   ___ + ___ + ___ = ___

Escribe una ecuación para resolver cada problema.

3. Tobías está jugando con bloques. Tiene 3 bloques rojos, 3 amarillos y 6 azules. ¿Cuántos bloques tiene Tobías en total?

_____ + _____ + _____ = _____

_____ bloques

4. Ema tiene 7 cuentas verdes, algunas moradas y 6 amarillas. Tiene 17 cuentas en total. ¿Cuántas cuentas moradas tiene Ema?

_____ + _____ + _____ = _____

_____ cuentas moradas

5. Rita plantó 3 filas de zanahorias, 4 de cebollas y 7 de lechugas. ¿Cuántas filas de verduras plantó Rita en total?

_____ + _____ + _____ = _____

_____ filas

6. Julián construyó 8 mesas, 3 sillas y 4 escritorios. ¿Cuántos muebles construyó Julián?

_____ + _____ + _____ = _____

_____ muebles

7. **Razonamiento de orden superior** Escribe un problema-cuento sobre el almuerzo que represente la siguiente ecuación $5 + 8 + 2 = 15$.

_____

_____

_____

_____

8. **Evaluación** En el refugio de animales, Cati les da de comer a 2 conejos, 6 perros y 4 gatos. ¿A cuántos animales les da Cati de comer en total?

18	16	15	12
Ⓐ	Ⓑ	Ⓒ	Ⓓ

Resuélvelo y coméntalo

Carlos hizo una pila de 6 libros, otra de 4 libros y otra de 6 libros. ¿Cómo puedes usar la suma para saber el número total de libros que hay en las 3 pilas?

Escribe dos ecuaciones diferentes para mostrar cuántos libros hay en total.

Resuelve

Lección 5-5
Sumar tres números

Puedo...
hallar diferentes estrategias para sumar tres números.

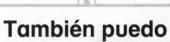

También puedo
representar con modelos matemáticos.

___ + ___ + ___ = ___

___ + ___ + ___ = ___

Puedes sumar tres números.

$8 + 6 + 2$

Escoge 2 números para sumarlos primero.

Puedes formar 10.

$⑧ + 6 + ② = \underline{16}$

$\boxed{10}$

$8 + 2 = 10$
$10 + 6 = 16$

Puedes hacer un doble.

$8 + ⑥ + ② = \underline{16}$

$\boxed{8}$

$6 + 2 = 8$
$8 + 8 = 16$

Puedes sumar cualquier combinación de dos números primero.

③
⑤ $\boxed{8}$
$\underline{+4}$
12

3
⑤
$\underline{+4}$ $\boxed{9}$
12

Las sumas o totales son los mismos.

¿Lo entiendes?

¡Demuéstralo! ¿Por qué puedes escoger dos números para sumarlos primero cuando estás sumando tres números?

Práctica guiada

Primero, suma los números encerrados en un círculo y escribe la suma en el recuadro. Luego, escribe la suma o total de los tres números.

1. $② + ⑨ + 1 = \underline{12}$

$\boxed{11}$

2. $⑥ + ③ + 2 = \underline{\quad}$

$\boxed{}$

$2 + ⑨ + ① = \underline{12}$

$\boxed{10}$

$6 + ③ + ② = \underline{\quad}$

$\boxed{}$

✩ Práctica ✩ independiente

Encierra en un círculo dos números para sumarlos y escribe la suma de ellos en el recuadro de la derecha. Luego, escribe la suma o total de los tres números.

3.
```
   6
   6
 + 1
```
☐

☐

4.
```
   3
   7
 + 8
```
☐

☐

5.
```
   2
   8
 + 3
```
☐

☐

6.
```
   7
   3
 + 3
```
☐

☐

7.
```
   2
   2
 + 8
```
☐

☐

8.
```
   5
   0
 + 9
```
☐

☐

9. **Sentido numérico** Halla los números que faltan.

Los números en cada rama deben sumar 15.

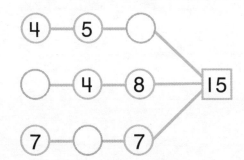

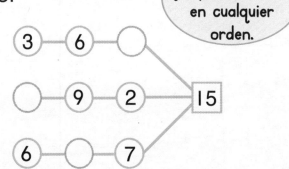

Recuerda que puedes sumar en cualquier orden.

Resolución de problemas

Escribe una ecuación para resolver cada problema.

10. **Buscar patrones** Mirna puso 7 libros en un estante, 3 en otro estante y 5 en el último estante. ¿Cuántos libros puso Mirna en los tres estantes?

¿Puedes descomponer el problema en partes más simples?

_____ + _____ + _____ = _____

_____ libros

---

11. **Razonamiento de orden superior** Explica cómo sumar $7 + 2 + 3$. Usa dibujos, números o palabras.

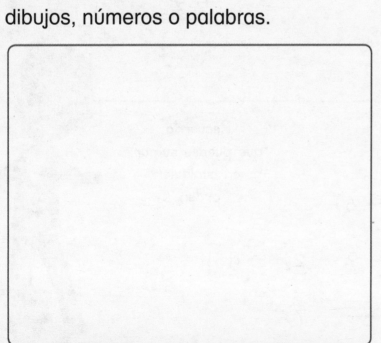

12. ✅**Evaluación** Manuel compró 4 lápices, 6 marcadores y 7 plumas. Quiere saber cuántas cosas compró en total. Primero, Manuel suma $4 + 6$. ¿Qué debe hacer después? Explícalo.

4 lápices   6 marcadores   7 plumas

_____

_____

_____

Ayuda Herramientas Juegos

¡Revisemos! Cuando tengas que sumar tres números, haz primero las sumas que ya conoces y luego suma el tercer número.

⑥
④
+ 3
───
[13]

$6 + 4 = 10$

$10 + 3 = 13$

Puedo sumar los números en un orden diferente.

La suma es la misma.

⑥
4
③
+
───
[13]

$3 + 6 = 9$

$9 + 4 = 13$

ACTIVIDAD PARA EL HOGAR
Dígale a su niño(a) tres números cuya suma sea menor o igual a 20. Pídale que sume los tres números. Pídale que piense en voz alta mientras suma los dos primeros números y, luego, el tercer número. Repita la actividad con varios grupos de números.

Halla cada suma usando diferentes maneras. Primero, suma los números encerrados en los círculos. Luego, suma el tercer número.

1.

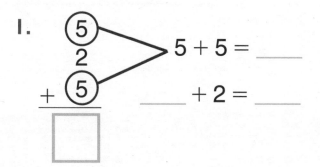

⑤
2
+ ⑤
───
□

$5 + 5 = \underline{\hspace{1cm}}$

$\underline{\hspace{1cm}} + 2 = \underline{\hspace{1cm}}$

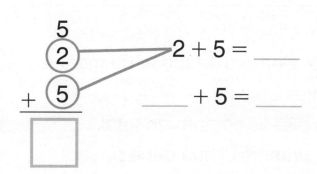

5
②
+ ⑤
───
□

$2 + 5 = \underline{\hspace{1cm}}$

$\underline{\hspace{1cm}} + 5 = \underline{\hspace{1cm}}$

Suma los números. Encierra en un círculo los números que sumaste primero.

2.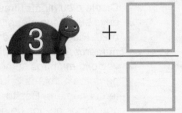

+

tortugas

3.

+

peces

4. **Razonamiento de orden superior**

Explica cómo sumar $3 + 3 + 4$. Usa dibujos, números o palabras.

5. ✓**Evaluación** Miguel compra piezas para armar un carro. Compra 1 bloque de madera, 4 llantas y 2 latas de pintura. Miguel quiere saber cuántas piezas compró en total.

Si suma $1 + 2$ primero, ¿qué debe hacer después? Explícalo.

Nombre ____________________

Resuélvelo y coméntalo José tiene 5 borradores más que Luisa. José tiene 7 borradores. ¿Cuántos borradores tiene Luisa?

Escribe tus respuestas abajo.

Lección 5-6

Resolver problemas verbales de suma y resta

Puedo…
resolver problemas verbales que incluyan comparaciones.

También puedo
entender bien los problemas.

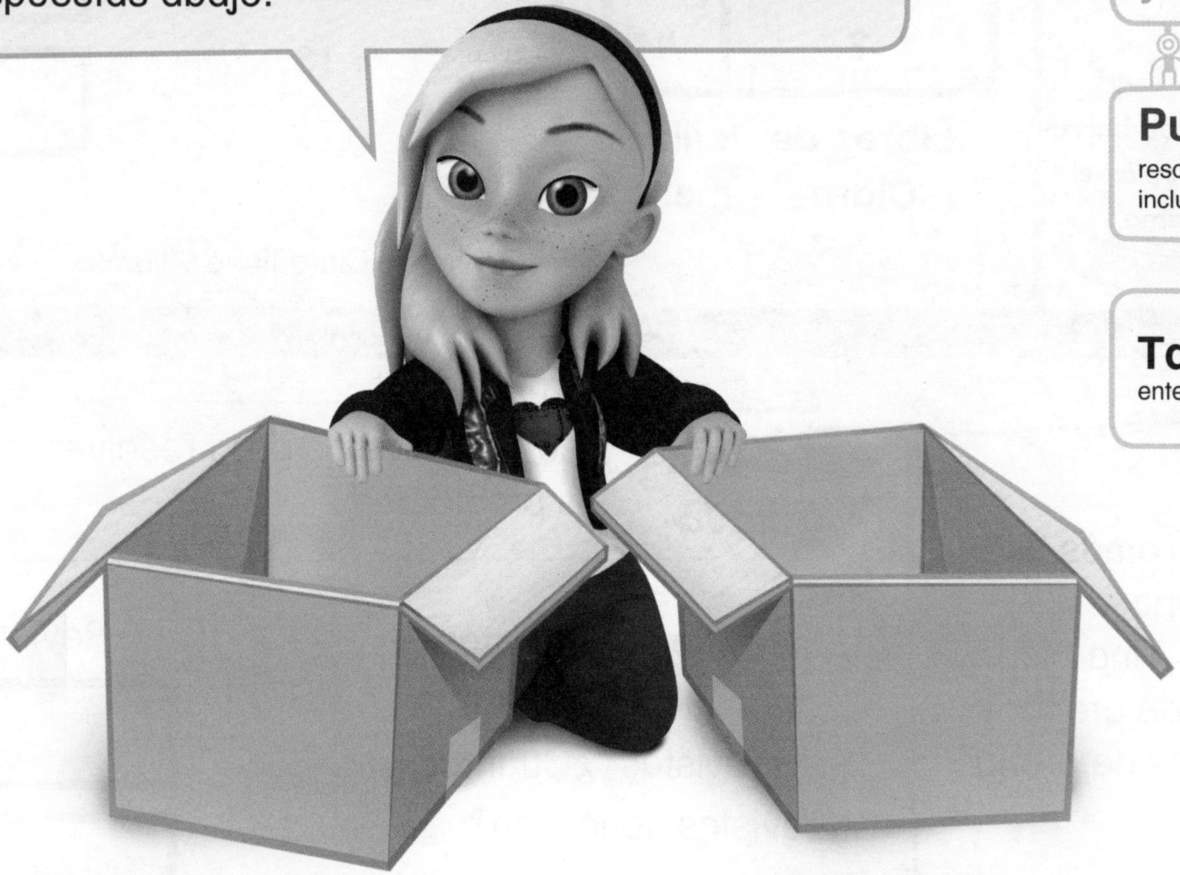

Borradores de José

Borradores de Luisa

Aprende Glosario

Esteban tiene 13 libros. Clara tiene 4 libros menos que Esteban. ¿Cuántos libros tiene Clara?

Puedes usar un modelo de barras para mostrar el problema.

Libros de Esteban

13

?	4

Libros de Clara **4 libros menos**

Puedes escribir una ecuación de suma o de resta para ver cuántos libros tiene Clara.

$13 - 4 = \underline{9}$

$4 + \underline{9} = 13$

13

9	4

Por tanto, Clara tiene 9 libros.

¿Lo entiendes?

¡Demuéstralo! Tomás hizo 8 castillos de arena menos que Tina. Tina hizo 10 castillos de arena. ¿Cuántos castillos de arena hizo Tomás?

Usa los modelos para resolver los problemas.

1. Celia tiene 8 revistas más que Lisa. Celia tiene 15 revistas. ¿Cuántas revistas tiene Lisa?

Revistas de Celia

15

7	8

Revistas de Lisa **8 revistas más**

$\underline{8} + \underline{7} = \underline{15}$

Lisa tiene _____ revistas.

Nombre _____

Práctica independiente

Usa los modelos para completar los problemas.

2. Arón recogió 3 juguetes y luego recogió 8 más. ¿Cuántos juguetes recogió Arón en total?

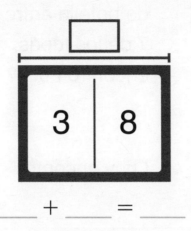

_____ + _____ = _____

Arón recogió _____ juguetes en total.

3. Javier hizo 5 vasos de fruta menos que Sandi. Sandi hizo 11 vasos de fruta. ¿Cuántos vasos de fruta hizo Javier?

11
___	5

_____ − _____ = _____

Javier hizo _____ vasos de fruta.

Escribe el número que falta en el modelo. Escoge una suma o una resta para resolver el problema.

4. Héctor tiene 5 botones menos que Tere. Héctor tiene 7 botones. ¿Cuántos botones tiene Tere?

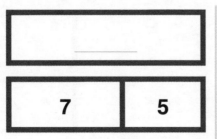

_____ ◯ _____ = _____ botones

5. Marcos llama a algunas personas. Ana llama a 8 personas. Entre los dos, llaman a 17 personas en total. ¿A cuántas personas llamó Marcos?

_____ ◯ _____ = _____ personas

6. Entender Cora tiene algunos animales de peluche. Le da 5 a Ana. Ahora Cora tiene 7 animales de peluche. ¿Cuántos animales de peluche tenía Cora antes?

_____ ◯ _____ = _____

Cora tenía _____ animales de peluche antes.

7. Entender Lucy y Toño encontraron 15 tapas de botella entre los dos. Toño encontró 7 de las tapas. ¿Cuántas tapas de botella encontró Lucy?

_____ ◯ _____ = _____

Lucy encontró _____ tapas de botella.

8. Razonamiento de orden superior

Dibuja un modelo para mostrar la ecuación. Luego, escribe y resuelve la ecuación.

$$16 - 10 = \underline{?}$$

_____ − _____ = _____

9. ✓Evaluación La familia de Tito tiene 3 mascotas más que la familia de Eva. La familia de Tito tiene 7 mascotas. ¿Cuántas mascotas tiene la familia de Eva? Completa el modelo de barras y escribe una ecuación para representar el cuento.

7

_____	3

_____ ◯ _____ = _____

Nombre _____

Ayuda   Herramientas   Juegos

Resolver
problemas
verbales de suma
y resta

¡Revisemos! Puedes usar la suma o la resta para resolver problemas verbales.

Beto tiene 10 cerezas más que Luis.

Beto tiene 14 cerezas.

¿Cuántas cerezas tiene Luis?

Beto tiene
10 más que Luis.
Voy a restar.

Empiezo con 10
fichas rojas. Luego, añado fichas
amarillas para formar 14.
¿Cuántas fichas
amarillas hay?

ACTIVIDAD PARA EL HOGAR
Diga un cuento que incluya
comparación, como: "Tom tiene
3 tarjetas más que Julia. Tom
tiene 10 tarjetas. ¿Cuántas
tarjetas tiene Julia?". Pídale a su
niño(a) que use objetos pequeños
para representar el cuento. Luego,
pídale que escriba una ecuación
que represente el cuento. Repita
la actividad con otros problemas
de comparación.

$14 - 10 =$ ____ $10 +$ ____ $= 14$

$14 - 10 = 4$ $10 + 4 = 14$

Luis tiene 4 cerezas.

Dibuja fichas para mostrar el problema
y luego resuélvelo.

1. Selena tiene 10 calabazas. Le da algunas
a Nora. Ahora Selene tiene 6 calabazas.
¿Cuántas calabazas le dio Selene a Nora?

____ ◯ ____ = ____

Selene le dio a Nora ____ calabazas.

2. Víctor escribe 10 poemas más que Alicia. Alicia escribe 10 poemas. ¿Cuántos poemas escribe Víctor?

____ ◯ ____ = ____

Víctor escribe ____ poemas.

3. Bárbara tiene 13 crayones. Le da 6 crayones a Javier. ¿Cuántos crayones le quedan a Bárbara?

____ ◯ ____ = ____

A Bárbara le quedan ____ crayones.

4. Razonamiento de orden superior
Escribe un problema-cuento que use la palabra **más** y luego resuélvelo.

____ ◯ ____ = ____

5. ✓**Evaluación** Sam hizo 6 dibujos menos que Tula. Tula hizo 15 dibujos. ¿Cuántos dibujos hizo Sam? Dibuja o tacha fichas y escribe una ecuación que represente el cuento.

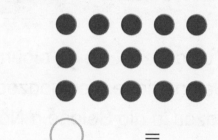

____ ◯ ____ = ____

Sam hizo ____ dibujos.

Nombre _____

Comenta la siguiente ecuación con un compañero. Decidan si es verdadera o falsa. Expliquen su razonamiento.

Puedo...
entender que el signo igual significa "el mismo valor que" y que usaré un lenguaje preciso para hablar sobre ello.

También puedo
sumar y restar hasta 20.

$$9 = 5 + 2 + 2$$

Hábitos de razonamiento

¿Estoy usando los números y los signos correctamente?

¿Es clara mi respuesta?

¿Qué número puedes escribir para hacer la ecuación verdadera?

$14 = 5 + \underline{\quad} + 8$

¿Cómo puedo ser preciso al resolver este problema?

Puedo usar las palabras, los números y los signos correctamente.

El signo igual significa "el mismo valor que". 14 tiene el mismo valor que 5 más otro número más 8.

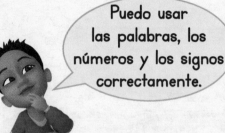

$5 + 8 = 13$; por tanto, $14 = 13 + \underline{\quad}$.

$13 + 1 = 14$; por tanto, 1 es el número que faltaba.

$14 = 5 + \underline{1} + 8$.

¿Lo entiendes?

¡Demuéstralo! ¿Es verdadera o falsa la siguiente ecuación? ¿Cómo lo sabes?

$10 + 5 = 9 + 3 + 3$

☆ Práctica guiada ☆

Escribe el signo ($+$, $-$ o $=$) o el número que haga la ecuación verdadera. Luego, di cómo sabes que hallaste el signo o el número correcto.

1. $3 + 8 = 4 + \boxed{7}$

2. $4 + 3 + \boxed{} = 13$

Nombre _____

Herramientas Evaluación

Práctica independiente Escribe el signo (+ , − o =) o el número que haga cada ecuación verdadera. Luego, di cómo sabes que hallaste el signo o el número correcto.

3. $19 \bigcirc 10 = 9$

_____

_____

_____

4. $20 = \boxed{} + 5 + 5$

_____

_____

_____

5. $10 + 1 \bigcirc 6 + 5$

_____

_____

_____

6. $9 - 2 = 10 \bigcirc 3$

_____

_____

_____

7. **Álgebra** Escribe el número que falta en la siguiente ecuación. Explica cómo lo sabes.

$42 + 55 = 55 + \boxed{}$

_____

_____

Piensa en el significado de los signos.

Tema 5 | Lección 7

trescientos treinta y siete **337**

Resolución de problemas

Fiesta de globos Daniel tiene 7 globos verdes y 4 amarillos. Gaby tiene 15 globos azules.

8. **Explicar** Si Gaby regala 4 globos, entonces ella y Daniel tendrán el mismo número de globos. Escribe en los círculos +, − o = para hacer la ecuación verdadera.

7 ◯ 4 ◯ 15 ◯ 4

Explica por qué escogiste esos signos.

_____

_____

_____

¿Cómo sabes que la ecuación es verdadera?

_____

_____

_____

9. **Hacerlo con precisión** Si Gaby se queda con sus 15 globos, ¿cuántos globos tendría que comprar Daniel para tener la misma cantidad que Gaby? Completa la ecuación para hallar la respuesta.

7 ◯ 4 ◯ ___ ◯ 15

¿Usaste los números y signos correctamente? Explica cómo lo sabes.

_____

_____

_____

Nombre _____

¡Revisemos! Puedes escribir el número que falta para hacer la ecuación verdadera.

$$3 + 9 = \underline{\quad} + 6$$

Primero, resuelve el lado que sabes.

$$3 + 9 = \underline{12}$$

Luego, usa lo que sabes para resolver el otro lado.

$$12 = \underline{6} + 6$$

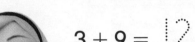

Sé que el significado del signo = es "lo mismo que".

12 es un doble: 6 + 6. ¡El número que falta es 6!

$3 + 9 = 6 + 6$ es lo mismo que $12 = 12$.

ACTIVIDAD PARA EL HOGAR
Ponga 2 grupos de objetos de no más de 10 objetos cada uno en la mesa para representar una suma. Pídale a su niño(a) que le diga qué suma es, por ejemplo: 5 + 7 = 12. Luego, pídale que reacomode los objetos para representar otra suma y pídale que le diga qué suma es, por ejemplo: 9 + 3 = 12. Ayude a su niño(a) a escribir una ecuación que muestre que su suma y la de usted son iguales, por ejemplo: 5 + 7 = 9 + 3.

Escribe el número que haga la ecuación verdadera.
Luego, escribe el número que haga iguales los dos lados.

1. $\boxed{} - 0 = 7 + 8$

   $\underline{\quad} = \underline{\quad}$

2. $6 + 4 = \boxed{} + 9$

   $\underline{\quad} = \underline{\quad}$

3. $8 - 5 = 13 - \boxed{}$

   $\underline{\quad} = \underline{\quad}$

Damas Jaime y Alma jugaron 12 juegos de damas la semana pasada. Esta semana jugaron 7 juegos el lunes y 2 el miércoles.

4. **Explicar** Jaime y Alma jugaron 3 juegos más esta semana. O sea que han jugado el mismo número de juegos que la semana pasada. Para hacer la ecuación verdadera, escribe en los círculos los signos que correspondan: +, − o =.

12 ◯ 7 ◯ 2 ◯ 3

Explica por qué escogiste esos signos.

_____

_____

_____

_____

¿Cómo sabes que la ecuación es verdadera?

_____

_____

5. **Hacerlo con precisión** Alma perdió 4 de los juegos que jugó la semana pasada. ¿Cuántos juegos ganó?

Escribe una ecuación para hallar tu respuesta.

____ ◯ ____ ◯ ____

Alma ganó ____ juegos.

Usa un lenguaje preciso de matemáticas para explicar cómo sabes que la ecuación y la repuesta son correctas.

_____

_____

_____

_____

Trabaja con un compañero. Necesitan papel y lápiz. Cada uno escoge un color diferente: celeste o azul.

El Compañero 1 y el Compañero 2 apuntan a uno de los números negros al mismo tiempo. Resta el número del Compañero 1 del número del Compañero 2.

Si la respuesta está en el color que escogiste, puedes anotar una marca de conteo.

Sigan la actividad hasta que uno de los compañeros tenga doce marcas de conteo.

Puedo...
sumar y restar hasta 10.

Compañero 1

| 5 |
| 0 |
| 3 |
| 1 |
| 4 |
| 2 |

| 6 | 4 | 1 | 8 | 9 | 5 |
| 2 | 10 | 0 | 3 | 1 | 7 |

Compañero 2

| 8 |
| 6 |
| 5 |
| 10 |
| 7 |
| 9 |

Marcas de conteo del Compañero 1	Marcas de conteo del Compañero 2

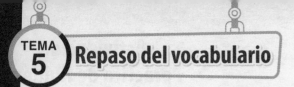

Lista de palabras
- ecuación
- más
- restar
- sumar

Comprender el vocabulario

1. Encierra en un círculo **Verdadera** o **Falsa** para la siguiente ecuación de suma.

$$4 + 6 = 5 + 2 + 3$$

Verdadera   Falsa

2. Encierra en un círculo **Verdadera** o **Falsa** para la siguiente ecuación de resta.

$$10 = 11 - 2$$

Verdadera   Falsa

3. Escribe el número que necesitas sumar para hacer la ecuación verdadera.

$$7 - 3 = 2 + \underline{\quad}$$

4. Escribe el número que necesitas sumar para hacer la ecuación verdadera.

$$\underline{\quad} + 4 + 2 = 10$$

5. Escribe el número que necesitas restar para hacer la ecuación verdadera.

$$9 = 10 - \underline{\quad}$$

Usar el vocabulario al escribir

6. Escribe un problema-cuento y su ecuación verdadera, usando al menos dos palabras de la Lista de palabras.

Grupo A

Resuelve la ecuación para saber si es **Verdadera** o **Falsa**.

$$6 + 5 = 3 + 8$$

Resuelve un lado primero. $6 + 5 = 11$
Resuelve el otro lado. $3 + 8 = 11$

$$11 = 11$$

Esta ecuación es **Verdadera**.

Indica si cada ecuación es **Verdadera** o **Falsa**.

1. $8 - 5 = 4 + 1$

    Verdadera   **Falsa**

2. $3 + 1 = 12 - 8$

    Verdadera   **Falsa**

Grupo B

Escribe los números que faltan para hacer la ecuación verdadera.

$$4 + 7 = 6 + \underline{\quad}$$

Los dos lados deben ser iguales.

$$4 + 7 = 11$$

Por tanto, $6 + \underline{5} = 11$.
El número que falta es 5.

$$4 + 7 = 6 + \underline{5}$$

Halla y escribe los números que faltan para hacer la ecuación verdadera.

3. $11 = \underline{\quad} + 4$

4. $\underline{\quad} - 4 = 5$

5. $10 + 5 = 6 + \underline{\quad}$

6. $9 - \underline{\quad} = 13 - 10$

7. $14 - \underline{\quad} = 2 + 2$

Puedes sumar tres números en cualquier orden. $2 + 8 + 2 =$ __?__

Forma 10 y luego suma 2.

$(2) + (8) + 2 =$ _12_

Haz un doble y luego suma 8.

$(2) + 8 + (2) =$ _12_

Halla la suma. Resuelve en cualquier orden.

8. $5 + 5 + 4 =$ ____

9. $9 + 5 + 1 =$ ____

10. $6 + 4 + 4 =$ ____

11. $3 + 3 + 5 =$ ____

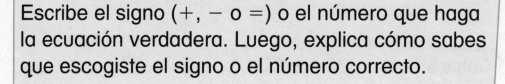

Hábitos de razonamiento

Hacerlo con precisión

¿Estoy usando los números y los signos correctamente?

¿Estoy sumando y restando con precisión?

Escribe el signo $(+, -$ o $=)$ o el número que haga la ecuación verdadera. Luego, explica cómo sabes que escogiste el signo o el número correcto.

12. $10 - 5 = 2 \bigcirc 3$

_____

_____

13. $4 + 5 = 10 \bigcirc 1$

_____

_____

1. Completa el modelo. Luego, escribe el número que falta en la ecuación.

$14 = $ ____ $+ 9$

2. Indica si la ecuación es **Verdadera** o **Falsa.**

Evaluación

$$4 + 7 = 13 - 3$$

Verdadera   Falsa

3. ¿Qué número falta?

$16 - $ __?__ $= 2 + 6$

Ⓐ 10

Ⓑ 9

Ⓒ 8

Ⓓ 7

4. Licha tiene 2 perros y 3 gatos. También tiene 7 peces. ¿Cuántas mascotas tiene Licha en total?

$2 + 3 + 7 = $ ____

5. Beto tiene 10 manzanas. Usó 8 para hacer un postre. Lalo tiene 6 manzanas. ¿Cuántas manzanas debe usar Lalo para que le quede el mismo número de manzanas que a Beto?

$$10 - 8 = 6 - \underline{\quad}$$

_____ manzanas

6. Melisa, Tom y Nicol quieren jugar tenis. Melisa tiene 5 pelotas de tenis, Tom tiene 5 y Nicol tiene 3. ¿Cuántas pelotas de tenis tienen en total?

Ⓐ 13

Ⓑ 14

Ⓒ 15

Ⓓ 16

7. En un juego de futbol, Andrés anotó 3 goles menos que Elisa. Elisa anotó 9 goles. ¿Cuántos goles anotó Andrés?
Completa el diagrama de barras y escribe una ecuación que represente el cuento.

9

	3

_____ 〇 _____ = _____

_____ goles

8. Escribe el signo que falta (+, − o =) para hacer la ecuación verdadera. Usa un lenguaje preciso de matemáticas para explicar cómo escogiste el signo.

$$16 = 4 + 8 \bigcirc 4$$

_____

_____

_____

Nombre _____

El florero de mamá

Elsa y su hermano David pusieron unas flores en un florero para su mamá.

5 rosas

5 margaritas

2 claveles

8 lirios

I. Completa la siguiente ecuación para mostrar el número de lirios y rosas.

Usa números y signos (+, −, =).

_____ + 5 ◯ _____

2. ¿Cuántas rosas, margaritas y claveles pusieron en el florero?

Escribe una ecuación para resolver el problema.

_____ + _____ + _____ = _____

Explica cómo sumaste. Usa dibujos, números o palabras.

3. Elsa pone las rosas y las margaritas en el florero. David pone los claveles y los lirios en el florero. ¿Pusieron Elsa y David el mismo número de flores en el florero?

Completa la ecuación.

_____ + _____ = _____ + _____

Escribe los números que faltan.

Elsa puso _____ flores en el florero.
David puso _____ flores en el florero.
¿Pusieron Elsa y David el mismo número de flores en el florero? Encierra en un círculo **Sí** o **No.**

Sí   **No**

4. David dice que hay 3 margaritas más que claveles. ¿Qué ecuación puede usar para saber si tiene razón?

5 ◯ _____ ◯ _____

5. Elsa dice que si hubiera 2 lirios menos, el número de lirios sería igual al número de margaritas. Elsa escribe la siguiente ecuación. ¿Es la ecuación verdadera o falsa? Explica cómo lo sabes.

$8 - 2 = 5$

_____

_____

6. Elsa y David compran más claveles. Ahora tienen 10 en total. ¿Cuántos claveles compraron? Completa la ecuación usando +, − o =.

10 ◯ 2 ◯ 8 _____ claveles más

Usa un lenguaje preciso de matemáticas para explicar cómo escogiste el signo.

_____

_____

Representar e interpretar datos

Pregunta esencial: ¿De qué maneras puedes recolectar, mostrar y entender los datos?

Recursos digitales

Resuelve · Aprende · Glosario · Herramientas · Evaluación · Ayuda · Juegos

Hay muchos tipos de teléfonos.

El primer teléfono se inventó hace más de 100 años.

¡Increíble! Hagamos este proyecto para aprender más.

Proyecto de Matemáticas y Ciencias: Diferentes tipos de teléfonos

Investigar Habla con tu familia y tus amigos sobre los teléfonos que usan. Pregúntales cómo han cambiado los teléfonos durante su vida.

Diario: Hacer un libro Muestra lo que encontraste. En tu libro, también:

• haz dibujos de varios tipos de teléfonos. ¿Cuál crees que es mejor para hacer llamadas?

• busca información sobre los tipos de teléfonos que la gente usa.

Nombre _____

⭐Repasa lo que sabes⭐

A-Z Vocabulario

1. Encierra en un círculo los cubos que hacen verdadera la **ecuación**.

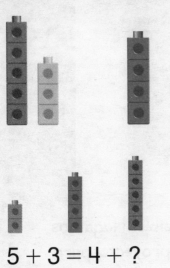

$$5 + 3 = 4 + ?$$

2. Escribe los números que indican cuántas frutas hay. Luego, encierra en un círculo el grupo con **menos** frutas.

_____   _____

_ _ _ _   _ _ _ _

_____   _____

3. Escribe los números que indican cuántas pelotas hay. Luego, encierra en un círculo el grupo con **más** pelotas.

_____   _____

_ _ _ _   _ _ _ _

_____   _____

Hallar la parte que falta

4. Escribe el número que hace verdadera la ecuación.

$$15 - 8 = \_\_\_ + 1$$

5. Escribe los números que faltan.

$$5 + 3 + 2 = \_\_\_$$

$$9 + \_\_\_ + 7 = 17$$

Sumas de casi dobles

6. Escribe el número que falta para resolver esta suma de casi dobles.

$$7 + \_\_\_ = 15$$

350 trescientos cincuenta

Copyright © Savvas Learning Company LLC. All Rights Reserved.

Tema 6

Mis tarjetas de palabras

Estudia las palabras de las tarjetas.
Completa la actividad que está al reverso.

A-Z
Glosario

marcas de conteo

marcas que se usan para anotar datos

Gatos	III
Perros	II

datos

información que reúnes

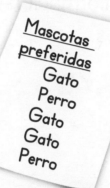

Mascotas preferidas
Gato
Perro
Gato
Gato
Perro

tabla de conteo

una tabla que usa marcas de conteo para mostrar los datos

Brócoli	Zanahoria
꤈꤈꤈꤈꤈ I	꤈꤈꤈꤈꤈ IIII

encuesta

herramienta para reunir información

Gatos   III
Perros   II

¿Qué te gusta más, los gatos o los perros?

pictografía

una gráfica que usa dibujos para mostrar los datos

Mascotas preferidas			
Gato	🐱	🐱	🐱
Perro	🐶	🐶	

Mis tarjetas de palabras

Usa lo que sabes para completar las oraciones. Para ampliar lo que aprendiste, escribe tu propia oración usando cada palabra.

Una tabla que usa marcas de conteo para mostrar los datos es una

________________.

____

son la información que tú reúnes.

Puedes usar

____

para mostrar los datos.

Una ________________

es una gráfica que usa dibujos para mostrar los datos.

Puedes hacer preguntas en una

____

para reunir información.

Resuélvelo y coméntalo

Sandra quiere mostrarle a un amigo cuántos crayones tiene de cada color. ¿Cómo lo puede hacer? Muestra una manera.

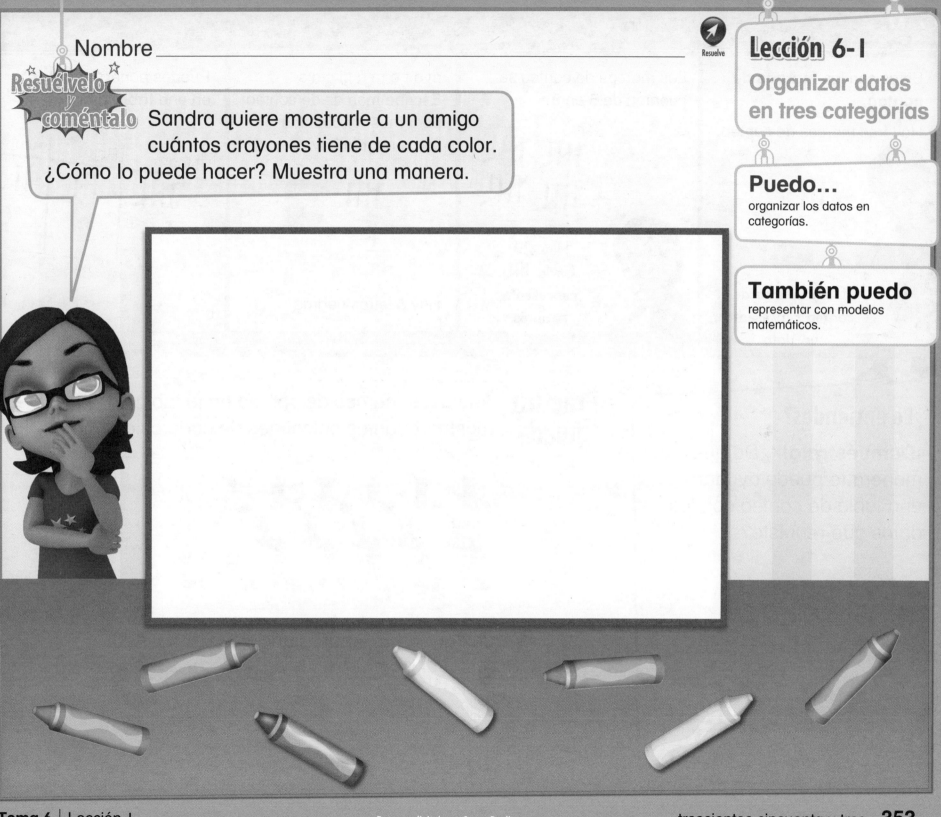

Lección 6-1
Organizar datos en tres categorías

Puedo...
organizar los datos en categorías.

También puedo
representar con modelos matemáticos.

Aprende   Glosario

Estas son las **marcas de conteo.**

Hay tres marcas de conteo.

Cada marca de conteo representa un dato.

Las marcas de conteo se cuentan de 5 en 5.

Hay 20. Cada 卌 representa 5 datos.

m a t e m á t i c a s
Escribe marcas de conteo para mostrar cuántas letras negras hay.

Hay 6 letras negras.

Puedes poner los **datos** en una **tabla de conteo.**

Negro	Rojo	Azul
卌 I	III	II

¿Lo entiendes?

¡**Demuéstralo!** ¿De qué manera te puede ayudar una tabla de conteo con los datos que reuniste?

**Práctica guiada** Anota las marcas de conteo en la tabla para mostrar cuántos calcetines de cada color hay.

1.

Verde	Anaranjado	Azul

354 trescientos cincuenta y cuatro

Tema 6 | Lección 1

☆ **Práctica** ☆
independiente
☆

Usa la tabla de conteo de la Práctica guiada para contestar cada pregunta.

2. ¿Qué color de calcetines tiene más marcas de conteo?

_____

3. ¿Cuántos calcetines azules hay?

_____

4. ¿Cuántos calcetines hay en total?

_____

Usa la siguiente tabla de conteo para contestar cada pregunta.

Clóset de Saúl

Camisetas	Pantalones cortos	Zapatos
卌 ||	||||	||

5. ¿Cuántos pantalones cortos tiene Saúl?

_____

6. ¿De qué prenda de vestir tiene más en su clóset Saúl?

_____

7. Matemáticas y Ciencias Rita anotó el tiempo que duraban diferentes tipos de zapatos. Anotó una marca de conteo por cada mes hasta que se desgastaban. ¿Qué tipo de zapatos duró más tiempo? ¿Cuántos meses hasta que se desgastó?

Zapatos de Rita

Tenis	Sandalias	Mocasines
||||	||	卌

_____

8. Representar Haz marcas de conteo para mostrar cuántas gorras hay de cada color.

Azul	Verde	Morado

9. Hacerlo con precisión ¿Cómo sabes que hay menos gorras moradas?

_____

_____

_____

Piensa en la definición de *menos*.

10. Razonamiento de orden superior Escribe una pregunta sobre la tabla de conteo de los Ejercicios 8 y 9, y luego contéstala.

_____

_____

11. ✓**Evaluación** ¿Qué oraciones son verdaderas? Selecciona todas las que apliquen.

☐ Hay 12 gorras azules.

☐ Hay 7 gorras verdes.

☐ Hay 3 gorras moradas.

☐ Hay 12 gorras en total.

Nombre _____

Tarea y práctica
6-1
Organizar datos en tres categorías

¡Revisemos! Puedes hacer marcas de conteo para mostrar datos.
Esta tabla de conteo muestra cómo llegan los estudiantes a la escuela.

Ir a la escuela

Caminando	Autobús escolar
IIII II	IIII IIII

ACTIVIDAD PARA EL HOGAR
Pídale a su niño(a) que le explique la tabla de la izquierda con sus propias palabras. Asegúrese de que entienda que cada marca de conteo representa 1 dato y que 4 marcas con 1 marca diagonal representa 5.

Para contar los estudiantes que caminan, cuenta 5, 6, 7.
7 estudiantes caminan a la escuela.

I equivale a 1 y IIII equivale a 5.

_7_ estudiantes caminan.

Para contar los estudiantes que van en autobús, cuenta 5, 10.
10 estudiantes van en autobús a la escuela.

_10_ estudiantes van en autobús.

_17_ estudiantes en total van a la escuela.

Usa la tabla de conteo para contestar cada pregunta.

Globos

⬭ Rojo	⬭ Azul
IIII	IIII II

1. ¿Qué color de globo tiene más marcas de conteo?

_____

2. ¿Cuántos globos hay en total?

_____

Los alumnos de primer grado votaron por su color favorito. Contesta cada pregunta sobre la tabla de conteo.

Color favorito

Azul	Rojo	Verde
ɪɪɪɪ ɪɪ	ɪɪɪ	ɪɪɪɪ ɪ

3. ¿A cuántos estudiantes les gusta el rojo?

_____

4. ¿A cuántos estudiantes les gusta el verde?

_____

5. ¿Cuántos estudiantes votaron en total?

_____

6. Razonamiento de orden superior Escribe una pregunta sobre la tabla de conteo que está arriba, y luego contéstala.

_____
_____
_____
_____
_____

7. ✓ Evaluación ¿Qué oraciones son verdaderas? Selecciona todas las que apliquen.

☐ A 3 estudiantes les gusta el verde.

☐ A 7 estudiantes les gusta el azul.

☐ El azul y el verde tienen el mismo número de votos.

☐ El rojo tiene menos votos.

Nombre _____

Resuélvelo y coméntalo

¿Cuál es tu actividad favorita al aire libre?

Pide a varios compañeros que escojan entre Saltar la cuerda, Jugar básquetbol o Andar en bicicleta. Completa la tabla de conteo para mostrar tus datos. Luego, contesta las preguntas.

Resuelve

Lección 6-2
Reunir y representar datos

Puedo...
reunir información y organizarla, usando una pictografía.

También puedo
razonar sobre las matemáticas.

Actividad favorita al aire libre

Saltar la cuerda	
Jugar básquetbol	
Andar en bicicleta	

1. ¿Qué actividad tiene menos votos? _____

2. ¿Qué actividad tiene más votos? _____

Nico les hizo una encuesta a 9 amigos para saber su deporte favorito.

¿Cuál es tu deporte favorito? ¿Básquetbol, futbol o beisbol?

Nico hace una marca de conteo por cada respuesta de sus amigos.

Deporte favorito	
🏀 Básquetbol	III
⚽ Futbol	̶H̶H̶
⚾ Beisbol	I

Nico usó los datos de la tabla de conteo para hacer una **pictografía.**

Deporte favorito					
🏀 Básquetbol	🏀	🏀	🏀		
⚽ Futbol	⚽	⚽	⚽	⚽	⚽
⚾ Beisbol	⚾				

Mira los dibujos. A más amigos de Nico les gusta jugar futbol.

¿Lo entiendes?

¡Demuéstralo! Mira la pictografía de **Deporte favorito** arriba. ¿Qué deporte les gusta menos a los amigos de Nico? ¿Cómo lo sabes?

☆Práctica guiada☆

Pablo les hace una encuesta a sus amigos. Usa los datos que reunió para hacer una pictografía.

1.

Fruta favorita		
Pera 🍐	Plátano 🍌	Manzana 🍎
̶H̶H̶ III	III	̶H̶H̶

Fruta favorita								
🍐 Pera	🍐	🍐	🍐	🍐	🍐	🍐	🍐	
🍌 Plátano								
🍎 Manzana								

Herramientas   Evaluación

☆ **Práctica**
independiente ☆ Usa los datos de la tabla de conteo para hacer una pictografía.
Luego, contesta cada pregunta.

2.

**Actividad preferida en
un día lluvioso**

Juegos	Pintar	Leer
⌗⌗ II	III	⌗⌗ I

Actividad preferida en un día lluvioso

	Juegos						
	Pintar				—		
	Leer						

3. ¿Cuál es la actividad preferida?

_____

4. ¿Cuántos estudiantes escogieron leer?

_____

5. **Razonamiento de orden superior** Mira la pictografía que hicíste para el
Ejercicio 2. Escribe dos oraciones verdaderas sobre los datos.

_____

_____

_____

Usa los datos de la tabla de conteo para resolver cada problema.

6. Representar Gaby les preguntó a sus amigas cuál era su instrumento musical favorito. Luego, hizo una tabla de conteo con sus respuestas. Usa sus datos para hacer una pictografía.

Instrumento musical favorito

Guitarra	Tambor	Flauta
NHL	III	IIII

Instrumento musical favorito

Guitarra					
Tambor					
Flauta					

7. Razonamiento de orden superior ¿Cuántos estudiantes votaron en total? _____

Escribe una ecuación para mostrar tu respuesta.

_____ = _____ + _____ + _____

8. ✓Evaluación ¿Qué instrumento musical recibió más votos?

Ⓐ Guitarra

Ⓑ Piano

Ⓒ Flauta

Ⓓ Tambor

9. ✓Evaluación ¿A cuántos estudiantes les gusta la flauta?

5	4	3	2
Ⓐ	Ⓑ	Ⓒ	Ⓓ

Nombre _____

¡Revisemos! Los datos de la tabla de conteo se pueden usar para completar la pictografía.

Haz dibujos para mostrar a cuántos estudiantes les gusta coleccionar conchitas, estampillas o monedas.

Artículos para coleccionar favoritos

Conchitas	Estampillas	Monedas
	(Estampilla)	(Moneda)
III	N̶H̶ I	IIII

La gráfica muestra que a más estudiantes les gusta coleccionar estampillas.

¿A cuántos estudiantes les gusta coleccionar monedas? __4__

Artículos para coleccionar favoritos

🐚	Conchitas	🐚	🐚	🐚			
(estampilla)	Estampillas	▢	▢	▢	▢	▢	▢
(moneda)	Monedas	◯	◯	◯	◯		

ACTIVIDAD PARA EL HOGAR
Haga una tabla de conteo titulada Frutas favoritas. Ponga 4 marcas de conteo debajo de las Manzanas, 6 debajo de los Plátanos y 3 debajo de las Cerezas. Pídale a su niño(a) que haga una pictografía para ilustrar los datos. Luego, hágale preguntas sobre la pictografía, como: "¿Cuál es la fruta que les gusta menos?".

Usa los datos de la pictografía para resolver cada problema.

1. Escribe los artículos en orden del que les gusta más al que les gusta menos.

   _____   _____   _____

   Les gusta
   más.

   Les gusta
   menos.

2. La gráfica muestra que a _____ estudiantes en total les gusta coleccionar conchitas, estampillas o monedas.

Usa la pictografía para resolver cada problema.

Materia escolar favorita

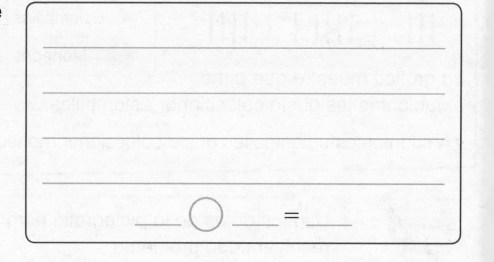 Lectura	📕	📕	📕	📕	📕		
🔍 Ciencias	🔍	🔍	🔍	🔍	🔍	🔍	
👟 Gimnasia	👟	👟	👟	👟	👟	👟	👟

3. ¿Cuántos estudiantes votaron por Lectura? _____

4. ¿Cuál es la materia favorita?

_____

5. **Razonamiento de orden superior** Escribe una pregunta que se pueda contestar con los datos de la pictografía. Luego, escribe una ecuación que represente tu pregunta.

_____

_____

_____

_____

_____ ◯ _____ = _____

6. ✅**Evaluación** ¿Cuántos estudiantes votaron por Ciencias?

5   6   7   13

Ⓐ   Ⓑ   Ⓒ   Ⓓ

7. ✅**Evaluación** ¿Cuántos estudiantes votaron en total?

18   17   12   11

Ⓐ   Ⓑ   Ⓒ   Ⓓ

 Tema 6 | Lección 2

Nombre _____

Resuélvelo y coméntalo Les preguntaron a 12 estudiantes: "¿Qué verdura te gusta comer más en el almuerzo?".

Esta lista muestra las respuestas.

Completa la tabla de conteo y la pictografía para mostrar los datos. ¿Qué te dicen estos datos sobre lo que les gusta a los estudiantes?

Puedo...
interpretar datos organizados.

También puedo
entender bien los problemas.

Verdura favorita en el almuerzo	
Lechuga	
Pepino	

Lechuga	Lechuga
Pepino	Lechuga
Pepino	Pepino
Lechuga	Pepino
Pepino	Lechuga
Lechuga	Lechuga

Verdura favorita en el almuerzo									
Lechuga									
Pepino									

La pictografía muestra a cuántos estudiantes les gusta tomar leche, agua o jugo con su almuerzo.

¿Qué te dice la gráfica sobre lo que les gusta tomar a los estudiantes en el almuerzo?

Bebidas para el almuerzo

Leche						
Agua						
Jugo						

Puedo contar y comparar lo que a los estudiantes les gusta tomar.

A 6 estudiantes les gusta la leche. A 3 estudiantes les gusta el jugo. Solamente a 1 estudiante le gusta el agua.

La gráfica me dice que a más estudiantes les gusta tomar leche que jugo o agua con su almuerzo.

¿Lo entiendes?

¡Demuéstralo! ¿Qué otra información sabes acerca de lo que los estudiantes les gusta tomar con su almuerzo?

Práctica guiada

Usa la pictografía de arriba para contestar las preguntas.

1. ¿A cuántos estudiantes más les gusta la leche que el jugo?

   A <u> 3 </u> estudiantes más

2. ¿A cuántos estudiantes menos les gusta el agua que la leche?

   A _____ estudiantes menos

3. ¿A cuántos estudiantes más les gusta el jugo que el agua?

   A _____ estudiantes más

Nombre _____

Herramientas Evaluación

☆ Práctica independiente
Usa los datos de la tabla de conteo para contestar cada pregunta.

4. Usa los datos de la tabla de conteo para hacer una pictografía.

Nuestros colores favoritos

Rojo ✏	Azul ✏	Morado ✏
IIII	IHI II	IHI III

5. ¿A cuántos estudiantes más les gusta el morado que el rojo?

A _____ estudiantes más

6. ¿Cuál es el color favorito?

_____

Nuestros colores favoritos

✏									
✏									
✏									

7. Álgebra Usa esta ecuación para determinar a cuántos estudiantes menos les gusta el azul que el morado.

_____ + 7 = 8

_____ menos

8. Razonamiento de orden superior
Escribe una pregunta sobre los datos en la pictografía y contéstala.

_____

_____

Tema 6 | Lección 3

trescientos sesenta y siete **367**

9. Mira la tabla de conteo.

Nuestras mascotas

Perros	Gatos	Peces
IIII I	III	II

¿Cuántos niños tienen perros?

_____

¿Cuántos niños tienen peces?

_____

10. Hacerlo con precisión Mira la pictografía.

¿Cuántos niños más tienen perros que peces? _____

¿Cuántos niños menos tienen gatos que perros? _____

Piensa en el significado de *más* y *menos*.

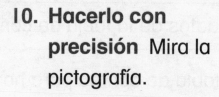

Nuestras mascotas

Perros	Gatos	Peces

11. Razonamiento de orden superior
Mira la tabla de conteo del Ejercicio 9.
¿Cuántos niños tienen mascotas?
Escribe una ecuación para mostrar tu trabajo.

_____

_____

12. Evaluación ¿Cuál de estas preguntas **NO** se puede contestar con los datos de la gráfica del Ejercicio 10?

Ⓐ ¿Cuántos niños tienen gatos?

Ⓑ ¿Cuántos niños tienen hámsters?

Ⓒ ¿Cuántos niños menos tienen peces que perros?

Ⓓ ¿Cuántos niños más tienen perros que gatos?

Nombre _____

¡Revisemos! La señorita Ortega hizo una encuesta entre sus alumnos. Hizo marcas de conteo para mostrar los datos.

Usa los datos en la tabla de conteo para completar la pictografía.

Calcomanías que nos gustan

Luna	Flor	Estrella
II	THL II	THL I

Las pictografías muestran los datos de forma diferente.

ACTIVIDAD PARA EL HOGAR
Dibuje una pictografía de 2 columnas. Ponga el nombre "Cara" a una columna y "Cruz" a la otra columna. Pídale a su niño(a) que tire una moneda al aire y anote los resultados de 10 tiros en la pictografía. Comenten los resultados.

Calcomanías que nos gustan

Luna	Flor	Estrella
	✦	
	✦	☆
	✦	☆
	✦	☆
	✦	☆
🌙	✦	☆
🌙	✦	☆
Luna	Flor	Estrella

Usa los datos en la pictografía para contestar cada pregunta.

1. ¿Qué calcomanía les gusta menos?

_____

2. Escribe las calcomanías en orden de la que les gusta más a la que les gusta menos.

_____ _____

Les gusta más   Les gusta menos

3. ¿A cuántos estudiantes más les gusta la calcomanía de estrella que la de luna?

_____

Actividades en una excursión

Nadar	Escalar	Bicicleta

		🚲
	👢	🚲
	👢	🚲
	👢	🚲

4. **Representar** ¿A cuántas personas menos les gusta montar en bicicleta que nadar? Muestra cómo sumaste o restaste para hallar la respuesta.

_____ ◯ _____ = _____

5. **Representar** ¿A cuántas personas más les gusta nadar que escalar? Muestra cómo sumaste o restaste para hallar la respuesta.

_____ ◯ _____ = _____

6. **Razonamiento de orden superior** Usa la pictografía de arriba para crear una tabla de conteo. Escribe las marcas de conteo.

Actividades en una excursión

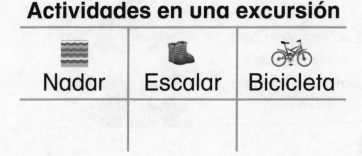

Nadar	Escalar	Bicicleta

7. ✅ **Evaluación** ¿Cuál de estas preguntas **NO** se puede contestar con los datos de la gráfica de los Ejercicios 4 y 5?

Ⓐ ¿A cuántas personas más les gusta nadar que montar en bicicleta?

Ⓑ ¿A cuántas personas les gusta bailar?

Ⓒ ¿A cuántas personas menos les gusta escalar que montar en bicicleta?

Ⓓ ¿Cuántas personas votaron?

Nombre _____

Resuélvelo y coméntalo

En el parque, Susana ve 13 animales. 9 son pájaros y el resto son conejos. ¿Cómo puede Susana completar la tabla para mostrar los animales? Muestra tu trabajo.

Puedo...
usar pictografías para interpretar datos.

También puedo descomponer los problemas.

Pájaros	Conejos

Tema 6 | Lección 4
Recursos digitales en SavvasRealize.com
trescientos setenta y uno **371**

Aprende Glosario

Aby les preguntó a 15 estudiantes qué les gustaba más, el brócoli o las zanahorias. 6 escogieron brócoli y el resto escogió zanahorias. ¿Cuántos escogieron zanahorias?

Usa la tabla de conteo para hallar el dato que falta.

Brócoli	Zanahorias
卌	卌
‖	‖‖

6 escogieron brócoli. Puedo contar de 6 a 15 para hallar cuántos escogieron zanahorias.

También puedes escribir una ecuación para mostrar el problema.

$15 - 6 = \underline{9}$

¿Cuántos estudiantes más escogieron zanahorias que brócoli?

$9 - 6 = \underline{3}$

A 3 estudiantes más les gustan las zanahorias que el brócoli.

¿Lo entiendes?

¡Demuéstralo! ¿Cómo supo Aby que tenía que contar de 6 a 15 para resolver el problema?

☆ Práctica guiada ☆

Haz los dibujos que faltan en la pictografía. Luego, usa la gráfica para resolver el problema.

1.

Fruta favorita

| Manzana | 🍎 | 🍎 | 🍎 | | | |
| Naranja | 🍊 | 🍊 | 🍊 | 🍊 | 🍊 | 🍊 |

Emilio les pregunta a 9 familiares cuál es su fruta favorita.

6 personas le dicen que les gustan las naranjas. Al resto le gustan las manzanas.

¿A cuántas personas les gustan las manzanas? _____ personas

Nombre _____

✩ Práctica independiente

Usa las gráficas para contestar las preguntas.
Completa las tablas con los datos que faltan.

2. El estante de una tienda tiene
   11 animales de peluche. Hay
   5 osos de peluche y el resto son
   pingüinos de peluche.

   ¿Cuántos pingüinos de peluche
   hay en el estante?

Animales de peluche en la tienda							
Osos	🧸	🧸	🧸	🧸	🧸		
Pingüinos							

_____ pingüinos de peluche

3. Gustavo juega 17 partidos en
   la temporada. 9 partidos son de
   futbol y el resto de beisbol.

   ¿Cuántos partidos de beisbol
   juega Gustavo en una temporada?

Partidos de Gustavo								
Beisbol								
Futbol	⚽	⚽	⚽	⚽	⚽	⚽	⚽	⚽ ⚽

_____ partidos de beisbol

4. **Sentido numérico** La clase de Ruth hizo una
   gráfica sobre dos de sus tipos de películas
   favoritas.

   ¿Cuántos estudiantes contestaron la encuesta?

   _____ estudiantes

Tipo favorito de película	
De risa	De miedo
卌 卌	卌 IIII

Resolución de problemas

Usa las gráficas y la tabla para contestar las preguntas. Complétalas con los datos que faltan.

5. **Razonar** Jaime hizo una gráfica donde registra el estado del tiempo cada día. ¿Cuántos días ha registrado Jaime el estado del tiempo?

_____ días

Tiempo							
Soleado	○	○	○	○			
Nublado	☁	☁	☁	☁	☁	☁	

6. **Razonamiento de orden superior** Ricardo les preguntó a 20 estudiantes cuál era su materia favorita. Ricardo olvidó anotar las respuestas de los estudiantes que escogieron Ciencias.

Anota las marcas de conteo que faltan. Explica cómo sabes que anotaste el número de marcas correcto.

Lectura	Matemáticas	Ciencias	Estudios sociales

7. ✓**Evaluación** Margarita les preguntó a 9 estudiantes qué animal les gustaba más: los gatos o los perros. 4 escogieron gatos y el resto escogió perros.

¿Cuántos escogieron perros? Ayuda a Margarita a terminar su gráfica.

_____ estudiantes

Animal favorito							
Gato	🐱	🐱	🐱	🐱			
Perro	🐶	🐶	🐶				

 Tema 6 | Lección 4

Nombre _____

¡Revisemos! Puedes usar una pictografía para resolver problemas.

Alex les preguntó a 13 amigos si les gustaba ponerle mantequilla o mermelada a su pan tostado.

¿Cuántas respuestas de sus amigos le falta anotar?

¿Cómo te gusta el pan tostado?						
Mantequilla	🧈	🧈	🧈			
Mermelada	🫙	🫙	🫙	🫙	🫙	

Hay 8 dibujos en la gráfica. Si empiezo en el 8, necesito contar 5 más para llegar a 13.

$13 - 8 = \underline{5}$ respuestas

ACTIVIDAD PARA EL HOGAR
Cree una tabla de conteo para contar algunos artículos de la casa. Pídale a su niño(a) que haga una pictografía para representar los datos de la tabla. Pregúntele: "¿Qué artículo tiene más respuestas? ¿Cuántas respuestas hay en total?". Luego, pídale que invente un escenario diferente para recoger datos.

Anota las marcas de conteo que faltan.
Luego, usa la tabla para resolver el problema.

1. Maité les pregunta a 12 familiares cuál es su cereal favorito.
   4 personas le dicen que les gustan los Conos de Maíz.
   Al resto le gusta la Granola Surtida.

   ¿A cuántas personas les gusta la Granola Surtida?

   _____ personas

Conos de Maíz	Granola Surtida
IIII	

2. Linda les pregunta a sus amigos si les gusta más el recreo o la gimnasia.

¿Cuántos de sus amigos contestaron la encuesta? _____ amigos

Recreo	Gimnasia
𝍿𝍿 𝍿𝍿	𝍿𝍿 ‖

3. Razonamiento de orden superior
Escribe un problema que se pueda resolver usando esta pictografía.

_____

_____

Flores del jardín

Rosas	🌹	🌹	🌹	🌹	🌹		
Margaritas	🌼	🌼	🌼	🌼	🌼	🌼	🌼

4. ✓Evaluación Miguel invita a 16 amigos a su fiesta de cumpleaños. Hace una gráfica para saber quiénes vienen y quiénes no.

¿Cuántos amigos de Miguel no han respondido todavía? Escribe una ecuación para resolverlo.

_____ ◯ _____ ◯ _____   _____ amigos

Fiesta de cumpleaños

Vienen	🙂	🙂	🙂	🙂	🙂	🙂				
No vienen	🙁	🙁	🙁							

Nombre _____

Resuélvelo y coméntalo Carmen les pregunta a 12 estudiantes qué prefieren usar: bolígrafos, marcadores o lápices. La tabla de conteo muestra sus respuestas.

¿Cuántos estudiantes necesitarían cambiar su voto de marcadores a lápices para hacer que los lápices sean los favoritos? Completa la nueva tabla para explicarlo.

Puedo...
perseverar para resolver problemas sobre los datos.

También puedo
usar datos para sumar y restar.

Bolígrafos	Marcadores	Lápices
|||	~~||||~~ ||	||

Bolígrafos	Marcadores	Lápices

_____ estudiantes necesitan cambiar a lápices.

Hábitos de razonamiento

¿Qué necesito hallar?

¿Qué sé?

Sara les preguntó a 15 personas si les gustaba el futbol americano o el beisbol. 1 persona más escogió futbol americano que beisbol.

¿Cuántas personas escogieron cada deporte? ¿Cómo se vería la tabla de conteo?

¿Cuál es mi plan para resolver este problema?

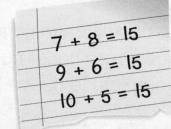

Puedo…
- pensar en lo que ya sé.
- pensar en lo que necesito hallar.

Piensa en todas las operaciones que suman 15.

$7 + 8 = 15$
$9 + 6 = 15$
$10 + 5 = 15$

7 más 8 suman 15 y 8 es 1 más que 7.

Por tanto, 8 personas escogieron futbol americano y 7 personas escogieron beisbol.

Deporte favorito

Beisbol	Futbol americano

¿Lo entiendes?

¡Demuéstralo! Para la encuesta de arriba, ¿por qué no podría ser que 9 escogieron futbol americano y 6 escogieron beisbol?

☆ Práctica guiada ☆

Usa la tabla de conteo para contestar las preguntas.

1. 3 personas más respondieron la encuesta. Ahora, el futbol americano y el beisbol tienen el mismo número de votos.

¿Cuántos votos tiene cada uno? Usa dibujos, palabras o ecuaciones para explicarlo.

Deporte favorito

Beisbol	Futbol americano

_____

_____

_____

☆ Práctica ☆ independiente

Usa la tabla y la gráfica para resolver los siguientes problemas.

Lorena les preguntó a 18 estudiantes si les gustaba tomar leche, agua o jugo con su almuerzo. A 7 estudiantes les gusta tomar leche, a 3 estudiantes les gusta tomar agua y al resto de los estudiantes les gusta tomar jugo.

Bebidas del almuerzo

Leche	Agua	Jugo
𝍤 𝍤		
卌 II	III	

2. ¿A cuántos estudiantes les gusta tomar jugo con su almuerzo? Completa la tabla de conteo para resolver el problema.

A _____ estudiantes les gusta tomar jugo.

3. ¿Cuál es la bebida preferida de los estudiantes? _____

4. Al día siguiente, Lorena les hizo la misma pregunta. 3 estudiantes cambiaron su respuesta de jugo a agua. ¿Cuál es la bebida preferida ahora?

_____

5. **A-Z Vocabulario** Lorena anota los resultados de su nueva **encuesta** en la pictografía de abajo. Completa la gráfica para mostrar a cuántos estudiantes les gusta el jugo.

Bebidas del almuerzo								
Leche	🥛	🥛	🥛	🥛	🥛	🥛	🥛	
Agua	🍼	🍼	🍼	🍼	🍼			
Jugo								

Haz dibujos para mostrar los datos.

Resolución de problemas

Ir a la escuela

Ivón les preguntó a 14 compañeros si ellos tomaban el autobús, caminaban o iban en carro a la escuela.

4 compañeros van en carro. De los otros compañeros, la mitad va en autobús y la otra mitad camina a la escuela.

Ir a la escuela

Autobús	Caminar	Carro
		IIII

6. **Entender** ¿Cómo puedes saber cuántos estudiantes toman el autobús o caminan a la escuela?

_____

_____

_____

7. **Representar** Completa la tabla de conteo para mostrar cuántos compañeros de Ivón votaron. Escribe una ecuación para mostrar cuántos caminaron o tomaron el autobús para ir a la escuela.

____ ◯ ____ ◯ ____

8. **Explicar** ¿Cómo sabes que tus respuestas son correctas? Usa dibujos, palabras o ecuaciones para explicarlo.

_____

_____

Nombre _____

Ayuda   Herramientas   Juegos

¡Revisemos! 9 estudiantes contestaron una encuesta sobre su mascota favorita. 4 votaron por el perro, 3 votaron por el pez y el resto de los estudiantes votó por el gato. ¿Cuántos estudiantes votaron por el gato? Completa la pictografía para mostrar el resultado de la encuesta.

¿Qué estrategias puedes usar para resolver el problema?

ACTIVIDAD PARA EL HOGAR
Usted y su niño(a) piensen en una pregunta para hacerla a sus amigos o familiares. Por ejemplo: "¿Qué prefieres: uvas, plátano o piña?". Anoten los resultados de la encuesta en una tabla de conteo. Piensen en algunas preguntas sobre los datos. Por ejemplo: "¿Cuántas personas más escogieron plátano que uvas?". Pídale a su niño(a) que escriba una ecuación para resolver el problema.

2 estudiantes escogieron el gato como su mascota favorita.

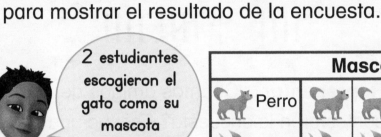

$9 = 4 + 3 +$ ___?___

$9 = 7 +$ ___2___

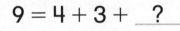

Usa la pictografía de arriba para contestar la pregunta.

1. 4 estudiantes más contestaron la encuesta. Ahora, el gato tiene el mayor número de votos y el pez tiene el menor número. Usa dibujos, palabras o ecuaciones para explicar cómo votaron los 4 estudiantes.

_____

Hora de los bocaditos

Felipe les pregunta a sus amigos cuál es su bocadito favorito.

La tabla de conteo de la derecha muestra los resultados.

Bocadito favorito

Pretzels	Yogur
IIII	|||| ||||

2. **Razonar** ¿Cuál de los bocaditos es el favorito? ¿Cuántos niños más escogieron ese bocadito?

_____

_____

3. **Representar** ¿Cuántos amigos de Felipe contestaron la encuesta? Escribe una ecuación que muestre tu razonamiento.

_____

_____

4. **Entender** Felipe añade uvas como la tercera opción de su encuesta. Les pide al mismo número de amigos que contesten la encuesta. Los resultados de la nueva encuesta se muestran en la tabla de la derecha. ¿Cómo cambiaron los votos? Usa dibujos, palabras o ecuaciones para explicar tu respuesta.

Bocadito favorito

Pretzels	Yogur	Uvas
III	||||		IIII

_____

_____

Nombre _____

Emparéjalo

Trabaja con un compañero. Señala una pista y léela. Mira la tabla de la parte de abajo de la página y busca la pareja de esa pista. Escribe la letra de la pista en la casilla al lado de su pareja. Halla una pareja para cada pista.

TEMA 6

Actividad de práctica de fluidez

Puedo...
sumar y restar hasta 10.

Pistas

A $4 + 6$	E $8 + 1$
B $8 - 2$	F $3 + 4$
C $3 - 1$	G $8 - 7$
D $10 - 5$	H $1 + 3$

$\square$ $1 + 0$	$\square$ $7 + 3$	$\square$ $8 - 1$	$\square$ $1 + 1$
$\square$ $5 + 4$	$\square$ $2 + 3$	$\square$ $3 + 3$	$\square$ $4 - 0$

TEMA 6 · Repaso del vocabulario

Glosario

Lista de palabras
- datos
- encuesta
- marcas de conteo
- pictografía
- tabla de conteo

Entender el vocabulario

Encierra en un círculo la respuesta correcta usando la imagen de la izquierda.

Azul	Rojo	Verde
IIII	III	ᵗᵗᵗᴸ

I. El Verde tiene _____ marcas de conteo.

3   4   5   6

2. La imagen de la izquierda se llama _____.

pictografía   tabla de conteo   encuesta   marca de conteo

Completa los espacios en blanco de las oraciones usando las palabras de la Lista de palabras.

Bebidas favoritas

Leche	🥛	🥛	
Jugo	🧃	🧃	🧃

3. A esta gráfica se le llama _____.

4. "¿Cuál es tu bebida favorita?" podría ser la pregunta de una _____ para esta gráfica.

5. Puedes usar los _____ para contestar preguntas sobre la gráfica.

Usar el vocabulario al escribir

6. Escribe un problema-cuento usando al menos dos palabras de la Lista de palabras. Dibuja y escribe para resolver el problema.

_____
_____
_____
_____
_____
_____

Grupo A _____

Puedes reunir y agrupar datos en una tabla.

Jaime les pregunta a 10 amigos qué comida del día se tardan más en comer.

Comida más larga

Desayuno	Almuerzo	Cena
III	I	JHT I

Cada I es la respuesta de un amigo.

La siguiente gráfica muestra los datos de Jaime usando objetos.

Comida más larga

Desayuno	🔲	🔲	🔲			
Almuerzo	🔲					
Cena	🔲	🔲	🔲	🔲	🔲	🔲

Cada 🔲 es la respuesta de un amigo.

6 amigos dijeron que la cena era la comida más larga.

Usa los datos de la encuesta de Jaime para resolver cada problema.

Refuerzo

1. ¿Cuántos amigos dijeron que la cena era su comida más larga?

   _____ amigos

2. ¿Cuántos amigos dijeron que el desayuno o la cena eran las comidas más largas?

   _____ amigos

Escribe una ecuación para contestar cada pregunta.

3. ¿Cuántos amigos más escogieron desayuno que almuerzo?

   _____ − _____ = _____   _____ más

4. ¿Cuántos amigos más escogieron cena que desayuno?

   _____ − _____ = _____   _____ más

Puedes usar datos de la pictografía para hacer preguntas y contestarlas.

Mari les pregunta a 16 amigos cuál es su actividad favorita. Luego, anota las respuestas en una gráfica.

Actividad favorita						
Futbol	⚽	⚽	⚽	⚽		
Tenis	🎾	🎾	🎾	🎾	🎾	🎾	🎾
Correr	👟	👟	👟	👟	👟		

Hábitos de razonamiento

Entender y perseverar

¿Cuáles son las cantidades?

¿Qué estoy tratando de hallar?

Usa la pictografía de Mari para contestar cada pregunta.

5. ¿Cuántos amigos de Mari escogieron futbol o correr?

____ − ____ = ____ o ____ + ____ = ____

6. Mari les pregunta a algunos amigos más y todos le contestan que el tenis es su actividad favorita.

Ahora, el número de niños que les gusta el tenis es igual al número de niños que les gusta el futbol o correr.

¿A cuántos amigos más les preguntó Mari?

____ más

Explica cómo lo sabes.

_____

_____

_____

1. ¿Qué grupo de marcas de conteo muestra la cantidad de gorras que hay en la pictografía?

Gorras				
Guantes				

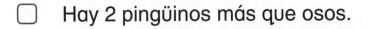

Ⅱ   ⅠⅠⅠⅠ   卌   卌Ⅰ

Ⓐ   Ⓑ   Ⓒ   Ⓓ

2. Mira la pictografía de la Pregunta 1. ¿Cuántos guantes menos que gorras hay?

4   3   2   Ⅰ

Ⓐ   Ⓑ   Ⓒ   Ⓓ

3. Usa la pictografía para contestar la pregunta.
¿Cuál de los siguientes enunciados es verdadero?
Selecciona todos los que apliquen.

Animales del zoológico					
Pingüinos					
Osos					

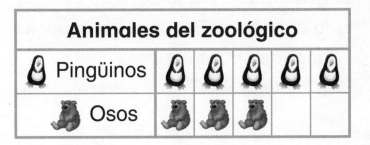

☐   Hay 2 pingüinos más que osos.

☐   Hay 2 osos menos que pingüinos.

☐   Hay más osos que pingüinos.

☐   Hay 8 animales entre osos y pingüinos.

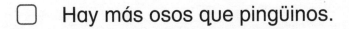

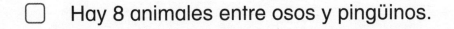

Usa la tabla de conteo para resolver los problemas.

4. **Actividad favorita en el invierno**

Patinar	卌
Esquiar	|||
Trineo	卌 |||

Vero hace una encuesta entre sus amigas. ¿Cuál es la actividad favorita de sus amigas en el invierno?

____

5. Completa la siguiente pictografía usando la tabla de la Pregunta 4.

Actividad favorita en el invierno							
Patinar							
Esquiar							
Trineo							

6. ¿Cuántas amigas de Vero contestaron la encuesta? Escribe una ecuación para mostrar tu trabajo.

____ ◯ ____ ◯ ____ = ____

____ amigas

7. Más amigos de Vero contestan la encuesta. Esquiar es ahora la actividad favorita. ¿Cuál es la cantidad menor de votos que se necesitan para que esto suceda? Explícalo.

____

____

____

Proyecto de dinosaurios La clase de la maestra Clinton está haciendo un proyecto de dinosaurios. La tabla de conteo muestra los dinosaurios que escogieron los estudiantes.

1. ¿Cuántos estudiantes más escogieron el Tiranosaurio que el Triceratops? Explica cómo lo sabes. Usa dibujos, números o palabras.

Proyecto de dinosaurios

Triceratops	Tiranosaurio	Apatosaurio
卌 IIII	卌 卌 II	卌 II

2. Dos estudiantes no asistieron a la clase cuando se hizo la tabla de conteo. Al siguiente día escogieron su dinosario. La maestra Clinton dice que ahora dos dinosaurios tienen el mismo número. ¿Qué dinosaurios escogieron los 2 estudiantes? ¿Cómo lo sabes?

_____ estudiantes más

3. La clase de la maestra Ramos también está haciendo un proyecto de dinosaurios. La tabla de conteo muestra los dinosaurios que escogieron los estudiantes.

Los estudiantes dibujarán sus dinosaurios en la pictografía de abajo al terminar su informe.

Completa la pictografía para mostrar cómo se verá cuando todos los estudiantes hayan terminado su informe.

Proyecto de dinosaurios

Triceratops	Tiranosaurio	Apatosaurio

4. ¿A cuántos estudiantes les falta terminar su informe sobre el Tiranosaurio? ¿Cuántos necesitan terminar su informe sobre el Apatosaurio? Usa dibujos, palabras o ecuaciones para explicar tus respuestas.

Triceratops	🦕	🦕	🦕	🦕	🦕	🦕	🦕	🦕	
Tiranosaurio	🦖	🦖	🦖	🦖	🦖				
Apatosaurio	🦕	🦕	🦕	🦕					

TEMA 7

Ampliar la sucesión de conteo

Pregunta esencial: ¿Cómo puedes usar lo que ya sabes sobre el conteo para contar más allá de 100?

Los bebés o las crías hacen diferentes cosas que los ayudan a sobrevivir.

Algunos lloran o hacen ruidos para hacerle saber a sus padres que necesitan algo.

¡Qué interesante! Hagamos este proyecto para aprender más.

Proyecto de Matemáticas y Ciencias: Los animales y sus crías

Investigar Habla con tu familia y tus amigos sobre los diferentes tipos de animales y sus crías. Pídeles que te ayuden a encontrar información acerca de cómo se comunican las crías con sus padres.

Diario: Hacer un libro Muestra lo que encontraste. En tu libro, también:

• haz un dibujo de cómo los animales protegen a sus crías y de cómo las crías se comunican con sus padres.

• sal de tu casa o ve al zoológico y cuenta los animales adultos con sus crías. ¿Hasta qué número puedes contar?

Nombre _____

Repasa lo que sabes

A-Z Vocabulario

1. Encierra en un círculo la **suma o total** de esta ecuación.

$17 = 9 + 8$

2. Escribe las **partes** que se muestran en este modelo.

8

_____ + _____

3. Encierra en un círculo la palabra que indica la parte que falta.

$7 + \underline{\ ?\ } = 17$

suma o total

igual a

sumando

Hallar la suma

4. Mónica encontró 7 piedras. Cárol encontró 6 piedras. ¿Cuántas piedras encontraron en total?

_____ piedras

5. Tom tiene 6 carritos. Julia tiene algunos carritos. Ellos tienen 11 carritos en total. ¿Cuántos carritos tiene Julia?

_____ carritos

El número que falta

6. Halla el número que falta para resolver la suma.

_____ $= 10 + 5$

Mis tarjetas de palabras Estudia las palabras de las tarjetas. Completa la actividad que está al reverso.

A-Z Glosario

tabla de 100

1	2	3	4	5	6	7	8	9	10
11	12	13	14	15	16	17	18	19	20
21	22	23	24	25	26	27	28	29	30
31	32	33	34	35	36	37	38	39	40
41	42	43	44	45	46	47	48	49	50
51	52	53	54	55	56	57	58	59	60
61	62	63	64	65	66	67	68	69	70
71	72	73	74	75	76	77	78	79	80
81	82	83	84	85	86	87	88	89	90
91	92	93	94	95	96	97	98	99	100

dígito de las decenas

El **dígito de las decenas** en 25 es el 2.

25

dígito de las decenas

fila

fila →

1	2	3	4	5
11	12	13	14	15
21	22	23	24	25
31	32	33	34	35

dígito de las unidades

El **dígito de las unidades** en 43 es el 3.

43

dígito de las unidades

columna

1	2	3	4	5
11	12	13	14	15
21	22	23	24	25
31	32	33	34	35

columna

Usa lo que sabes para completar las oraciones. Para ampliar lo que aprendiste, escribe tu propia oración usando cada palabra.

Una línea recta de números u objetos que van de izquierda a derecha se llama

_____.

Un número que indica cuántas decenas hay se llama

_____

_____.

Una _____

_____

muestra todos los números del 1 al 100.

Una línea recta de números u objetos que va de arriba a abajo se llama

_____.

Un número que indica cuántas unidades hay se llama

_____

_____.

Nombre _____

Resuélvelo y coméntalo

Alex puso fichas en algunos marcos de 10. ¿Cómo puedes saber cuántas fichas hay sin contar cada ficha?

Escribe el número de fichas.

Puedo…
contar de 10 en 10 hasta 120.

También puedo
buscar patrones.

_____ fichas en total.

Aprende   Glosario

¿Cómo puedes contar hasta 50 de 10 en 10?

Puedo usar los marcos de 10 para contar de 10 en 10.

1 decena	2 decenas	3 decenas	4 decenas	5 decenas
10 diez	20 veinte	30 treinta	40 cuarenta	50 cincuenta

También puedes seguir un patrón para contar de 10 en 10.

6 decenas son __60__
sesenta

7 decenas son __70__
setenta

8 decenas son __80__
ochenta

9 decenas son __90__
noventa

10 decenas son __100__
cien

11 decenas son __110__
ciento diez

12 decenas son __120__
ciento veinte

¿Lo entiendes?

¡Demuéstralo! ¿Cuándo podría ser mejor contar de 10 en 10 que de 1 en 1?

☆ Práctica guiada ☆

Cuenta de 10 en 10. Luego, escribe los números y el número en palabras.

1. __4__ decenas son __40__
cuarenta

2. _____ decenas son _____

396 trescientos noventa y seis

Copyright © Savvas Learning Company LLC. All Rights Reserved.   **Tema 7** | Lección 1

☆ **Práctica** ☆
independiente   Cuenta de 10 en 10. Escribe los números y el número en palabras.

3. _____ decenas son _____

_____

4. _____ decenas son _____

_____

5. _____ decenas son _____

_____

Escribe los número que faltan.

6. **Sentido numérico** Julián escribió un patrón de números,
pero olvidó escribir algunos.

¿Qué números olvidó escribir Julián?

10, 20, 30, 40, _____, 60, _____, _____, 90, 100, _____, 120

7. **Representar** José tiene 3 cajas con 10 libros en cada caja. ¿Cuántos libros tiene José en total?

   _____ decenas

   _____

   _____

8. **Representar** Juan tiene 4 cajas con 10 libros en cada caja. ¿Cuántos libros tiene Juan en total?

   _____ decenas

   _____

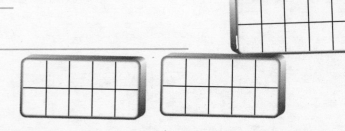

9. **Razonamiento de orden superior**

   Dani cuenta de 5 en 5 hasta 50. Alex cuenta de 10 en 10 hasta 50. Escribe los números que dice Dani.

   5, _____, _____, _____, _____,

   _____, _____, _____, _____, 50

   Escribe los números que dice Alex.

   10, _____, _____, _____, 50

   ¿Qué números dicen los dos niños?

   _____, _____, _____, _____, _____

10. ✅ **Evaluación** Nadia tiene algunos libros. Los pone en pilas de 10 sin que le quede ninguno solo. ¿Qué número **NO** muestra cuántos libros podría tener Nadia?

    Ⓐ 50

    Ⓑ 60

    Ⓒ 65

    Ⓓ 70

¡Revisemos! Puedes usar marcos de 10 para contar grupos de 10.

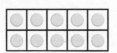

El marco de 10 muestra un grupo de 10.

Puedes contar los marcos de 10, de 10 en 10.

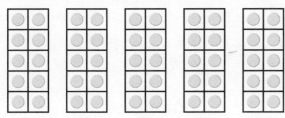

10   20   30   40   50

50 son 5 grupos de 10.

50 es cincuenta.

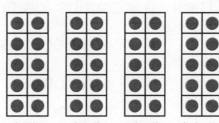

10   20   30   40

40 son 4 grupos de 10.

40 es cuarenta.

ACTIVIDAD PARA EL HOGAR
Haga que su niño(a) practique la cuenta de 10 en 10 hasta el 120. Luego, hágale preguntas como: "¿Cuántos 10 forman 50? ¿Qué número forman 3 grupos de 10?".

Cuenta de 10 en 10. Escribe los números y el número en palabras.

1.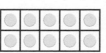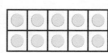

____ ____ ____ ____ ____ ____ ____

____ son ____ grupos de 10.   ____ es _____.

2. _____, 20, _____, _____, 50, _____   3. 70, _____, 90, _____, _____, _____

4. 50, _____, _____, _____, 90, _____   5. _____, _____, 50, _____, _____, 80

6. **Razonamiento de orden superior** Encierra en un círculo los grupos de 10. Luego cuenta de 10 en 10 y escribe los números.

_____ grupos de 10

_____ botones

2 grupos más de 10 serían _____ botones.

7. ✓**Evaluación** Irma compra 2 bolsas de canicas. Cada bolsa tiene 10 canicas. ¿Cuántas canicas compra Irma?

2   12   20   22
Ⓐ   Ⓑ   Ⓒ   Ⓓ

8. ✓**Evaluación** Manuel tiene 4 cajas de crayones. Cada caja tiene 10 crayones. ¿Cuántos crayones tiene Manuel?

4   10   14   40
Ⓐ   Ⓑ   Ⓒ   Ⓓ

Nombre _____

Resuélvelo y coméntalo Jada y Alex toman turnos para contar de 1 en 1. Jada cuenta desde 98 hasta 100. Ahora es el turno de Alex para seguir contando. Escribe los siguientes tres números que Alex debe contar. Di cómo sabes que tienes razón.

Puedo...
contar de 1 en 1 hasta 120.

También puedo buscar patrones.

98, 99, 100

_____ , _____ , _____

Este bloque muestra 100 partes. A este número le dices cien.	El siguiente número que dices es ciento uno porque ya tienes 1 ciento o centena y 1 unidad.	Cuando sigues contando, cuentas de uno en uno. 101, 102, 103, 104, 105	Cuando sigues contando números con cien, siempre empiezas con la palabra ciento. 116, 117, 118, 119, 120

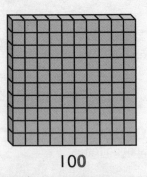

100

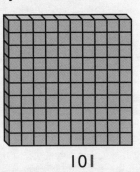

101

105 significa 1 centena y 5 unidades. Dices ciento cinco.

116 se dice ciento dieciséis.

¿Lo entiendes?

¡Demuéstralo! ¿Cómo dices y muestras 110 cuando cuentas? ¿Qué número sigue?

Práctica guiada Cuenta hacia adelante de 1 en 1. Escribe los números.

1. 116, __117__, 118, __119__, __120__

2. _____, 110, _____, _____, 113

3. 104, _____, _____, 107, _____

Herramientas Evaluación

Práctica independiente

Cuenta hacia adelante de 1 en 1. Escribe los números.

4. 110, _____, _____, _____, 114

5. 52, _____, _____, 55, _____

6. _____, 94, _____, 96, _____

7. _____, 102, 103, _____, _____

8. _____, _____, 115, _____, 117

9. 67, _____, _____, _____, 71

Usa las pistas para hallar cada número misterioso.

10. Sentido numérico Pista 1: El número está después del 116. Pista 2: El número está antes del 120.

El número misterioso podría ser:

_____, _____, _____

Pista 3: El número tiene 8 unidades.
Encierra en un círculo el número misterioso.

11. Sentido numérico Pista 1: El número está antes del 108. Pista 2: El número está después del 102.

El número misterioso podría ser:

_____, _____, _____, _____, _____

Pista 3: El número tiene 5 unidades.
Encierra en un círculo el número misterioso.

12. 🅐🅩 **Vocabulario** Marta cuenta hasta 120. Dice el número que es uno **más** que 113. ¿Qué número dice?

13. En esta tabla, Tom escribió los números del 102 al 108 en orden. Pero les cayó agua a los números y algunos se borraron. Ayuda a Tom a escribir los números que se borraron en su tabla.

102		104	105			108

14. **Razonar** Charo cuenta 109 tapas de botella. Luego, cuenta 4 más. ¿Cuántas tapas de botella ha contado Charo?

_____ tapas de botella

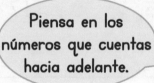

Piensa en los números que cuentas hacia adelante.

15. **Razonamiento de orden superior** Escoge un número mayor que 99 y menor que 112. Escríbelo en el recuadro.

Después, escribe los tres números que van antes y el número que va después.

_____, _____, _____, ▢ , _____

16. ✅ **Evaluación** ¿Qué filas de números están en el orden correcto de 1 en 1? Selecciona todas las que apliquen.

☐ 103, 104, 105, 102

☐ 117, 118, 119, 120

☐ 101, 102, 103, 104

☐ 114, 112, 110, 108

Nombre _____

¡Revisemos! Puedes usar bloques de valor de posición para contar hacia adelante de 1 en 1.

1 centena es igual a 10 decenas.

ACTIVIDAD PARA EL HOGAR
Diga un número entre 100 y 105. Pídale a su niño(a) que cuente de 1 en 1 hasta 120. Repita la actividad con otros números.

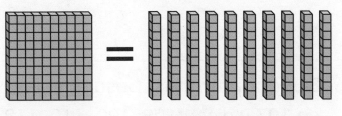

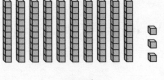

103

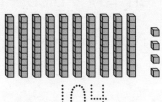

104

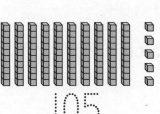

105

106

Empieza en 103 y cuenta hasta 106.

Cuenta hacia adelante de 1 en 1. Escribe los números.

1.

105   _____   _____

2.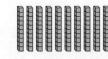

_____   110   _____

Tema 7 | Lección 2   Recursos digitales en SavvasRealize.com   cuatrocientos cinco **405**

Escribe los números para resolver cada problema.

3. Empieza en 118 y cuenta hacia adelante. ¿Cuáles son los siguientes 2 números que dices?

_____ y _____

4. Empieza en 111 y cuenta hacia adelante. ¿Cuáles son los siguientes 2 números que dices?

_____ y _____

5. Buscar patrones Sandra empieza en 99 y dice: "101, 102, 103, 104..."

¿Qué número se le olvidó decir a Sandra?

_____

6. Buscar patrones César empieza en 107 y dice: "108, 109, 110, 112..."

¿Qué número se le olvidó decir a César?

_____

7. Razonamiento de orden superior Escribe los números que faltan en las tarjetas.

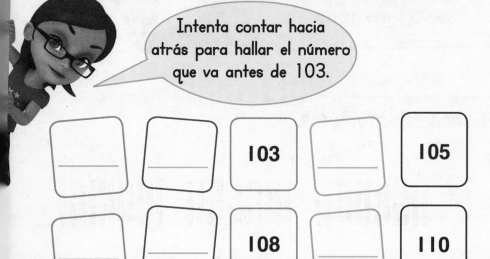

Intenta contar hacia atrás para hallar el número que va antes de 103.

| | | 103 | | 105 |
| | | 108 | | 110 |

8. ✅ **Evaluación** ¿Qué filas de números están en el orden correcto de 1 en 1? Selecciona todas lo que apliquen.

☐ 99, 101, 102, 103

☐ 111, 112, 113, 114

☐ 116, 117, 119, 120

☐ 108, 109, 110, 111

 Tema 7 | **Lección 2**

Nombre _____

Resuélvelo y coméntalo

Escoge un número y escríbelo en el recuadro. ¿Cómo puedes encontrar un número que es 1 más? Escribe ese número. Luego, escribe los siguientes 3 números.

1	2	3	4	5	6	7	8	9	10
11	12	13	14	15	16	17	18	19	20
21	22	23	24	25	26	27	28	29	30
31	32	33	34	35	36	37	38	39	40
41	42	43	44	45	46	47	48	49	50
51	52	53	54	55	56	57	58	59	60
61	62	63	64	65	66	67	68	69	70
71	72	73	74	75	76	77	78	79	80
81	82	83	84	85	86	87	88	89	90
91	92	93	94	95	96	97	98	99	100

Puedo…

puedo contar en una tabla numérica hasta 120.

También puedo

usar herramientas matemáticas correctamente.

[ ]   _____, _____, _____, _____

Puedes hallar patrones cuando cuentas hacia adelante en una **tabla de 100.**

1	2	3	4	5	6	7	8	9	10
11	12	13	14	15	16	17	18	19	20
21	22	23	24	25	26	27	28	29	30
31	32	33	34	35	36	37	38	39	40
41	42	43	44	45	46	47	48	49	50
51	52	53	54	55	56	57	58	59	60
61	62	63	64	65	66	67	68	69	70
71	72	73	74	75	76	77	78	79	80
81	82	83	84	85	86	87	88	89	90
91	92	93	94	95	96	97	98	99	100

El dígito de las decenas en cada número de esta fila es 1.

1	2	3	4
11	12	13	14
21	22	23	24
31	32	33	34

El dígito de las unidades en cada número de esta columna es 4.

1	2	3	4
11	12	13	14
21	22	23	24
31	32	33	34

Una tabla numérica puede contener números mayores que 100.

81	82	83	84	85	86	87	88	89	90
91	92	93	94	95	96	97	98	99	100
101	102	103	104	105	106	107	108	109	110
111	112	113	114	115	116	117	118	119	120

Los números mayores que 100 siguen el mismo patrón.

¿Lo entiendes?

¡Demuéstralo! ¿Cómo cambian los números en una tabla numérica?

☆ Práctica guiada ☆

Cuenta de 1 en 1. Escribe los números. Usa la tabla numérica para ayudarte.

1. 14, 15 , 16 , 17 , 18

2. 21, _____ , _____ , _____ , _____

3. 103, _____ , _____ , _____ , _____

4. _____ , _____ , 49, _____ , _____

Tema 7 | Lección 3

Práctica independiente

Cuenta de 1 en 1. Escribe los números. Usa la tabla numérica para ayudarte.

5. _____, 65, _____, _____, _____

6. _____, 52, _____, _____, _____

7. _____, _____, 83, _____, _____

8. 110, _____, _____, _____, _____

9. _____, _____, _____, _____, 79

10. _____, _____, _____, _____, 98

11. _____, _____, _____, _____, 91

12. _____, _____, _____, 102, _____

Razonamiento de orden superior Mira cada tabla numérica. Escribe los números que faltan.

13.

34		36	
	45		47

14.

	98		
107			110

Resolución de problemas

Usa la tabla numérica para resolver cada problema.

1	2	3	4	5	6	7	8	9	10
11	12	13	14	15	16	17	18	19	20
21	22	23	24	25	26	27	28	29	30
31	32	33	34	35	36	37	38	39	40
41	42	43	44	45	46	47	48	49	50
51	52	53	54	55	56	57	58	59	60
61	62	63	64	65	66	67	68	69	70
71	72	73	74	75	76	77	78	79	80
81	82	83	84	85	86	87	88	89	90
91	92	93	94	95	96	97	98	99	100
101	102	103	104	105	106	107	108	109	110
111	112	113	114	115	116	117	118	119	120

15. Usar herramientas Beto contó hacia adelante hasta 50. ¿Cuáles son los siguientes 5 números que cuenta? Escribe los números.

50, _____, _____, _____, _____, _____

16. Usar herramientas Sara contó hacia adelante hasta 115. ¿Cuáles son los siguientes 5 números que cuenta? Escribe los números.

115, _____, _____, _____, _____, _____

17. Razonamiento de orden superior Escoge un número de la tabla numérica. Cuenta hacia adelante y escribe los números.

_____, _____, _____, _____, _____

_____, _____, _____, _____, _____

18. Evaluación Une con una flecha el número que falta en la tabla numérica.

75		100		101		114

112	113		115	116	117	118

Nombre _____

**Tarea y práctica
7-3**
Contar en una
tabla numérica
hasta 120

¡Revisemos! Puedes usar una tabla numérica para contar hacia adelante.

1	2	3	4	5	6	7	8	9	10
11	12	13	14	15	16	17	18	19	20
21	22	23	24	25	26	27	28	29	30
31	32	33	34	35	36	37	38	39	40
41	42	43	44	45	46	47	48	49	50
51	52	53	54	55	56	57	58	59	60
61	62	63	64	65	66	67	68	69	70
71	72	73	74	75	76	77	78	79	80
81	82	83	84	85	86	87	88	89	90
91	92	93	94	95	96	97	98	99	100
101	102	103	104	105	106	107	108	109	110
111	112	113	114	115	116	117	118	119	120

¿Qué número viene
después de 33? __34__

¿Qué número viene
después de 34? __35__

¿Qué número viene
después de 35? __36__

33, __34__ , __35__ , __36__

ACTIVIDAD PARA EL HOGAR
Escriba la siguiente serie de números: 15, 16, _____, 18, _____, 20. Pídale a su niño(a) que escriba los números que faltan. Si es necesario, haga la parte de la tabla numérica en un papel para que su niño(a) la use cuando escriba los números que faltan. Repita la actividad con otros números.

Cuenta de 1 en 1. Escribe los números. Usa la tabla numérica para ayudarte.

1. 71, _____, _____, _____, _____

2. _____, _____, _____, 101, _____

3. _____, _____, _____, _____, 111

4. _____, _____, 65, _____, _____

Cuenta de 1 en 1. Escribe los números. Usa la tabla numérica para ayudarte.

5. 40, _____, _____, _____, _____

6. _____, _____, _____, 32, _____

Razonamiento de orden superior Escribe los números que faltan. Busca los patrones.

7.

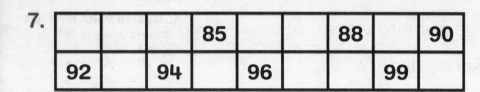

			85			88		90
92		94		96			99	

8.

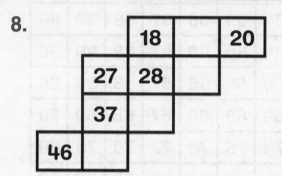

9. ✅**Evaluación** Une con una flecha el número que falta en la tabla numérica.

| 92 | 70 | 55 | 31 |

| 54 | | 56 | 57 | 58 | 59 | 60 |

10. ✅**Evaluación** Une con una flecha el número que falta en la tabla numérica.

| 46 | 33 | 84 | 17 |

| 81 | 82 | 83 | | 85 | 86 | 87 |

Nombre _____

Resuélvelo y coméntalo

Cuenta de 10 en 10, empezando en 10. Colorea de amarillo los números que cuentes. ¿Qué patrón ves? Cuenta de 1 en 1, empezando en 102. Encierra en un cuadrado rojo cada número que cuentes. Cuenta de 10 en 10, empezando en 34. Encierra en un círculo azul cada número que cuentes. Describe los patrones que ves en cada grupo.

Lección 7-4

Contar de 1 en 1 o de 10 en 10 hasta 120

Puedo...
hallar patrones en una tabla numérica.

También puedo
buscar patrones.

1	2	3	4	5	6	7	8	9	10
11	12	13	14	15	16	17	18	19	20
21	22	23	24	25	26	27	28	29	30
31	32	33	34	35	36	37	38	39	40
41	42	43	44	45	46	47	48	49	50
51	52	53	54	55	56	57	58	59	60
61	62	63	64	65	66	67	68	69	70
71	72	73	74	75	76	77	78	79	80
81	82	83	84	85	86	87	88	89	90
91	92	93	94	95	96	97	98	99	100
101	102	103	104	105	106	107	108	109	110
111	112	113	114	115	116	117	118	119	120

Al contar en una tabla numérica puedes encontrar patrones.

1	2	3	4	5	6	7	8	9	10
11	12	13	14	15	16	17	18	19	20
21	22	23	24	25	26	27	28	29	30
31	32	33	34	35	36	37	38	39	40
41	42	43	44	45	46	47	48	49	50
51	52	53	54	55	56	57	58	59	60
61	62	63	64	65	66	67	68	69	70
71	72	73	74	75	76	77	78	79	80
81	82	83	84	85	86	87	88	89	90
91	92	93	94	95	96	97	98	99	100
101	102	103	104	105	106	107	108	109	110
111	112	113	114	115	116	117	118	119	120

Cuenta de 10 en 10.
10, 20, 30, 40

Cuenta de 1 en 1 desde 58 hasta 61.
58, 59, 60, 61

Cuenta de 10 en 10, empezando en 84.
84, 94, 104, 114

¿Lo entiendes?

¡Demuéstralo! Compara el conteo de 1 en 1 con el de 10 en 10. ¿En qué se parecen los patrones? ¿En qué se diferencian?

Práctica guiada

Escribe los números que siguen en cada patrón. Usa la tabla numérica para ayudarte.

1. Cuenta de 1 en 1.

12, 13, 14, 15, 16, 17, 18, 19, 20

2. Cuenta de 10 en 10.

22, 32, 42, ____, ____, ____, ____, ____, ____

3. Cuenta de 1 en 1.

90, 91, 92, ____, ____, ____, ____, ____

Tema 7 | Lección 4

☆ **Práctica independiente** ☆   Escribe los números que siguen en cada patrón. Usa la tabla numérica para ayudarte.

4. Cuenta de 10 en 10.

10, 20, 30, _____, _____, _____, _____, _____, _____, _____, _____, _____

5. Cuenta de 10 en 10.

35, 45, 55, _____, _____, _____, _____, _____, _____

6. Cuenta de 1 en 1.

102, 103, 104, _____, _____, _____, _____, _____, _____, _____, _____, _____

Sentido numérico Escribe los números que faltan en la siguiente tabla numérica. Luego, escribe los tres números que siguen en el patrón de los números que escribiste.

7.

	62	63	64	65	66	67	68	69	70
	72	73	74	75	76	77	78	79	80
	82	83	84	85	86	87	88	89	90

_____, _____, _____

8. Buscar patrones Anita saca a pasear al perro de su vecino para ganar dinero. Anita paseó al perro desde el Día 13 hasta el Día 19 una vez al día. ¿Cuántas veces sacó a pasear el perro Anita?

Usa la tabla para contar.
Escribe el número de veces.

1	2	3	4	5	6	7	8	9	10
11	12	13	14	15	16	17	18	19	20

_____ veces

9. Buscar patrones Mario toma clases de natación cada 10 días. Empezó sus clases el Día 5. ¿Cuántas clases tomará en 30 días?

Usa la tabla para contar.
Escribe el número de clases.

1	2	3	4	5	6	7	8	9	10
11	12	13	14	15	16	17	18	19	20
21	22	23	24	25	26	27	28	29	30

_____ clases

10. Razonamiento de orden superior
Amanda cuenta hasta 30. Solo cuenta 3 números. ¿Contó Amanda de 1 en 1 o de 10 en 10? Usa dibujos, números o palabras para explicarlo.

11. ✓Evaluación Toño está contando de 10 en 10, empezando en el 54.

54, 74, 84, 94, 114

¿Qué números se le olvidó contar a Toño?

_____

¡Revisemos! Puedes contar en una tabla numérica. Cuando cuentas de 10 en 10, el número del dígito de las decenas aumenta en 1, pero el número en el dígito de las unidades se queda igual.

21	22	23	24	25	26	27	28	29	30
31	32	33	34	35	36	37	38	39	40
41	42	43	44	45	46	47	48	49	50
51	52	53	54	55	56	57	58	59	60
61	62	63	64	65	66	67	68	69	70
71	72	73	74	75	76	77	78	79	80
81	82	83	84	85	86	87	88	89	90
91	92	93	94	95	96	97	98	99	100
101	102	103	104	105	106	107	108	109	110
111	112	113	114	115	116	117	118	119	120

¿Qué números dices cuando cuentas de 10 en 10, empezando en 60?

60, 70, 80, __90__, __100__, __110__, __120__

¿Qué números dices cuando cuentas de 10 en 10, empezando en 25?

25, 35, 45, __55__, __65__, __75__, __85__

Escribe los números que siguen en cada patrón. Usa la tabla numérica para ayudarte.

1. Cuenta de 10 en 10.

   38, 48, _____, _____, _____, _____

2. Cuenta de 1 en 1.

   66, 67, _____, _____, _____, _____

Escribe los números que siguen en cada patrón. Usa la tabla numérica para ayudarte.

3. Cuenta de 10 en 10.

17, 27, _____, _____, _____, _____

4. Cuenta de 1 en 1.

108, 109, _____, _____, _____, _____

5. Razonamiento de orden superior Vanesa empezó sus prácticas de beisbol el 5 de mayo. Tiene prácticas cada 10 días. ¿Tendrá prácticas el 19 de mayo? Escribe **SÍ** o **NO**. _____

¿Cómo lo sabes?

_____

_____

_____

Usa este calendario para ayudarte.

Mayo

Domingo	Lunes	Martes	Miércoles	Jueves	Viernes	Sábado
	1	2	3	4	5	6
7	8	9	10	11	12	13
14	15	16	17	18	19	20
21	22	23	24	25	26	27
28	29	30	31			

Escribe 2 fechas más en las que Vanesa tendrá prácticas.

_____

_____

6. ✓Evaluación ¿Qué números faltan?

65, __?__, __?__, 95, __?__

7. ✓Evaluación Javier cuenta de 1 en 1. Cuenta: 54, 56, 57, 59. ¿Qué números olvidó contar Javier?

_____

Nombre _____

Resuélvelo y coméntalo

Usa la recta numérica vacía para mostrar cómo contar de 78 a 84.

Puedo...

contar hasta 120 usando una recta numérica vacía.

También puedo

representar con modelos matemáticos.

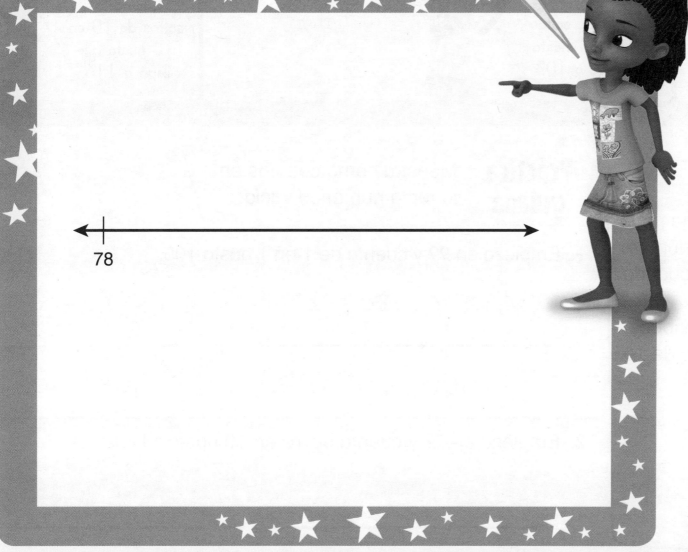

78

Puedes usar una recta numérica vacía para contar de 1 en 1.

Cuenta de 1 en 1 de 97 a 103.

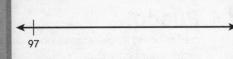

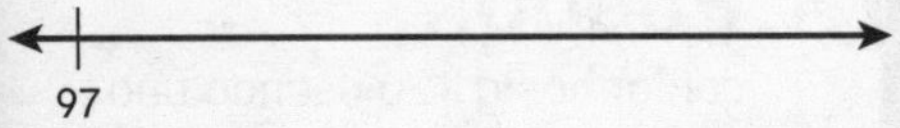
97

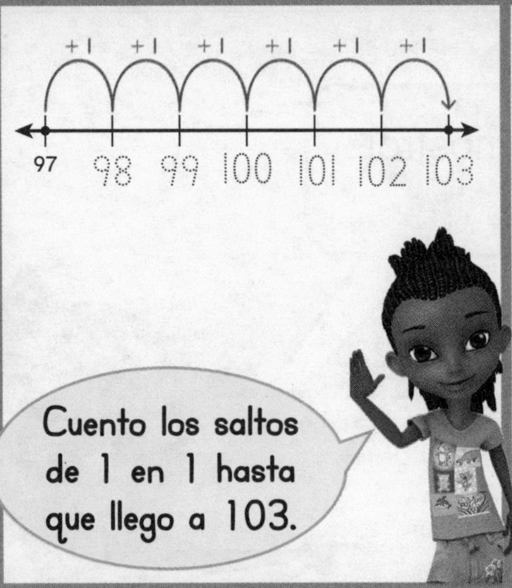
+1 +1 +1 +1 +1 +1
97 98 99 100 101 102 103
Cuento los saltos de 1 en 1 hasta que llego a 103.

Puedes usar una recta numérica vacía para contar de 10 en 10.

Cuenta de 10 en 10 de 56 a 116.

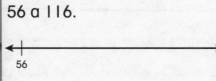

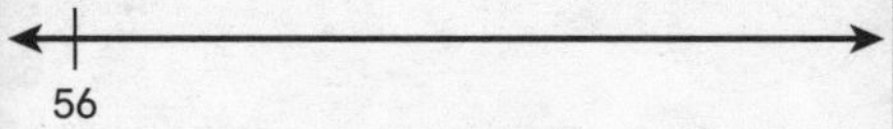
56

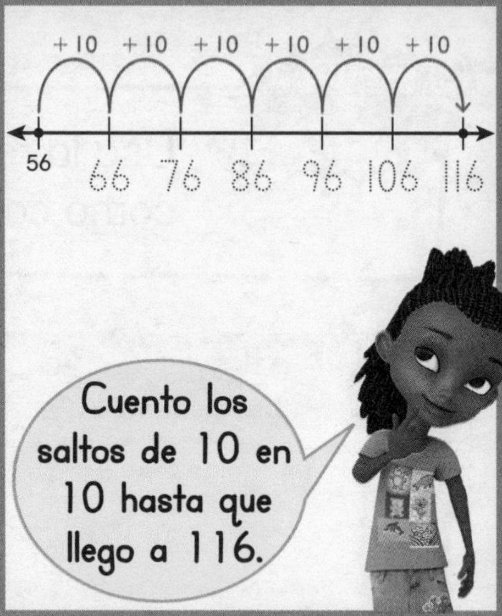
+10 +10 +10 +10 +10 +10
56 66 76 86 96 106 116
Cuento los saltos de 10 en 10 hasta que llego a 116.

¿Lo entiendes?

¡Demuéstralo! Usa una recta numérica vacía. ¿Qué número viene después de 109 cuando cuentas de 1 en 1?
¿Qué número viene después de 109 cuando cuentas de 10 en 10?

Práctica guiada

Muestra cómo cuentas en la recta numérica vacía.

1. Empieza en 99 y cuenta de 1 en 1 hasta 105.

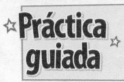

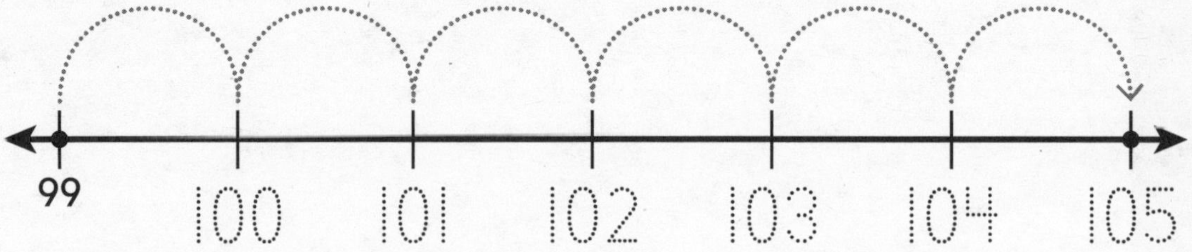
99 100 101 102 103 104 105

2. Empieza en 72 y cuenta de 10 en 10 hasta 112.

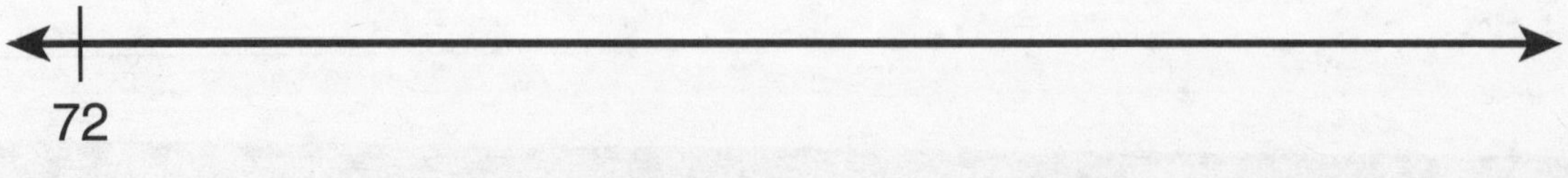
72

Práctica independiente

Muestra cómo cuentas en la recta numérica vacía.

3. Empieza en 89 y cuenta de 10 en 10 hasta 119.

⟵————————————————————⟶

4. Empieza en 111 y cuenta de 1 en 1 hasta 118.

⟵————————————————————⟶

5. Sentido numérico Teresa y David dibujaron cada uno una recta numérica que empieza en 27. Teresa cuenta de 1 en 1 cinco veces. David cuenta de 10 en 10 cinco veces.

¿Terminarán de contar en el mismo número Teresa y David? Usa las rectas numéricas. Explica tu respuesta.

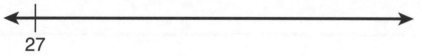

27   27

Teresa   David

_____

_____

_____

Escribe los números en las rectas numéricas para ayudarte a hallar la respuesta.

Resolución de problemas

Usa la recta numérica para resolver cada problema-cuento.

6. **Representar** Pedro cuenta 41 canicas. Luego, cuenta 8 canicas más.
   ¿Cuántas canicas contó en total?

   _____ canicas

   41

7. **Álgebra** Selena usa la recta numérica para contar de 12 a 15. Completa la ecuación de suma para mostrar lo que hizo Selena.

   $12 +$ _____ $=$ _____

   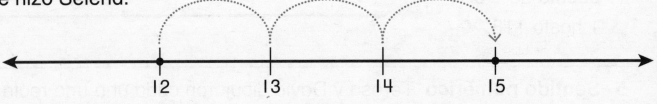
   12   13   14   15

8. **Razonamiento de orden superior** El lunes, Carmen puso 12 monedas de 1¢ en su alcancía. El martes, puso algunas monedas de 1¢ más. Carmen puso 19 monedas de 1¢ en total en su alcancía. ¿Cuántas monedas de 1¢ puso el martes?

   _____ monedas de 1¢

   12

9. ✓**Evaluación** Tim hizo esta recta numérica para mostrar cómo contó. Completa la siguiente oración para decir cómo contó Tim.

   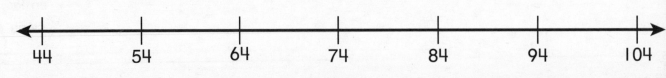
   44   54   64   74   84   94   104

   Tim contó de _____ de _____ a _____.

Nombre _____

Ayuda   Herramientas   Juegos

Tarea y práctica
7-5
Contar en una
recta numérica
vacía

¡Revisemos! Contar hacia adelante es como sumar.

Empieza en 87 y cuenta de 1 en 1 hasta 92.

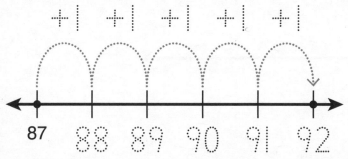

¡Le sumas 1 cada
vez que cuentas!

ACTIVIDAD PARA EL HOGAR
Dibuje dos rectas numéricas sin
números. Pídale a su niño(a)
que cuente de 1 en 1 del 53 al
58 en la primera recta numérica.
Pídale que cuente de 10 en 10
del 67 al 107 en la segunda recta
numérica.

Empieza en 62 y cuenta de 10 en 10 hasta 112.

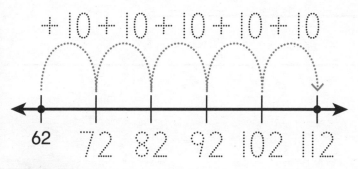

¡Le sumas 10 cada
vez que cuentas!

Muestra cómo cuentas en la recta numérica vacía. Puedes usar la suma para ayudarte.

1. Empieza en 115 y cuenta de 1 en 1 hasta 120.

115

Muestra cómo cuentas en la recta numérica vacía. Puedes usar la suma para ayudarte.

2. **Matemáticas y Ciencias** Hay 16 pollitos durmiendo en un gallinero. Afuera del gallinero, hay 6 pollitos más buscando a sus mamás. ¿Cuántos pollitos hay en total?

3. Empieza en 18 y cuenta de 10 en 10 hasta 78.

4. **Razonamiento de orden superior** Lorena empieza a contar en 48. Cuenta de 10 en 10 cuatro veces. Luego, cuenta de 1 en 1 tres veces. ¿Cuál es el último número que dice Lorena? Di cómo lo sabes.

5. **✓Evaluación** Ben mostró parte de su conteo en esta recta numérica. Escribe los números que faltan. Completa la siguiente oración.

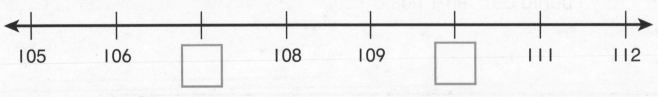

105   106   ☐   108   109   ☐   111   112

Ben contó de _____ de _____ a _____.

     Tema 7 | Lección 5

Resuélvelo y coméntalo

Mira las naranjas. Cuenta para saber cuántas hay en total y luego escribe el número abajo. Explica cómo contaste las naranjas.

Puedo...
escribir un número para mostrar cuántos objetos hay en un grupo.

También puedo
entender bien los problemas.

Hay _____ naranjas.

¿Cuántas calcomanías hay?

¿Cuál es la mejor manera de contar esta cantidad de calcomanías?

Puedes contar de 1 en 1.

1	2	3	4	5	6	7	8	9	10
11	12	13	14	15	16	17	18	19	20
21	22	23	24	25	26	27	28	29	30
31	32	33	34	35	36	37	38	39	40
41									

¡Hay 41 calcomanías!

Puedes contar de 10 en 10.

10
20
30
40
41

Puedo contar 10, 20, 30, 40. Luego, puedo sumar el 1 que queda y así obtener 41.

¿Lo entiendes?

¡Demuéstralo! Empieza en 19 y cuenta 6 más. Luego, escribe el número que obtuviste.

☆ Práctica guiada ☆

Cuenta los objetos de la manera que prefieras y escribe cuántos hay en total.

1.

46 pelotas

2.

_____ conejos

Tema 7 | Lección 6

☆ Práctica independiente ☆

Cuenta los objetos y escribe cuántos hay en total.

3.

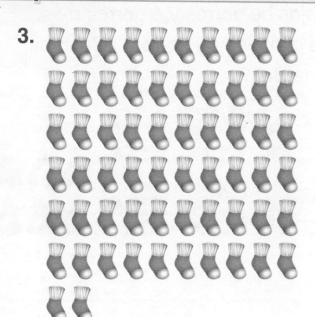

_____ calcetines

4.

_____ plátanos

Cuenta las decenas y las unidades y escribe cuántas hay en total.

5.

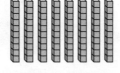

_____ decenas

_____ unidades

_____ en total

6.

_____ decenas

_____ unidades

_____ en total

7.

_____ decenas

_____ unidades

_____ en total

8. **Razonar** Daniel encontró 3 cajas de osos de peluche y 4 osos más. Cada caja contiene 10 osos. ¿Cuántos osos encontró Daniel?

Daniel encontró _____ osos de peluche.

9. **Razonar** Beti está organizando una fiesta. Tiene 8 cajas de gorros y 6 gorros más. Cada caja contiene 10 gorros. ¿Cuantos gorros tiene Beti?

Beti tiene _____ gorros.

10. **Razonamiento de orden superior**
Escribe el número de objetos que ves. Di cómo los contaste.

_____

_____

11. ✅**Evaluación** ¿Cuántas fresas hay en este conjunto?

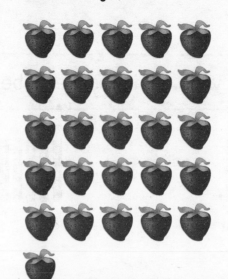

Ⓐ 18

Ⓑ 24

Ⓒ 26

Ⓓ 62

Nombre _____

¡Revisemos! Puedes contar grupos de objetos de 1 en 1 o de 10 en 10.

Cuando cuentas de 1 en 1,
cuentas cada objeto por separado.

Cuando cuentas de 10 en 10, cuentas
grupos de 10 y luego sumas de 1 en 1.

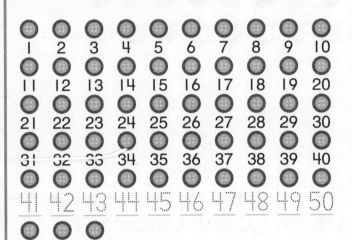

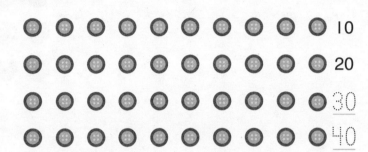

Hay 53 botones.

Hay 53 botones.

ACTIVIDAD PARA EL HOGAR
Junte un grupo de 50 a 120
objetos pequeños y pídale a
su niño(a) que los cuente de
la manera más rápida que se
le ocurra. Recuérdele que es
más fácil agrupar los objetos
que contarlos de 1 en 1. Repita
la actividad con una cantidad
diferente de entre 50 y 120
objetos.

Cuenta las decenas y las unidades y escribe cuántas hay en total.

1.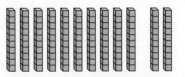

_____ decenas

_____ unidades

Total _____

2.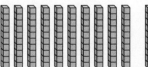

_____ decenas

_____ unidades

Total _____

3.

_____ decenas

_____ unidades

Total _____

Cuenta los objetos. Muestra cómo los contaste y escribe cuántos hay en total.

4.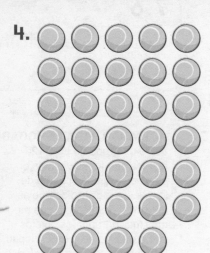

_____

5.

_____

---

6. Razonamiento de orden superior
Explica por qué el contar de 10 en 10 puede ser más rápido que contar de 1 en 1.

_____

_____

7. ✅ **Evaluación** ¿Cuántas decenas y unidades se muestran?

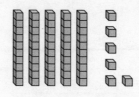

Ⓐ 4 decenas y 5 unidades

Ⓑ 4 decenas y 6 unidades

Ⓒ 5 decenas y 5 unidades

Ⓓ 5 decenas y 6 unidades

Nombre _____

Resuélvelo y coméntalo

¿Cómo puedes saber el número de manzanas que hay en el suelo sin contarlas de 1 en 1? Explica el método corto que usaste.

Conté de _____ . _____ manzanas

Lección 7-7
Razonamiento repetido

Puedo...
encontrar formas más rápidas de resolver problemas.

También puedo
contar hacia adelante de 10 en 10 y de 1 en 1.

Hábitos de razonamiento

¿Hay algún método más corto que tenga sentido usar?

¿Qué cosas de este problema me pueden ayudar a resolver otro problema?

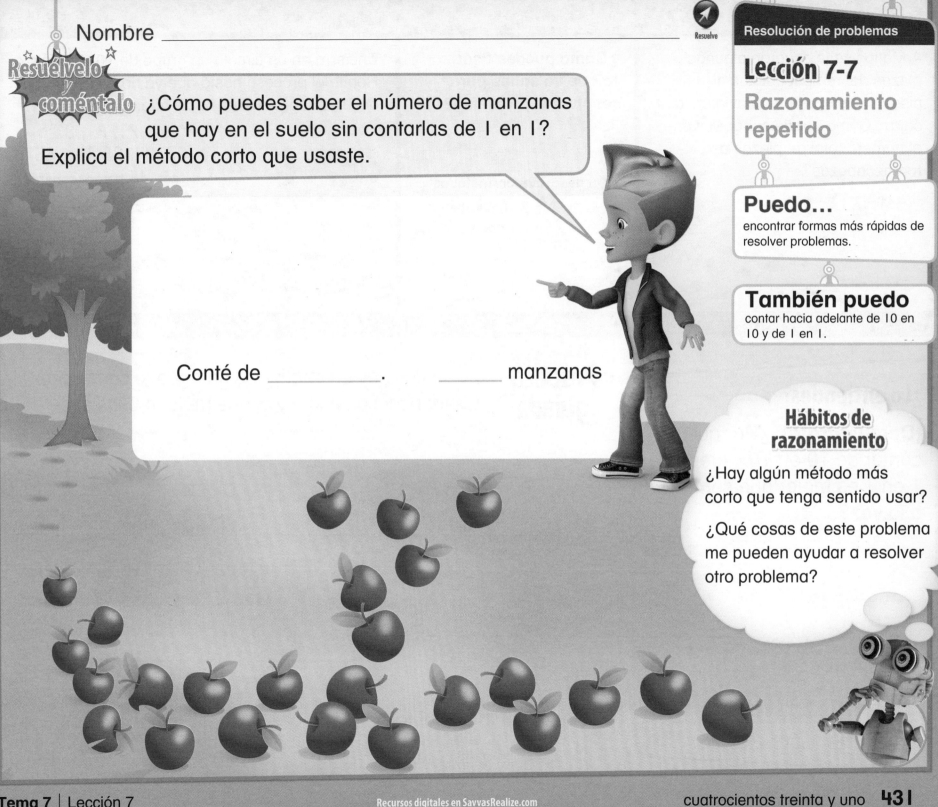

A Matías se le cayeron algunas piezas del rompecabezas al piso. Hay 61 piezas todavía en la caja. ¿Cómo puede saber Matías el número total de piezas del rompecabezas?

¿Cómo puedes usar lo que ya sabes para resolver el problema?

Puedo buscar métodos cortos y cosas que se repitan.

Encierra en un círculo un grupo de 10 y cuéntalo. Repite el proceso hasta que ya no haya grupos de 10. Luego, cuenta hacia adelante de 1 en 1.

61, 71, 81, 82, 83, 84, 85. Hay 85 piezas del rompecabezas en total.

¿Lo entiendes?

¡Demuéstralo! ¿Por qué contar de 10 en 10 y luego de 1 en 1 es mejor que contar 1 a la vez?

Práctica guiada ¿Cuántos hay en total? Usa un método corto para contar hacia adelante y di qué método usaste.

1.

30 zapatos

58 zapatos

Conté hacia adelante de 10 en 10 y de 1 en 1.

2.

60 pastelitos

_____ pastelitos

Conté hacia adelante de _____.

Tema 7 | Lección 7

Nombre _____

☆ Práctica independiente ☆

¿Cuántos hay en total? Usa un método corto para contar hacia adelante y di qué método usaste.

3.

25 relojes

_____ relojes

Conté hacia adelante de _____.

4.

32 vagones de tren

_____ vagones de tren

Conté hacia adelante de _____.

5.

45 libros

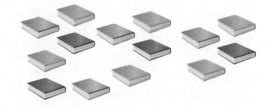

_____ libros

Conté hacia adelante de _____.

6.

30 escritorios

_____ escritorios

Conté hacia adelante de _____.

Resolución de problemas

Estudiantes y muñecos de nieve

62 estudiantes se quedaron adentro en el recreo. Los que salieron hicieron un muñeco de nieve cada uno. ¿Cómo puedes contar para saber el número total de estudiantes?

62 estudiantes

7. Entender ¿Qué sabes sobre los estudiantes? ¿Qué necesitas hallar?

_____

_____

_____

8. Razonar ¿Qué me dice el número de muñecos de nieve?

_____

_____

_____

9. Generalizar ¿Cuántos estudiantes hay en total? ¿Qué método corto puedes usar para hallar la respuesta?

_____

_____

_____

_____

_____

_____

_____

_____

Nombre _____

¡Revisemos! Es más fácil contar hacia adelante cuando agrupas los objetos.

Ana Luz tiene algunos carritos en la caja y otros en el piso. ¿Cómo puede contar para saber cuántos hay en total?

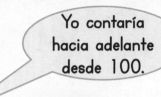

Yo contaría hacia adelante desde 100.

100 carritos

101, 102, 103, 104

Como son poquitos carros, yo contaría de 1 en 1. Ana Luz tiene 104 carritos.

ACTIVIDAD PARA EL HOGAR
Hable con su niño(a) sobre cómo contar de 10 en 10 y luego de 1 en 1. ¿Por qué es más fácil? Practiquen agrupando y contando objetos, empezando de cero, y luego, empezando desde otro número entre 1 y 100.

Agrupa y cuenta hacia adelante por ese número para ayudarte a hallar cuántos hay en total.

1.

82 dinosaurios

_____ dinosaurios

Conté hacia adelante de _____ .

2.

50 osos de peluche

_____ osos de peluche

Conté hacia adelante de _____ .

Los pollitos

Alfonso contó 75 pollitos adentro del gallinero. También vio más pollitos afuera del gallinero. ¿Cómo puede Alfonso contar para saber cuántos pollitos hay en total?

3. Entender ¿Qué sabes sobre los pollitos? ¿Qué necesitas hallar?

_____

_____

_____

4. Razonar ¿Cómo te ayudan los dibujos de los pollitos?

_____

_____

_____

5. Generalizar ¿Cuántos pollitos hay en total? ¿Qué método corto puedes usar para hallar la respuesta?

_____

_____

_____

_____

_____

_____

_____

Nombre _____

Sigue la ruta

Colorea las casillas que tengan estas sumas y diferencias. Deja el resto en blanco.

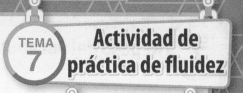
| 8 | 5 | 6 |

4 + 2	5 − 3	0 + 6	6 + 2	8 + 1	7 + 1	8 − 3	7 − 6	1 + 4
9 − 3	10 − 3	8 − 2	10 − 2	2 − 2	2 + 6	2 + 3	2 + 2	6 − 1
10 − 4	6 + 0	3 + 3	1 + 7	10 − 7	3 + 5	1 + 2	5 − 0	9 − 0
5 + 1	1 + 1	2 + 4	5 + 3	9 − 5	9 − 1	4 − 1	0 + 5	9 − 7
7 − 1	1 − 1	6 − 0	8 − 0	4 + 4	0 + 8	10 − 3	3 + 2	5 − 2

La palabra es

_____   _____   _____

Glosario

Lista de palabras
- columna
- decenas
- fila
- tabla de 100
- tabla numérica
- unidades

Comprender el vocabulario

1. Encierra en un círculo el número que muestra el dígito de las unidades.

106

2. Encierra en un círculo el número que muestra el dígito de las decenas.

106

3. Encierra en un círculo una columna de esta parte de la tabla de 100.

87	88	89	90
97	98	99	100

4. Encierra en un círculo una fila de esta parte de una tabla numérica.

107	108	109	110
117	118	119	120

5. Encierra en un círculo el número que es 101 más 1.

97	98	99	100
101	102	103	104

Usar el vocabulario al escribir

6. Completa la tabla numérica para contar hacia adelante de 96 a 105. Luego, explica la diferencia entre una tabla numérica y una tabla de 100 y rotula la tabla usando palabras de la Lista de palabras.

91	92	93	94	95					
					106	107	108	109	110

_____

_____

_____

Nombre _____

Grupo A _____

Puedes contar de 10 en 10 cuando tienes muchos objetos que contar.

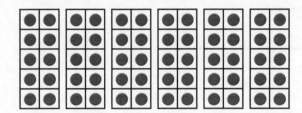

Hay ___6___ decenas.

6 decenas = ___60___

El nombre de 60 es ___sesenta___.

Cuenta de 10 en 10. Escribe el número que contaste de 3 maneras diferentes.

1.

_____ decenas

número: _____

nombre o número en palabras: _____

Grupo B _____

Puedes usar una tabla numérica para contar hacia adelante de 1 en 1 o de 10 en 10.

81	82	83	84	85	86	87	88	89	90
91	92	93	94	95	96	97	98	99	100
101	102	103	104	105	106	107	108	109	110
111	112	113	114	115	116	117	118	119	120

Contar hacia adelante de 1 en 1.

99, 100, ___101___, ___102___, ___103___

Usa una tabla numérica para contar hacia adelante.

2. Cuenta de 10 en 10.

80, _____, _____, _____, _____

3. Cuenta de 1 en 1.

114, _____, _____, _____, _____

Puedes usar una recta numérica vacía para contar hacia adelante de 1 en 1 o de 10 en 10.

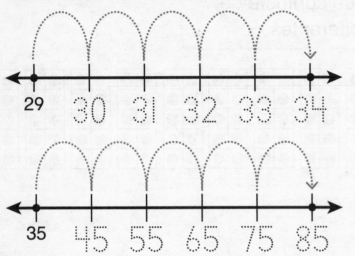

29　30　31　32　33　34

35　45　55　65　75　85

Cuenta hacia adelante usando la recta numérica vacía.

4. Empieza en 62. Cuenta hacia adelante de 10 en 10 hasta 102.

5. Empieza en 97. Cuenta hacia adelante de 1 en 1 hasta 101.

Grupo D

Hábitos de razonamiento

Razonamiento repetido

¿Hay algo que se repite en el problema? ¿Cómo me puede ayudar eso?

¿Hay algún método más corto que tenga sentido?

Cuenta hacia adelante por grupos para hallar cuántos hay en total.

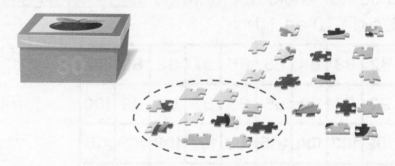

6. Samuel sacó algunas piezas del rompecabezas. Quedan 80 piezas en la caja. ¿Cuántas piezas del rompecabezas hay en total?

_____ piezas

Nombre _____

1. Cuenta de 10 en 10. ¿Cuántas fichas son?
Escribe el número de 3 maneras diferentes.

_____ decenas

número: _____

número en palabras: _____

Usa la siguiente parte de la tabla numérica para resolver cada problema.

91	92	93	94	95	96	97	98	99	100
101	102	103	104	105	106	107	108	109	110
111	112	113	114	115	116	117	118	119	120

2. Cora cuenta de 1 en 1 98 monedas de 1¢.
¿Qué número dirá Cora después?

89   90   99   108
Ⓐ   Ⓑ   Ⓒ   Ⓓ

3. Sam cuenta de 10 en 10. ¿Qué número olvidó contar Sam?

80, 90, 100, 120

89   105   110   115
Ⓐ   Ⓑ   Ⓒ   Ⓓ

4. Empieza en 58. Cuenta hacia adelante de 10 en 10 hasta 98.

⟷

5. Empieza en 114. Cuenta hacia adelante de 1 en 1 hasta 118.

⟷

6. Alex ve los pollitos en la granja. 50 pollitos están dentro del gallinero. Otros están afuera. ¿Cuántos pollitos hay en total? Usa el dibujo para resolver el problema.

- Ⓐ 68
- Ⓑ 72
- Ⓒ 78
- Ⓓ 80

7. El granjero dice que había 82 pollitos esta mañana. ¿Cuántos pollitos están escondidos? Usa el dibujo para resolverlo. Luego explica cómo lo sabes.

_____

_____

Nombre _____

Las canicas de Melisa

Melisa colecciona canicas y las guarda en frascos.

1. ¿Cuántas canicas azules tiene Melisa?
   Encierra en un círculo cada grupo de 10. Luego, cuenta de 10 en 10.
   Escribe los números y el número en palabras en el último espacio en blanco.

● ● ● ● ● ● ● ● ● ●

● ● ● ● ● ● ● ● ● ●

● ● ● ● ● ● ● ● ● ●

● ● ● ● ● ● ● ● ● ●

● ● ● ● ● ● ● ● ● ●

_____ grupos de 10 canicas   _____ canicas

_____ canicas

2. Melisa tiene algunas canicas rayadas. Usa estas pistas para saber cuántas tiene.

   Pista 1: El número está después de 110.

   Pista 2: El número está antes de 120.

   Pista 3: El número **NO** tiene 4 unidades.

   Pista 4: El número del lugar de la unidades es igual al número en el lugar de las decenas.

   Melisa tiene _____ canicas rayadas.

3. Melisa tiene 105 canicas pequeñas en un frasco. Pone 13 canicas pequeñas más en el frasco. ¿Cuántas canicas pequeñas tiene en el frasco ahora?

Usa la recta numérica o la tabla numérica para resolver el problema. Luego explica cómo lo resolviste.

<--->

81	82	83	84	85	86	87	88	89	90
91	92	93	94	95	96	97	98	99	100
101	102	103	104	105	106	107	108	109	110
111	112	113	114	115	116	117	118	119	120

_____

_____

_____

_____

Hay _____ canicas pequeñas en el frasco.

4. Melisa tiene 48 canicas grandes en un frasco. Hay más canicas gandes en el piso. ¿Cómo puedes contar para hallar cuántas canicas grandes tiene Melisa en total?

48 canicas

¿Qué sabes sobre las canicas grandes?

_____

_____

¿Qué método corto usaste para contar las canicas? Di cómo las contaste.

_____

_____

_____

_____

Melisa tiene _____ canicas grandes en total.

Glosario

1 más

5 es 1 más que 4.

1 menos

4 es 1 menos que 5.

10 más

10 más que un número es 1 decena más o 10 unidades más.

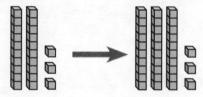

10 menos

20 es 10 menos que 30.

adentro/dentro

Los perros están dentro de la casa. Están adentro.

afuera/fuera

5 perros están jugando fuera de su casa. 5 perros están jugando afuera.

agrupar

poner objetos en grupos de acuerdo a lo que tienen en común

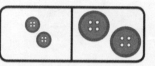

Los botones están agrupados por tamaño.

aristas

balanza

La balanza se usa para medir cuánto pesan las cosas.

caras

casi doble

operación de suma que tiene un sumando que es 1 o 2 más que el otro sumando

 $$4 + 5 = 9$$

4 + 4 = 8. 8 y 1 más son 9.

cilindro

columna

1	2	3	4	5
11	12	13	14	15
21	22	23	24	25
31	32	33	34	35

↑
columna

comparar

averiguar por qué las cosas son iguales o diferentes

cono

contar hacia adelante

Puedes contar hacia adelante de 1 en 1 o de 10 en 10.

15, 16, 17, 18
20, 30, 40, 50

cuadrado

cuartas partes

El cuadrado está dividido en cuartas partes.

cuartos

El cuadrado está dividido en cuartos, otra palabra para nombrar cuartas partes.

cubo

datos

información que se reúne

diferencia

la cantidad que queda después de restar

$$4 - 1 = 3$$

La diferencia es 3.

dígito de las decenas

El dígito de las decenas muestra cuántos grupos de 10 hay en un número.

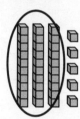

35 tiene 3 decenas.

35

dígito de las unidades

El dígito de las unidades en 43 es 3.

dígito de las unidades

dígitos

Los números tienen 1 o más dígitos.

43 tiene 2 dígitos.
El dígito de las decenas es 4.
El dígito de las unidades es 3.

E

ecuación

$$6 + 4 = 10 \qquad 6 - 2 = 4$$
$$10 = 6 + 4 \qquad 4 = 6 - 2$$

ecuación de resta

$$12 - 4 = 8$$

ecuación de suma

$$3 + 4 = 7$$

encuesta

instrumento para reunir información

¿Qué te gusta más, los gatos o los perros?

Gatos ||||
Perros ||

en punto

8:00
8 en punto

en total

Hay 4 pájaros en total.

esfera

esquina

familia de operaciones

un grupo de operaciones relacionadas de suma y resta

$3 + 5 = 8$
$5 + 3 = 8$
$8 - 3 = 5$
$8 - 5 = 3$

figuras bidimensionales

círculo rectángulo cuadrado triángulo

figuras tridimensionales

Todas estas son figuras tridimensionales.

fila

1	2	3	4	5
11	12	13	14	15
21	22	23	24	25
31	32	33	34	35

fila

forma estándar

un número que se muestra en dígitos

28

formar 10

$7 + 4 = ?$

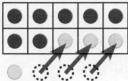

$$\begin{array}{r} 10 \\ + 1 \\ \hline 11 \end{array} \quad \text{por tanto} \quad \begin{array}{r} 7 \\ + 4 \\ \hline 11 \end{array}$$

hexágono

hora

Una hora son 60 minutos.

2:00

igual a

5 + 2 es igual a 7.

lado

Estas figuras tienen lados rectos.

longitud

la distancia que hay de un extremo a otro de un objeto

manecilla de la hora

La manecilla pequeña en el reloj es la manecilla de la hora.
La manecilla de la hora indica la hora.

manecilla de la hora

Son las 3:00.

marcas de conteo

marcas que se usan para anotar datos

| Gatos | |||| |
| Perros | || |

Hay 5 gatos y 2 perros.

más

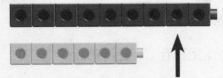

La fila roja tiene más cubos.

más

$$5 + 4$$

5 más 4

Esto significa que se añade 4 a 5.

más corto(a)

Un objeto que mide 2 cubos de largo es más corto que uno que mide 7 cubos de largo.

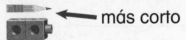
más corto

más corto(a), el/la

El objeto más corto es aquel que necesita el menor número de unidades de medición para medirse.

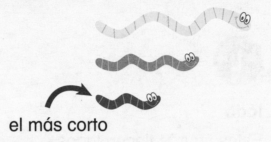

el más corto

más largo(a)

Un objeto que mide 7 cubos de largo es más largo que un objeto que mide 2 cubos de largo.

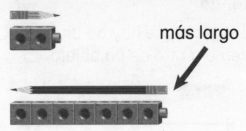

más largo

más largo(a), el/la

El objeto que necesita más unidades para medirse es el más largo.

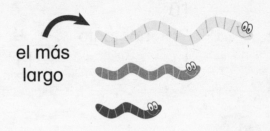

el más largo

mayor, el/la

el número o grupo con el valor más grande

| 7 | 11 | 23 |

23 es el número mayor.

mayor que (>)

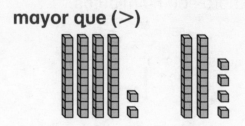

42 es mayor que 24.

media hora

Media hora son 30 minutos.

1:30

medir

Puedes medir la longitud del zapato.

menor, el/la

el número o grupo con el valor más pequeño

| 7 | 11 | 23 |

7 es el número menor.

menor que (<)

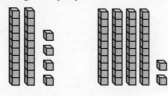

24 es menor que 42.

menos

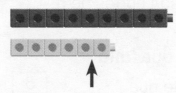

La fila amarilla tiene menos cubos.

menos

$$5 \; - \; 3$$

5 menos 3

Esto significa que se quitan 3 a 5.

minutero

La manecilla larga del reloj es el minutero.

El minutero indica los minutos.

minutero

Son las 3:00.

minutos

60 minutos son 1 hora.

mitades

El círculo está dividido en mitades.

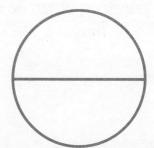

operación de suma

$$9 + 8 = 17$$

operaciones relacionadas

operaciones de suma y de resta que tienen los mismos números

$$2 + 3 = 5$$
$$5 - 2 = 3$$

Estas son operaciones relacionadas.

ordenar

60 61 62 63

menor   mayor

Para contar, los números se pueden poner en orden de menor a mayor o de mayor a menor.

parte

un pedazo del todo

2 y 3 son partes de 5.

parte que falta

la parte que no conocemos

2 es la parte que no conocemos.

partes iguales

4 partes iguales

patrón

Puedes organizar 5 objetos en cualquier patrón, y seguirán siendo 5 objetos.

pictografía

gráfica que usa dibujos para mostrar los datos

Mascota favorita			
🐱 gato	🐱	🐱	🐱
🐶 perro	🐶	🐶	

prisma rectangular

quitar

Empiezo con	Quito	Quedan
6	3	3

$$6 - 3 = 3$$

Quitar es sacar una cantidad o restar.

recta numérica

Una recta numérica es una recta que muestra los números en orden de izquierda a derecha.

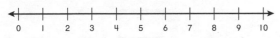

recta numérica vacía

Una recta numérica vacía es una recta numérica sin marcas.

---

rectángulo

restar

Cuando restas, hallas cuántos quedan.

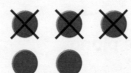

$$5 - 3 = 2$$

signo igual (=)

$$2 + 3 = 5$$

signo igual

signo más (+)

$$6 + 2 = 8$$

---

signo menos (−)

$$7 - 4 = 3$$

suma de dobles

operación de suma con los mismos sumandos

$$4 + 4 = 8$$

4 y 4 es un doble.

suma de dobles más 1

Uno de los sumandos es 1 más que el otro.

$$3 + 4 = 7$$

sumandos

suma de dobles más 2

Uno de los sumandos es 2 más que el otro.

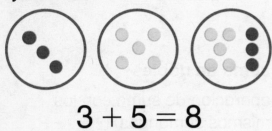

$$3 + 5 = 8$$

$\underbrace{}$
sumandos

suma o total

$$2 + 3 = 5$$

↑
suma o total

sumandos

Son los números que sumas para hallar el total.

$$2 + 3 = 5$$
↑   ↑

sumar

Cuando sumas, hallas cuántos hay en total.

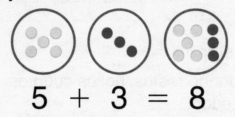

$$5 + 3 = 8$$

superficie plana

T

tabla de 100

La tabla de 100 muestra todos los números del 1 al 100.

1	2	3	4	5	6	7	8	9	10
11	12	13	14	15	16	17	18	19	20
21	22	23	24	25	26	27	28	29	30
31	32	33	34	35	36	37	38	39	40
41	42	43	44	45	46	47	48	49	50
51	52	53	54	55	56	57	58	59	60
61	62	63	64	65	66	67	68	69	70
71	72	73	74	75	76	77	78	79	80
81	82	83	84	85	86	87	88	89	90
91	92	93	94	95	96	97	98	99	100

tabla de conteo

Una tabla de conteo tiene marcas para mostrar los datos.

Caminar	Ir en autobús
卌 II	卌 卌

tabla numérica

Una tabla numérica puede mostrar números mayores que 100.

81	82	83	84	85	86	87	88	89	90
91	92	93	94	95	96	97	98	99	100
101	102	103	104	105	106	107	108	109	110
111	112	113	114	115	116	117	118	119	120

todo

Se suman las partes para hallar el todo.

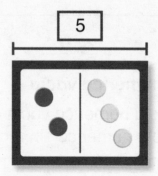

El todo es 5.

trapecio

triángulo

unidades

Los dígitos de las unidades muestran el número de unidades que hay en un número.

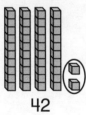

42 tiene 2 unidades.

42

unir

juntar

3 y 3 son 6 en total.

vértice

punto donde 3 o más aristas se encuentran

vértice

Fotografías

Photo locators denoted as follows: Top (T), Center (C), Bottom (B), Left (L), Right (R), Background (Bkgd)

001 MattiaATH/Shutterstock;**075** Karen Faljyan/Shutterstock;**151L** fotografie4you/Shutterstock;**151R** Chris Sargent/Shutterstock;**227L** Galyna Andrushko/Shutterstock;**227R** Alexey Stiop/Shutterstock;**297** Willyam Bradberry/Shutterstock;**349C** Umberto Shtanzman/Shutterstock;**349L** Nick barounis/Fotolia;**349R** Gudellaphoto/Fotolia;**391** John Foxx Collection/Imagestate;**445L** Chaoss/Fotolia;**445R** Lipsett Photography Group/Shutterstock;**493** Anton Petrus/Shutterstock;**541L** Baldas1950/Shutterstock;**541R** Shooarts/Shutterstock;**609** Barbara Helgason/Fotolia;**661** Studio 37/Shutterstock;**705** Vereshchagin Dmitry/Shuhtterstock;**741** Sergey Dzyuba/Shutterstock;**813BL** Isuaneye/Fotolia;**813BR** Ftfoxfoto/Fotolia;**813TL** Sumire8/Fotolia;**813TR** Janifest/Fotolia.